SMAT 모듈 A
비즈니스 커뮤니케이션

"이" 한 권으로 합격의 "기적"을 경험하세요!

차례

출제빈도에 따라 분류하였습니다.
- 상 : 반드시 보고 가야 하는 이론
- 중 : 보편적으로 다루어지는 이론
- 하 : 알고 가면 좋은 이론

▶ 핵심 이론 특강
저자 직강으로 제공되는 강의를 15p의 QR코드로 접속하거나 이기적 홈페이지(license.youngjin.com)에 접속하여 시청할 수 있습니다.

▶ 본 도서에서 제공하는 동영상은 1판 1쇄 기준 2년간 유효합니다.
  단, 출제기준안에 따라 동영상 내용은 변경될 수 있습니다.

PART 01 에티켓과 비즈니스 매너

- 상 CHAPTER 01 에티켓과 매너 ... 18
- 중 CHAPTER 02 기본 비즈니스 매너 ... 20
- 상 CHAPTER 03 상황별 비즈니스 응대 ... 27
- 중 CHAPTER 04 전화 응대 매너 ... 31
- 하 CHAPTER 05 글로벌 매너 ... 34
- ❗ 합격을 다지는 예상문제 일반형/OX형/연결형 ... 40

PART 02 이미지 메이킹

- 하 CHAPTER 01 이미지 ... 50
- 상 CHAPTER 02 이미지 메이킹 개론 ... 52
- 중 CHAPTER 03 서비스 전문가의 이미지 메이킹 ... 56
- 상 CHAPTER 04 음성 이미지 ... 60
- ❗ 합격을 다지는 예상문제 일반형/OX형/연결형 ... 63

PART 03 고객의 이해

- 중 CHAPTER 01 고객의 개념 ... 74
- 상 CHAPTER 02 고객의 범주 ... 78
- 중 CHAPTER 03 고객의 구매의사결정 과정 ... 83
- 하 CHAPTER 04 성격유형의 이해 ... 89
- ❗ 합격을 다지는 예상문제 일반형/OX형/연결형 ... 95

PART

04 고객 커뮤니케이션

㉖ CHAPTER 01 커뮤니케이션의 이해		106
㉗ CHAPTER 02 커뮤니케이션의 기법		111
㉗ CHAPTER 03 조직 커뮤니케이션		114
㉘ CHAPTER 04 감성 커뮤니케이션		120
㉖ CHAPTER 05 설득과 협상		123
❗ 합격을 다지는 예상문제 일반형/OX형/연결형		128

PART

05 회의 기획과 의전 실무

㉖ CHAPTER 01 회의 기획		140
㉖ CHAPTER 02 MICE 산업		149
㉗ CHAPTER 03 의전 실무		154
㉘ CHAPTER 04 프레젠테이션		157
❗ 합격을 다지는 예상문제 일반형/OX형/연결형		160

PART

06 실전 모의고사

실전 모의고사 01회	170
실전 모의고사 02회	188
실전 모의고사 03회	205

PART

07 정답 & 해설

실전 모의고사 01회	224
실전 모의고사 02회	227
실전 모의고사 03회	230

부록 · BONUS · PDF

또기적 합격자료집

- 최신 기출문제 2회분
- 빈출 용어 정리 노트

※ **참여 방법** : '이기적 스터디 카페' 검색 → 이기적 스터디카페(cafe.naver.com/yjbooks) 접속 → '구매 인증 PDF 증정' 게시판 → 구매 인증 → 메일로 자료 받기

이 책의 구성

중요 개념과 핵심 이론

문제를 통한 이론 복습

다년간의 기출 분석을 통해 도출된
정말 중요한 핵심 정리

이론 학습 후 합격을 다지는 예상문제로
이론 복습 & 실력 체크

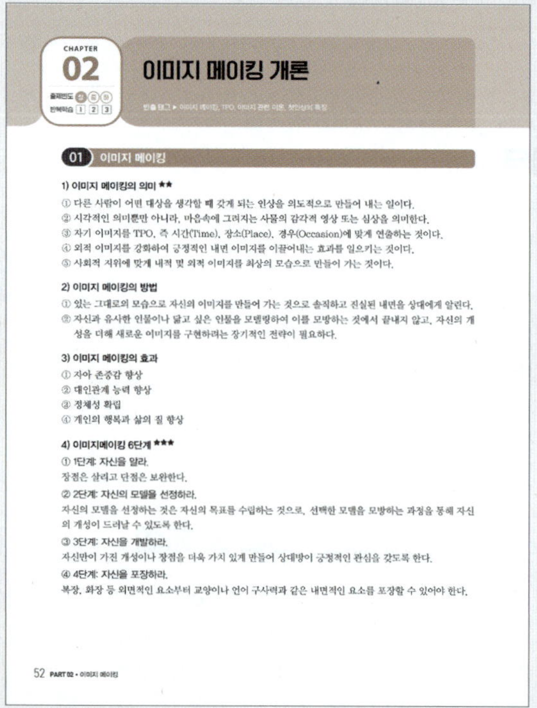

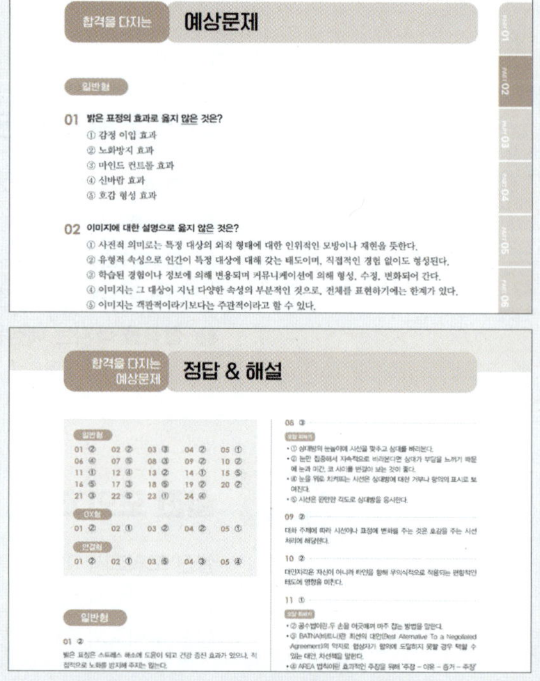

- ✅ 자주 출제되는 이론은 빈출태그로 확인
- ✅ 풍부한 예시와 설명을 활용한 학습
- ✅ 별 개수로 한눈에 중요도 파악

- ✅ 예상문제로 꼼꼼히 이론 복습
- ✅ 다양한 팁으로 학습 능률 향상
- ✅ 상세하고 정확한 해설 확인

실전 대비 모의고사

BONUS

또기적 합격자료집

시행처 공개 모의고사 풀이를
통한 실전 감각 키우기

도서 구매자 특별 제공

최신 기출문제 + 빈출 용어 정리 노트

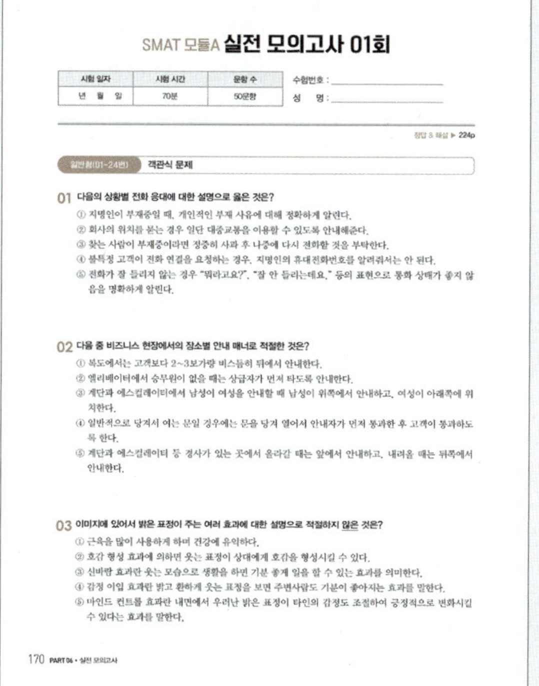

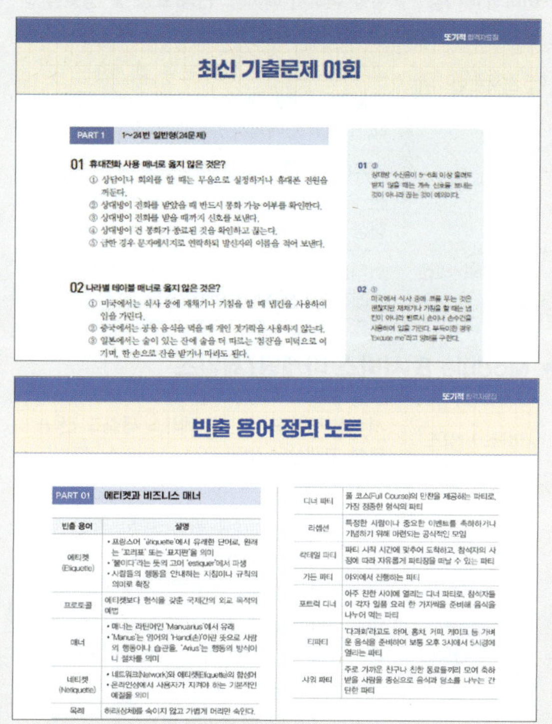

- ✅ 출제 유형 완벽 적응
- ✅ 철저한 실전 대비 가능
- ✅ 이해가 쏙, 친절한 해설 수록

- ✅ 기출문제로 최신 출제 경향 확인
- ✅ 정리 노트로 시험 직전 5분 정리
- ✅ 기출 + 용어 정리, 실전 대비 필수 조합!

시험의 모든 것

출제 기준

● Module A 비즈니스 커뮤니케이션

비즈니스 매너/에티켓	매너와 에티켓의 이해, 비즈니스 응대, 전화 응대 매너, 글로벌 매너 등
이미지 메이킹	이미지의 개념, 이미지 메이킹 주요이론, 상황별 이미지 메이킹, 인상/표정 및 상황별 제스처, Voice 이미지 등
고객심리의 이해	고객에 대한 이해, 고객 분류 및 계층론, 고객심리의 이해, 고객의 성격유형에 대한 이해, 고객의 구매의사 결정과정 등
고객 커뮤니케이션	커뮤니케이션의 이해, 효과적인 커뮤니케이션 기법/스킬, 감성 커뮤니케이션, 설득과 협상 등
회의기획/의전실무	회의운영 기획/실무, 의전운영 기획/실무, 프레젠테이션, MICE의 이해 등

● Module B 서비스 마케팅/세일즈

서비스 세일즈 및 고객상담	서비스 세일즈의 이해, 서비스 세일즈 전략 분석, 고객상담 전략, 고객 유형별 상담기법, MOT 분석 및 관리 등
고객관계관리 (CRM)	고객관계 이해, 고객 획득-유지-충성-이탈-회복 프로세스, CRM 시스템, 고객접점 및 고객경험 관리, 고객 포트폴리오 관리 등
VOC 분석/관리 및 컴플레인 처리	VOC 관리시스템 이해, VOC 분석/관리법 습득, 컴플레인 개념 이해, 컴플레인 대응원칙 숙지, 컴플레인 해결방법 익히기 등
서비스 유통관리	서비스 구매과정의 물리적 환경, 서비스 유통 채널 유형, 서비스 유통 시간/장소 관리, 전자적 유통경로 관리, 서비스 채널 관리전략 등
코칭/교육훈련 및 멘토링/동기부여	성인학습의 이해, 교육훈련의 종류 및 방법, 서비스 코칭의 이해/실행, 정서적 노동의 이해 및 동기부여, 서비스 멘토링 실행 등

● Module C 서비스 운영전략

서비스 산업 개론	유형별 서비스의 이해, 서비스업의 특성 이해, 서비스 경제 시대 이해, 서비스 패러독스, 서비스 비즈니스 모델 이해 등
서비스 프로세스 설계 및 품질관리	서비스품질 측정모형 이해, 서비스 GAP 진단, 서비스 R&D 분석, 서비스 프로세스 모델링, 서비스 프로세스 개선방안 수립 등
서비스 공급 및 수요관리	서비스 수요 예측기법 이해, 대기행렬 모형, 서비스 가격/수율 관리, 서비스 고객기대 관리, 서비스 공급 능력계획 수립 등
서비스 인적자원관리(HRM)	인적자원관리의 이해, 서비스 인력 선발, 직무분석/평가 및 보상, 노사관계 관리, 서비스인력 노동생산성 제고 등
고객만족경영 (CSM) 전략	경영전략 주요 이론, 서비스 지향 조직 이해, 고객만족의 평가지표 분석, 고객만족도 향상 전략 수립 등

시험 알아보기

● 자격 소개

- 서비스 산업 전반에 필요한 현업 역량을 평가하는 국가공인 민간자격
- 서비스업에 종사하는 사람들이 서비스 품질을 향상시키고, 고객 만족을 증진시키기 위한 전략을 수립하고 실행할 수 있는 능력을 갖추었는지 평가
- 주로 서비스 업종(호텔, 레스토랑, 관광, 유통 등)에서 경영 업무를 담당하는 사람들에게 중요한 자격증으로 서비스 경영 및 고객 관리의 전문성을 인정받을 수 있는 기회 제공

● 응시 자격

제한 없음

● 시험 형식

- PBT방식으로 70분간 진행
- 5개 유형 혼합 출제(일반형, O/X형, 연결형, 사례형, 통합형)

● 자격 필요성

- 관광·의료·금융·유통·물류 등 다양한 서비스 산업에서 활용
- 서비스 산업의 성장과 더불어 서비스 경영 전문가의 필요성 증대
- 대형 마트, 백화점 등 다양한 유통사에서 SMAT 자격증 소지자 우대

접수 및 합격 발표

● 시험 일자

- 2, 4, 6, 8, 10, 12월 : 둘째 주 토요일
- 5, 11월 : 마지막 주 토요일

● 접수 방법

- 정시 : KPC자격 홈페이지에서 접수, 연 8회 시험 시행
- 수시 : 전국 28개 지역센터에 문의, 연 1회 시험 시행

● 응시료

- 1개 Module : 20,000원
- 2개 Module : 36,000원
- 3개 Module : 50,000원
- ※2025년 제 6회 정기시험(10월 18일)부터 인상된 가격 적용 예정

● 합격자 발표

- KPC자격 홈페이지에서 합격자 발표
- 응시 익일부터 3주 후 목요일 홈페이지 공고

● 등급부여 기준

- 1급(컨설턴트) : 3개 Module 모두 취득(A+B+C)
- 2급(관리자) : 2개 Module 취득(A+B 또는 A+C)
- 3급(실무자) : Module A 취득

고사장 및 시험 관련 문의

- 시행처 : 한국생산성본부
- license.kpc.or.kr

☎ **1577-9402**

PART 01 에티켓과 비즈니스 매너 무조건 점수를 따고 들어가야 하는 기본 파트!

01 에티켓과 매너
25%
빈출 태그 에티켓, 네티켓, 프로토콜

02 기본 비즈니스 매너
20%
빈출 태그 공수 자세, 악수의 5대 원칙, 호칭과 경칭

03 상황별 비즈니스 응대
25%
빈출 태그 상석, 조문 순서, 상황별 안내 매너

04 전화 응대 매너
20%
빈출 태그 전화 응대의 특성, 전화 응대 3요소, 휴대전화 요령

05 글로벌 매너
10%
빈출 태그 국가별 금기 선물, 국가별 제스처, 파티의 종류

PART 02 이미지 메이킹 제시된 예시와 사례 꼭 학습하기!

01 이미지
15%
빈출 태그 이미지, 이미지의 속성, 대인지각

02 이미지 메이킹 개론
30%
빈출 태그 이미지 메이킹, TPO, 이미지 관련 이론, 첫인상의 특징

03 서비스 전문가의 이미지 메이킹
25%
빈출 태그 용모와 복장, 밝은 표정, 시선 처리, 바른 자세

04 음성 이미지
30%
빈출 태그 음성, 복식호흡, 발성법

PART 03 고객의 이해 다양한 관점을 제대로 이해하고 암기하기!

01 고객의 개념
25%
빈출 태그 고객, AIDMA, AISAS

02 고객의 범주
35%
빈출 태그 구매 영향자, 관여도, (인지)부조화, 충성고객, 그레고리스톤의 고객분류

03 고객의 구매의사결정 과정
25%
빈출 태그 매슬로우 욕구 5단계, 구매의사결정 과정, 프레이밍 효과, 기대불일치 이론

04 성격유형의 이해
15%
빈출 태그 MBTI, 교류 분석, PAC, DISC

PART 04   고객 커뮤니케이션   단골 출제 파트, 반드시 학습하기!

01 커뮤니케이션의 이해 — 25%
빈출 태그   커뮤니케이션, SMCREF, 낙인(스티그마) 효과, 바넘 효과

02 커뮤니케이션의 기법 — 20%
빈출 태그   1,2,3 기법, BMW, 경청, I-message

03 조직 커뮤니케이션 — 20%
빈출 태그   그레이프바인, 상의하달, 커뮤니케이션 네트워크 유형

04 감성 커뮤니케이션 — 10%
빈출 태그   감성지능, 감성지능의 구성 요소, 자기조절

05 설득과 협상 — 25%
빈출 태그   설득의 기본 원칙, 설득의 기술, 협상, AREA

PART 05   회의 기획과 의전 실무   헷갈리기 쉬운 부분, 반복 학습 필수!

01 회의 기획 — 35%
빈출 태그   정족수의 원칙, 컨벤션, 포럼, 심포지엄, 교실식 배치

02 MICE 산업 — 30%
빈출 태그   MICE, CVB, PCO

03 의전 실무 — 20%
빈출 태그   의전, 의전의 기본정신 5R, 서열

04 프레젠테이션 — 15%
빈출 태그   프레젠테이션의 3P, 프레젠테이션의 중요성

Q 수험표는 반드시 지참해야 하나요?

A 수험표는 필수 준비물은 아니지만, 수험표를 통해 고사장 주소 및 약도와 같은 응시정보를 제공하니 반드시 확인이 필요합니다. 아울러 신분증은 반드시 지참해야 하며 미지참 시 시험 응시가 불가합니다.

Q 신분증은 어떤 것이 인정되나요?

A 실물 신분증은 주민등록증, 기간만료 전의 여권, 운전면허증, 공무원증 등이 인정되며 신분증 사본, 모바일을 이용한 신분증명은 인정되지 않습니다. 정확한 신분증 인정 범위는 한국생산성본부 홈페이지(www.kpc.or.kr)를 참고하시기 바랍니다.

Q 모듈 A와 B, C 중 무슨 모듈을 먼저 취득해야 하나요?

A 모듈 A의 우선 취득을 권장합니다. 모듈 B 또는 모듈 C를 먼저 취득 시, 모듈 A를 취득한 후에야 자격이 부여됩니다.

Q 시험이 끝나기 전에 퇴실이 가능한가요?

A 각 교시별 시험 종료 20분 전부터 퇴실이 가능하나 재입실은 불가합니다.

Q 시험문제나 답안이 공개되나요?

A 시험문제는 공개하지 않으나, 문항별 정답의 경우 통상 정기시험 당일 오후 2시에 KPC자격 웹사이트에 공지됩니다. 시험 당일 수험자는 본인이 작성한 답안을 수험표 뒷면에 기재하여 가지고 나갈 수 있으므로 웹사이트에 공지된 정답과 자신의 답안을 비교할 수 있습니다.

"SMAT를 넘어,
서비스 경영의 리더로"

저는 이 책을 통해 '단순한 시험 대비용 학습서'가 아니라, 서비스 산업의 현장에서 즉시 적용할 수 있는 실용적인 지식과 인사이트를 제공하고자 했습니다.

SMAT는 A, B, C 모듈로 구성되어 있지만, 단순히 각각의 지식을 따로 떼어 공부하는 것이 아니라 서비스 산업을 하나의 유기적인 흐름 속에서 바라보는 통합적 사고가 중요합니다.

A 모듈(비즈니스 커뮤니케이션)은 고객과의 소통, 조직 내 협업, 디지털 시대의 커뮤니케이션 전략까지, 단순한 대화법이 아니라 비즈니스에서 성과를 창출하는 커뮤니케이션의 기술을 다룹니다.

B 모듈(서비스 마케팅 · 세일즈)로 차별화된 서비스 제공, 브랜드 전략, 디지털 마케팅 그리고 고객 경험 디자인을 통해 고객을 매료시키는 비즈니스 전략을 익힙니다.

C 모듈(서비스 운영 · 관리)을 통해 서비스 품질 관리, 프로세스 혁신, 데이터 기반 의사결정, 조직 운영 등 서비스의 본질을 효율적으로 관리하는 방법을 배웁니다.

각 모듈은 독립적이면서도 유기적으로 연결되어 있으며, 실전 사례와 함께 학습하면 보다 입체적인 시각을 가질 수 있도록 구성되었습니다.

이 책을 통해 여러분이 단순히 자격증 취득을 넘어서, 서비스 경영의 본질을 이해하고, 실전에서 차별화된 경쟁력을 갖춘 전문가로 성장하기를 기대합니다. SMAT가 여러분의 커리어에 새로운 기회를 열어주기를 바라며, 이 책이 변화하는 서비스 산업을 주도하는 첫걸음이 되기를 바랍니다.

지금, 당신이 미래의 서비스 경영을 이끌어갈 차례입니다.

저자 김미정

저자 유튜브 채널 바로가기 ▶
QR코드를 스캔하면 무료 동영상 강의를 시청하실 수 있습니다.

에티켓과 비즈니스 매너

파트 소개

비즈니스 환경에서 필요한 기본 예절, 상황별 응대법, 복장 및 태도를 다룹니다. 고객 및 동료와의 신뢰 구축을 위한 행동 원칙과 다양한 상황에서의 적절한 대응 방법을 학습합니다. 이를 통해 전문적인 이미지 형성과 원활한 업무 수행을 위한 핵심 역량을 배양할 수 있습니다.

학습 방향

실무 중심의 사례를 통해 다양한 비즈니스 상황에서 옳고 그른 행동을 구별하는 것이 핵심입니다. 각 상황별 비즈니스 매너의 기본은 상대방을 향한 '존중'과 '배려'에서 비롯된다는 점을 꼭 기억하세요.

출제빈도

CHAPTER 01 상 25%
CHAPTER 02 중 20%
CHAPTER 03 상 25%
CHAPTER 04 중 20%
CHAPTER 05 하 10%

에티켓과 매너

빈출 태그 ▶ 에티켓, 네티켓, 프로토콜

01 에티켓과 예의범절

1) 에티켓의 개념 ★★★

① 에티켓의 어원

- 에티켓(Etiquette)은 프랑스어 'étiquette'에서 유래한 단어로, 원래는 '꼬리표' 또는 '표지판'을 의미하였다. 이 단어는 '붙이다'라는 뜻의 고어 'estiquer'에서 파생되었으며, 시간이 지나면서 사람들의 행동을 안내하는 지침이나 규칙의 의미로 확장되었다.
- 현대적 의미의 에티켓은 19세기 프랑스 부르주아 계층의 사교 규범과 예의범절에서 그 기초를 형성하였다. 이후 일상생활에서 지켜야 할 사회적 규범을 의미하는 용어로 정착되었다.
- 국제 외교나 공식 행사에서 사용되는 형식적이고 절차적인 예법은 '프로토콜(Protocol)'이라 하며, 이는 일반적인 에티켓과 구분된다.

② 에티켓의 의미

- 에티켓은 예의범절을 의미하며. 특정 사회적 상황에서 지켜야 하는 행동 규범으로 매너의 기본 단계이다.
- 에티켓은 주로 서양 문화에서 비롯되었으며, 공적인 자리에서 품위를 유지하고 상대방에게 불쾌감을 주지 않기 위한 사회적 약속이다.
- 서양에서는 남성이 여성을 존중하고 우선시하는 일반적인 에티켓을 기사도 정신이라고 부른다.
- 에티켓은 일상생활 속에서 지켜야 하는 규범으로 대인관계의 합리적 행동 기준으로 작용한다.

2) 예의범절의 개념

① 예의범절의 의미

- 예의범절은 사회적으로 바람직한 행동 기준을 의미한다.
- 예의범절은 개인이 타인과의 관계에서 지켜야 할 기본적인 도리와 태도를 포함한다.
- 예의범절은 보통 전통과 관습에 기반하며, 존중과 배려를 중심으로 한 도덕적 행동을 강조한다.

3) 에티켓과 예의범절의 비교

구분	예의범절	에티켓
정의	도덕적, 윤리적 기준을 포함한 인간관계에서의 기본 태도	특정 상황에서 지켜야 하는 형식적인 행동 규칙
기원	동양 문화에서 강조됨(유교, 불교 등 전통적 가치관)	서양 문화에서 발전함(프랑스 궁정문화에서 시작)
적용 범위	개인과 사회 전반에 적용되는 포괄적인 개념	특정한 환경(비즈니스, 식사, 대화 등)에서 사용됨
강제성	도덕적 압박이 크며, 어길 경우 비난받을 가능성이 높음	강제성은 약하나, 어길 경우 사회적으로 불편한 상황을 초래함
변화 가능성	전통적인 요소가 강하여 변화 속도가 느림	시대와 환경에 따라 빠르게 변화할 수 있음
예시	연장자에게 존댓말을 사용하는 것	공식적인 자리에서 와인잔을 올바르게 드는 법을 아는 것

02 매너

1) 매너의 개념 ★★

① 매너의 어원

- 매너(Manner)는 라틴어인 'Manuarius'에서 유래하였으며, 'Manus'는 영어의 'Hand(손)'이란 뜻으로 사람의 행동이나 습관을, 'Arius'는 행동의 방식이나 절차를 의미한다.
- 매너는 개인이 지닌 행동을 통해 타인을 향한 배려와 존중의 언행을 구체적이고 형식적인 방식으로 표현한 것이다.

② 매너의 의미

- 상대방을 존중하는 태도가 매너의 기본이다.
- 에티켓을 외적으로 표현하는 방식이다.
- 타인을 향한 배려가 담긴 말과 행동을 형식화한 것이다.
- 사람이 해야 할 일을 수행하기 위해 취하는 구체적인 행동 방식이다.

③ 에티켓과 매너의 비교 ★★

구분	에티켓	매너
의미	사회적으로 정해진 형식적 규칙	상대방을 배려하는 태도와 행동
성격	규범적, 공식적	개인적, 자발적
예시	비즈니스 에티켓, 식사 예절	존중하는 말투, 배려하는 태도

> **기적의 TIP**
>
> 에티켓과 매너의 개념을 비교하며 학습하세요.

03 네티켓

1) 네티켓의 개념

① 네티켓(Netiquette)은 네트워크(Network)와 에티켓(Etiquette)의 합성어로, 온라인상에서 사용자가 지켜야 하는 기본적인 예절을 의미한다.
② 가상공간에서의 활동일지라도 원활한 의사소통을 위해 예의를 갖춰야 한다.
③ 글로벌 시대에는 국가의 이미지를 손상시키지 않도록 기본적인 매너를 갖추고 온라인 활동을 해야 한다.

2) 이메일 작성 시 네티켓 ★★

① 내용은 간결하고 명확하게 작성한다.
② 명확한 의미 전달을 위해 지나친 약어와 속어 사용은 자제한다.
③ 답장은 가급적 24시간 이내에 신속하게 회신한다.
④ 대용량 파일은 압축하여 최소화된 크기의 파일로 첨부한다.
⑤ 수신자와 발신자의 이메일 주소를 정확히 확인한다.
⑥ 영어 대문자로만 작성하는 것은 큰 소리로 말하는 것으로 인식될 수 있으므로 피한다.

기본 비즈니스 매너

빈출 태그 ▶ 공수 자세, 약수의 5대 원칙, 호칭과 경칭

01 공수 자세

1) 공수의 의미

① 공수(拱手)란 두 손을 어긋매껴 마주 잡는 것이다.
② 옛 문헌에는 '깍지 낄 차'와 '손 수'를 써서 차수(叉手)라고도 하며, 어른 앞에서 하는 공경의 뜻을 의미한다.
③ 공수는 절의 기본 동작으로 모든 행동의 시작을 의미한다.

2) 공수의 기본자세

① 엄지손가락은 엇갈려 깍지를 끼고 나머지 네 손가락은 포갠다.
② 평상복을 입었을 때는 자연스럽게 엄지가 배꼽에 닿도록 손을 놓는다.
③ 몸의 중심이 좌우로 쏠리지 않도록 주의한다.

3) 공수 방법 ★★★

① 평상시에 남자는 왼손을 위로, 여자는 오른손을 위로 두어야 한다.
② 초상집, 영결식 등의 흉사(凶事) 시에는 평상시와 반대로 남자는 오른손을 위로, 여자는 왼손을 위로 두어야 한다.
③ 제사 등의 제의례(祭儀禮)는 자손들이 조상을 받드는 것인데 흉사가 아니므로 평상시와 손의 위치가 같다.
④ 공수하고 앉을 때 남자는 두 다리의 중앙이나 아랫배에, 여자는 오른쪽 다리 또는 무릎 위에 손을 놓는다.

> **F 기적의 TIP**
>
> 평상시와 흉사 시에 남자와 여자의 손 위치를 잘 기억하세요.

02 인사 예절

1) 인사의 의미

① 인사(人事)란 '사람 인(人)'과 '일 사(事)'를 써서, 사람이 마땅히 해야 할 일을 뜻한다.
② 인간관계의 시작이며, 사람 간에 가장 기본이 되는 예절이다.
③ 자신의 인격과 교양을 표현하고 이미지 형성에 큰 영향을 준다.

2) 인사의 기본자세

표정	밝은 표정과 부드러운 미소를 짓는다.
시선	상대의 눈이나 미간을 부드럽게 바라본다.
고개	반듯하게 한다.
턱	앞으로 내밀지 않고 자연스럽게 당긴다.
어깨	힘을 빼고 자연스럽게 한다.
상체	• 곧게 펴서 일직선이 되게 한다. • 숙인 상태에서 잠시 멈춘 뒤 일어난다. • 상체를 올릴 때는 굽힐 때보다 천천히 들어 올린다.
발	• 남성은 발뒤꿈치를 붙이고 앞쪽은 30도 정도 살짝 벌린다. • 여성은 발뒤꿈치를 비스듬히 붙이고 앞쪽은 15도 정도 살짝 벌린다.

3) 인사의 시기

① 일반적으로 30보 이내에서 마주칠 수 있으므로 인사할 준비를 한다.
② 가장 좋은 시기는 약 6보 정도 앞에서 시선을 마주치며 하는 인사이다.
③ 측면에서 마주치거나 갑자기 마주쳤을 때는 즉시 인사한다.
④ 이동 중에는 신속히 상대방의 앞으로 가서 정중히 인사한다.
⑤ 복도에서 상사를 마주칠 경우 멈추지 않고 한쪽으로 비켜서면서 인사한다.
⑥ 계단 위에서 아래에 있는 윗사람을 마주칠 경우 아래로 내려가 상대방 앞에서 정중히 인사한다.

4) 인사의 종류 ★★★

종류	방법	상황
목례	허리(상체)를 숙이지 않고 가볍게 머리만 숙인다.	• 평교지간(나이가 비슷한 사이인 경우) • 모르는 사람을 만났을 때 • 통화 중일 때 • 양손에 무거운 짐을 들었을 때 • 복도에서 마주쳤을 때
약례	허리(상체)를 약 15도로 앞으로 숙인다.	• 동료나 친한 사람을 만났을 때 • 상사나 손님을 여러 번 만났을 때 • 화장실, 복도, 엘리베이터 등 협소한 공간일 때
보통례	허리(상체)를 약 30도로 앞으로 숙인다.	• 일반적으로 처음 만나거나 헤어질 때 • 윗사람, 손님, 상사를 만나거나 헤어질 때 • 상사에게 보고하거나 지시를 받았을 때
정중례	허리(상체)를 약 45도로 앞으로 숙인다.	• 가장 정중한 인사로 감사, 사과, 맞이, 배웅할 때 • 상견례할 때 • 면접이나 공식적인 자리일 때 • VIP고객이나 직장에서 CEO를 맞이할 때

F3 기적의 TIP

목례, 약례, 보통례, 정중례를 하는 상황과 인사의 종류를 잘 연결시켜 학습하세요.

5) 인사의 6대 원칙 ★★★

① 밝은 목소리로 분명한 인사말과 함께한다.
② 밝은 표정으로 한다.
③ 내가 먼저 한다.
④ 상대의 얼굴을 보며 한다.
⑤ 진심으로 한다.
⑥ 시간(Time), 장소(Place), 상황(Occasion)을 고려한다.

6) 피해야 할 인사

① 눈을 마주치지 않고 말로만 하는 인사
② 무표정한 인사
③ 계단 위에서 윗사람에게 하는 인사
④ 인사말이 명확하지 않고 흘리듯 하는 인사
⑤ 망설이다가 하는 인사
⑥ 뛰어가면서 하는 인사

7) 인사를 생략해도 되는 경우

① 위험한 작업을 할 때
② 회의 중이거나 교육을 받을 때
③ 중요한 상담을 할 때
④ 상사에게 결재 혹은 주의를 받고 있을 때

03 악수 매너

1) 악수의 유래

① 악수는 고대에 상대방이 무기를 숨기지 않았음을 보여주는 신뢰의 표시로 시작되었다.
② 그리스와 로마 시대에는 동맹과 우정을 상징하는 제스처로 발전했다.
③ 현대에는 인사, 협상, 약속의 의미를 담은 국제적인 예절로 자리 잡았다.

2) 악수의 의미

① 사람들 간에 친근한 정을 표현하는 것으로 사회생활에서 관계 형성을 시작하는 첫 행위이다.
② 서양에서 악수를 사양하는 것은 결례로 여기므로 호의적인 자세로 하는 것이 중요하다.
③ 경건한 마음으로 밝은 미소를 띠며 허리를 곧게 펴서 마음에서 우러나오는 태도를 보여주는 것이다.

3) 악수하는 순서 ★★

① 윗사람이 아랫사람에게 먼저 한다.
② 여성이 남성에게 먼저 한다.
③ 선배가 후배에게 먼저 한다.
④ 기혼자가 미혼자에게 먼저 한다.
⑤ 예외적으로 국가원수, 왕족, 성직자 등은 이러한 기준에 구애받지 않는다.

4) 악수하는 방법 ★★★

① 원칙적으로 오른손으로 한다.
② 적당한 거리를 유지한다.
③ 적당한 힘으로 손을 잡고 2~3회 가볍게 흔든다.
④ 상대의 눈을 보고 미소를 띠며 시선은 눈, 손, 다시 눈의 순서로 바라보는 '삼점법'을 활용한다.

5) 악수의 5대 원칙 ★★

미소(Smile)	부드러운 미소는 친근하면서 긍정적인 인상을 준다.
눈맞춤(Eye contact)	눈을 보지 않고 하는 악수는 실례이며, 상대의 눈을 보며 신뢰감을 준다.
리듬(Rhythm)	2~3번 정도 손을 흔드는 것이 적당하다.
적당한 거리(Distance)	팔꿈치가 자연스럽게 굽혀지는 정도의 거리에서 악수한다.
적당한 힘(Power)	너무 세거나 약하게 잡지 않는다.

6) 악수 시 유의 사항 ★

① 남성은 반드시 일어나서 악수하는 것이 예의이며, 여성은 앉은 채로 해도 무방하다.
② 악수는 서양의 에티켓이므로, 허리를 굽히거나 두 손으로 잡는 것은 바람직하지 않다.
③ 국가원수, 왕족, 성직자 등과 악수할 때는 머리를 숙여 악수한다.
④ 남성은 장갑을 벗는 것이 예의지만, 여성은 벗지 않아도 된다.
⑤ 손이 더럽다면 양해를 구하고 손을 닦은 후 악수하거나 인사로 대신한다.
⑥ 여성이 먼저 악수를 청하는 것이 예의로 여겨진다.

04 명함 매너

1) 명함의 유래

① 명함은 고대 중국에서 지인의 집을 방문했을 때 상대가 부재중이면 자신의 이름을 적어서 남기는 관습에서 유래한 것으로 전해진다.
② 사교상 목적으로 명함이 사용되기 시작한 것은 루이 14세 시대부터이며, 사교용 명함(Visiting Card)을 의미한다. 우리가 흔히 사용하는 업무용 명함(Name Card)과는 용도가 다소 다르다.
③ 사교용 명함에는 성명과 주소만을 기입하며, 업무용 명함에는 성명, 회사 주소, 직위 등을 기입한다.
④ 서양에서는 사교용 명함과 업무용 명함을 구분해 사용한다. 사교용 명함은 방문 카드로 활용되며, 초대에 대한 감사 표시나 참석 여부 전달용으로 쓰인다. 이 외에도 선물, 꽃, 소개장 전달, 조문 및 병문안 시에도 사용된다.
⑤ 서양에서는 교제를 더욱 친밀하게 하기 위해 명함을 교환하며, 비즈니스 상황 외에는 초면에 명함을 교환하지 않는다. 반면 우리나라를 포함한 동양권에서는 자신을 알리는 수단으로 명함을 활용하는 경우가 많다.

2) 명함의 종류

구분	사교용 명함(Visiting Card)	업무용 명함(Name Card)
내용	성명과 주소만 기재한다.	성명, 회사 주소, 직위를 기재한다.
용도	• 초대를 받고 감사의 표시나 참석 여부를 표시하는 용도이다. • 방문 카드나 꽃, 선물을 보낼 때 이름과 주소를 남기는 용도로 활용한다.	더욱 친밀한 교제를 위해 자신을 알리고 신뢰를 쌓기 위해 자신의 정보를 제공하는 용도이다.

3) 명함 교환 매너 ★★★

① 명함을 줄 때

- 일어서서 교환하는 것이 원칙이며 자신의 소속과 이름을 명확히 말하며 두 손으로 건넨다.
- 동시에 교환할 경우, 오른손으로 건네고 왼손으로 받는다.
- 상대방이 글자를 바로 읽을 수 있도록 방향을 맞춰 건넨다.
- 앉아서 대화를 나누다가 명함을 교환할 때는 일어서서 건네는 것이 예의이다.

② 명함을 받을 때

- 모르는 한자가 있다면 양해를 구하고 그 자리에서 즉시 질문한다.
- 명함이 없는 경우 양해를 구한 뒤, 필요한 경우 메모지에 정보를 적어 건넨다.
- 명함을 받자마자 상대방이 보는 앞에서 명함에 메모를 하거나 바로 치우는 것은 실례이다.
- 명함을 받은 후에는 명함에 기재된 내용을 살핀다.
- 받은 명함을 테이블 위에 올려놓고 이야기를 나눈다.

③ 명함 교환 순서

- 손아랫사람이 손윗사람에게 먼저 건넨다.
- 상대방이 두 사람 이상일 경우에는 직급이 높은 사람에게 먼저 건넨 후 차례로 건넨다.
- 방문자가 상대방에게 먼저 건넨다.
- 직원이 고객에게 먼저 건넨다.
- 방문자가 고객일 경우, 직원이 고객에게 먼저 건넨다.

4) 명함 매너의 중요성

① 상대에게 자신의 정보를 제공하는 동시에 첫인상이 형성되므로 매우 중요하다.
② 상대방이 자신을 기억하는 데 중요한 역할을 한다.
③ 올바른 명함 매너로 상대방에게 신뢰를 주며 대인관계 형성에 기여할 수 있다.

5) 명함의 관리와 보관

① 명함은 명함 지갑에 바르게 넣어 깨끗하게 보관한다.
② 명함 지갑은 꺼내기 쉬운 곳에 넣어둔다(여성의 핸드백, 남성의 상의 안주머니 등).
③ 자신의 명함과 받은 명함을 확실히 구분하여 보관한다.

6) 명함 교환 시 유의 사항

① 인사말이나 자기소개 없이 명함만을 건네지 않는다.
② 명함을 거꾸로 건네지 않는다.
③ 명함은 상대방과의 만남이 끝난 후, 상대방이 보지 않는 곳에서 날짜나 특징을 기록해 두는 것이 좋다.
④ 비즈니스 자리에서는 명함을 만날 사람 수의 3배 정도 준비해 두는 것이 좋다.

05 소개 매너

1) 소개의 의미

① 소개는 인간관계를 형성하는 출발점으로, 사람 간의 가교 역할을 하며 상호관계 형성에 중요한 역할을 한다.
② 첫 만남에서 올바른 소개 방식과 예의는 상대방에게 좋은 인상을 줄 수 있다.

2) 소개하는 순서 ★

① 손아랫사람을 손윗사람에게 먼저 소개한다.
② 남성을 여성에게 먼저 소개한다.
③ 미혼자를 기혼자에게 먼저 소개한다.
④ 집안사람을 손님에게 먼저 소개한다.
⑤ 한 사람을 여러 사람에게 먼저 소개한다.
⑥ 직원을 고객에게 먼저 소개한다.

3) 소개 시 유의 사항

① 소개되는 사람과 소개 받는 사람이 모두 자리에서 일어나는 것이 원칙이다.
② 상대방을 소개하기 전에 미리 소개할 내용과 이름을 확인하여 실수하지 않도록 한다.
③ 연소자가 연장자에게 소개된 경우, 연장자가 먼저 악수를 청하기 전까지 손을 내밀지 않는다.
④ 부부를 소개받았을 때는 동성 간에는 악수를 하고 이성 간에는 목례를 한다.
⑤ 남성이 여성을 소개받을 때는 반드시 일어난다(고령자나 환자는 일어서지 않아도 된다).

06 호칭과 경어

1) 호칭

① 호칭의 중요성
- 올바른 호칭의 사용은 상대방을 배려하는 중요한 매너이다.
- 호칭과 경어의 사용은 사용하는 사람을 평가하는 척도로 작용한다.

② 계급에 따른 호칭

계층	호칭 사용법
상급자	• 성과 직위 다음에 '님'의 존칭을 붙인다(박 차장님, 김 과장님). • 이름을 알지 못할 때는 직위에 '님'이라는 존칭을 붙인다(차장님, 과장님). • 자신을 지칭할 때는 겸양어인 '저'를 사용한다.
동급자	• 성과 직위 또는 직명으로 호칭한다(이 대리, 최 선생). • 동급자이나 초면일 경우 '님'을 붙인다. • 이름 뒤에 '씨'를 붙인다.
하급자	• 직위가 있는 경우 직명을 호칭한다(안 과장, 최 주임). • 초면인 경우나 직위가 없는 경우 '씨'를 붙인다(김미정 씨).

③ 서양인의 호칭과 경칭 ★

- Miss: 미혼 여성
- Mister(Mr.): 남성
- Mistress(Mrs): 결혼한 여성
- Excellency: 외교관
- Majesty: 왕족
- Sir: 상대방에게 경의를 나타내는 칭호(나이나 지위가 비슷하면 사용하지 않음)
- Dr.(Doctor): 전문 직업인이나 인문과학 분야의 박사학위 취득자
- The Honorable: 귀족이나 주요 공직자
- Esquire(ESQ): 영국에서 '님', '씨', '귀하'의 의미로 쓰이는 편지의 수취인

④ 주의해야 할 호칭 ★★

- 상사에 대한 존칭은 호칭에만 사용하며, 사물에는 사용하지 않는다.
  - 예 사장님실(×) → 사장실(O)
- 문서에는 상사의 존칭을 생략한다.
  - 예 사장님 지시(×) → 사장 지시(O)
- 주체가 아닌 상황이나 사물에는 경어를 사용하지 않는다.
  - 예 "사장님의 넥타이가 멋지십니다."(×) → "사장님의 넥타이가 멋집니다."(O)

2) 경어

① 경어의 개념

경어(敬語)란 '공경 경(敬)'과 '말씀 '어(語)'를 쓴 말로, 상대방을 존중하는 태도를 표현한 말이다.

② 경어의 종류 ★

존경어	상대방을 높이는 말로 주로 윗사람이나 존중해야 할 사람을 언급할 때 사용한다(귀, 댁 등). 예 "과장님께서 말씀하셨습니다."
정중어 (공손어)	상대방을 직접적으로 높이지는 않지만 말하는 태도를 공손하게 만드는 표현이며, 주로 문장을 존댓말로 바꾸는 방식을 사용한다. 예 "친구에게 말했습니다."
겸양어	자신을 낮추어 상대방을 높이는 말로 윗사람이나 존경하는 사람 앞에서 자신의 행동을 겸손하게 표현할 때 사용한다(저, 저희, 드리다 등). 예 "과장님께 말씀드렸습니다."

상황별 비즈니스 응대

빈출 태그 ▶ 상석, 조문 순서, 상황별 안내 매너

01 방문객 접객 매너 ★★

1) 접객의 중요성

① 접객이란 손님(방문객)을 접대하는 것으로, 기업을 처음 방문했을 때 직원의 안내 자세에 따라 기업의 첫 이미지가 결정된다.
② 방문객에 대한 매너는 차후 재방문하고 싶은 마음을 갖게 하여 기업에 긍정적인 영향을 준다.
③ 방문객을 만족시키기 위한 지나친 친절은 오히려 부담을 줄 수 있으므로, 상대방이 원하는 방향으로 응대하는 융통성을 갖는다.

2) 방문객 응대 방법

① 하던 일을 멈추고 일어서서 맞이한다.
② 방문객의 성함과 용건을 확인한다.
③ 사전에 약속된 경우에는 인사 후 약속된 상황대로 안내하고, 사전 약속이 없는 경우에는 용건을 확인하여 보고한 뒤 상사나 해당 부서와 협의 후 지시에 따라 안내한다.
④ 5분 이상 대기하게 될 경우, 방문객에게 양해를 구한 뒤 음료나 볼거리를 제공한다.
⑤ 먼저 온 방문객이 있을 경우 그 방문객을 먼저 응대한 후 바로 도와드리겠다고 안내한다.
⑥ 방문객이 만나고자 하는 사람이 부재중일 경우, 죄송함을 전하고 면담이 가능한 시간이나 상황을 확인 후 안내한다.

3) 방문객 안내와 응접

① 방문객의 외투나 짐을 받아서 편안한 상태가 되도록 돕고, 가방은 의자 옆이나 발 아래에 둔다. 테이블 위에 두는 것은 실례이다.
② 면담이 필요한 경우 응접실로 안내하고 자리를 권한다.
③ 응접실로 안내할 때는 노크한 후 문을 연다.
④ 응접실 입구에서 가장 먼 쪽이 상석이며, 창이 있다면 창을 통해 밖을 볼 수 있는 자리가 상석이다.
⑤ 방문객이 기다려야 할 경우 음료나 볼거리를 제공하는 것이 좋다.

4) 차 응대 매너

① 차는 방문객이 자리에 앉은 후 가급적 빨리 제공하는 것이 좋다.
② 차는 계절과 날씨 또는 방문객의 기호에 맞게 제공한다.
③ 찻잔만 들고 응대하는 것은 실례이므로 차는 쟁반에 받쳐서 든다.
④ 방문객에게 먼저 차를 건네고 방문객의 오른쪽에 차를 놓는다.
⑤ 대화가 길어질 경우, 차를 더 권하거나 물을 제공하는 것이 좋다.
⑥ 차를 내고 나올 때는 가볍게 목례한 뒤, 등이 보이지 않도록 서너 걸음 뒤로 물러선 후 돌아서 나온다.

5) 배웅 시 매너

① 배웅은 비즈니스 상황에서 마지막 의사소통이므로 끝까지 최선을 다하는 모습을 보여야 한다.

② 방문객과 대화가 끝나면 "찾아 주셔서 감사합니다.", "뵙게 되어 감사했습니다." 등의 감사 인사를 하는 것이 매너이다.

③ 방문객이 두고 가는 물건이 없는지 확인한다.

④ 정중한 태도로 입구까지 배웅하며, 방문객이 원하지 않을 경우에는 방문객이 원하는 곳에서 배웅을 마무리한다.

02 상황별 안내 매너 ★★★

1) 복도에서의 안내

① 고객이 따라오는지 확인하면서 손님보다 2~3보 정도 비스듬히 앞서서 걷되, 자주 뒤를 돌아보며 고객이 따라오는지를 확인한다.

② 복잡한 곳이나 모퉁이를 돌 때는 미리 구두로 안내하고, 가야 할 방향을 손(손을 모아 비스듬히 하여 손가락이 벌어지지 않도록 함)으로 가리킨다.

③ 항상 시선은 얼굴과 함께 움직이며, 고객이 따라오는 정도를 확인하면서 안내한다.

④ 방향을 안내할 때는 고객의 입장에서 생각하여, 방향에 맞게 구체적이고 정확하게 안내한다.

⑤ 복도에서는 지나가는 사람을 배려하여 한쪽 방향으로 안내한다.

2) 계단에서의 안내

① 계단을 오를 때는 고객보다 한두 계단 뒤에서 안내하고, 내려갈 때는 고객보다 한두 계단 앞서서 내려간다.

② 여성을 동반할 경우 남성이 여성보다 먼저 올라가고, 내려갈 때는 여성이 먼저 내려간다(스커트를 입은 여성을 배려하기 위함).

③ 계단을 오를 때는 방문객과 보폭을 맞추어 속도를 조절하며 안내한다.

④ 계단에 난간이 있다면 고객이 난간을 잡도록 권한다.

3) 엘리베이터에서의 안내

① 미리 도착할 층을 알려주는 것이 좋다.

② 승무원이 있는 경우 손님보다 나중에 탑승하고, 내릴 때는 손님보다 먼저 내려 안내한다.

③ 승무원이 없는 경우 버튼을 조작하기 위해 손님보다 먼저 탑승하고, 내릴 때는 손님이 안전하게 내릴 때까지 버튼을 누른 채 기다린 후 나중에 내린다.

④ 버튼을 누를 수 없는 경우에는 버튼 앞에 선 사람에게 "OO층 부탁합니다."라고 정중히 요청한다. 버튼 앞에 서게 되면 타인을 위해 버튼을 눌러주고 제일 나중에 내리도록 한다.

⑤ 상석의 위치는 출입문을 바라보았을 때 왼쪽 안쪽이다(버튼이 있는 쪽의 대각선 방향 안쪽).

⑥ 목적지를 잘 알고 있는 고객이나 여성과 동행할 때는 고객 또는 여성이 먼저 타고 먼저 내리도록 한다.

⑦ 엘리베이터 안에서 휴대폰 사용을 자제하며, 큰 소리로 말하지 않는다(업무와 관련된 대화도 하지 않음).

⑧ 탑승 인원이 많아 내리기 어려울 경우에는 "죄송합니다. 내리겠습니다."라고 양해를 구한다.

4) 문에서의 안내

당겨서 여는 문	문을 먼저 열어주고 손님이 먼저 갈 수 있도록 안내한다.
밀어서 여는 문	안내자가 먼저 통과 후, 문을 잡고 손님이 갈 수 있도록 안내한다.
회전문	손님을 먼저 안내하고 안내자는 뒤에서 따라가며 신속히 들어가 안내한다.

5) 에스컬레이터에서의 안내

① 손잡이를 잡도록 안내하며, 만일의 사고에 대비해 안전에 유의하도록 돕는다.
② 고객을 먼저 타게 하고 안내자가 뒤에 따른다.
③ 올라갈 때는 남성이 위쪽에서 안내하고 여성이 아래쪽에 위치한다. 내려올 때는 여성이 앞서 내려온다.
④ 엘리베이터나 에스컬레이터에서는 일반적으로 상사, 여성, 고객이 먼저 타고 먼저 내린다.

03 상석 위치

1) 상석의 의미

① 상석의 방향은 동서남북을 기준으로 북쪽이 상석이다.
② 의전의 기본 원칙은 오른쪽 자리가 상석이라는 것이다.

2) 상석의 기준 ★★★

① 입구에서 가장 먼 곳이 상석이다.
② 비좁지 않고 넉넉한 자리가 상석이다.
③ 경치가 좋은 자리나 그림이 보이는 자리가 상석이다.
④ 소음이 적고, 심리적으로 안정을 줄 수 있는 자리가 상석이다.
⑤ 레스토랑에서는 웨이터가 먼저 의자를 빼서 권하는 자리가 상석이다.
⑥ 상사의 자리가 정해져 있는 경우는 상사와 가까운 자리나 상사의 오른쪽 자리가 상석이다.

3) 장소별 상석 ★★★

자동차	• 전용 운전기사가 있는 경우 운전석의 대각선 뒷좌석이 최상석, 운전석 바로 뒷좌석이 차상석이며, 뒷좌석 중 가운데가 말석이다. • 자가용의 차주가 직접 운전할 경우 운전석 옆 좌석이 최상석이다. 왜냐하면 차주인 운전자가 운전기사로 느껴지지 않게 하기 위해서이다.
응접실	출입문에서 가장 먼 안쪽이 최상석이며, 최상석의 오른쪽이 차상석이다.
기차	진행 방향의 창가 좌석이 최상석, 최상석의 맞은편이 다음 차상석, 통로 좌석이 말석이다.
비행기	창가 쪽 좌석이 최상석이며, 통로 쪽 좌석이 다음 차상석이고 가운데 좌석이 말석이다.
엘리베이터	버튼의 대각선 안쪽 위치가 최상석이며, 그 옆이 차상석이고, 버튼 앞 위치가 말석이다.

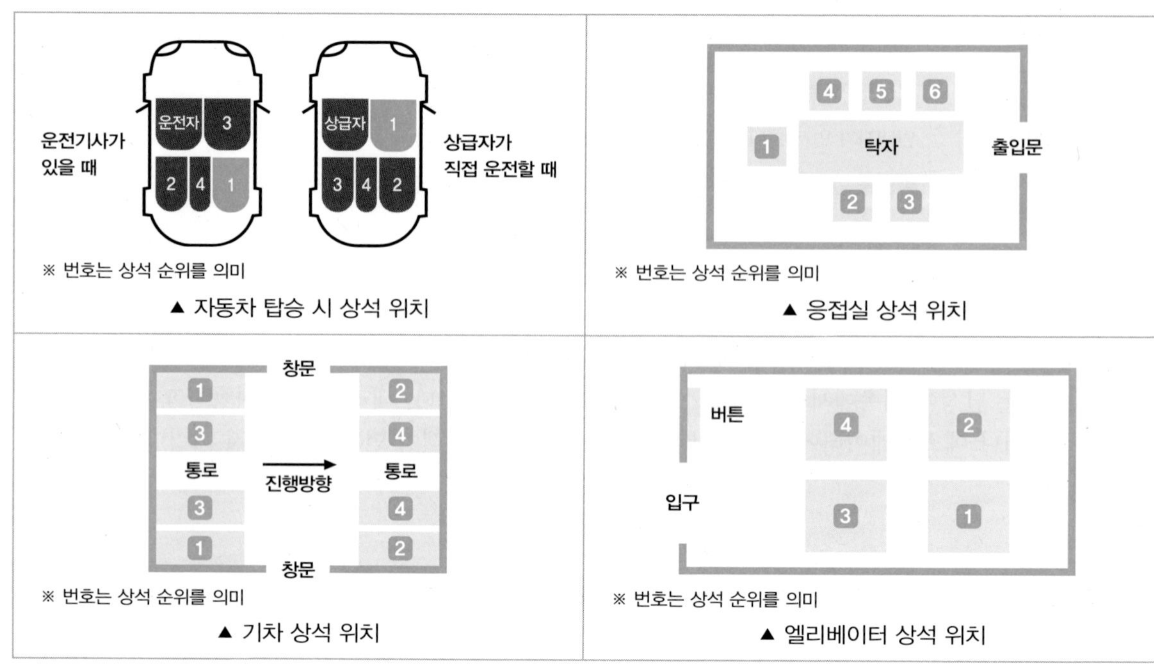

기적의 TIP

다양한 예시의 그림을 보고 어느 자리가 상석인지 묻는 문제가 자주 출제됩니다.

04 조문 매너

1) 조문 순서 ★★★

① 외투나 모자 등은 장례식장에 들어가기 전에 미리 벗는다.
② 상주에게 목례로 인사한 후에 영정 앞에서 무릎을 꿇고 앉거나 서서 조문한다.
③ 향에 불을 붙이고(향은 1개 또는 3개, 홀수로 분향함), 왼손으로 가볍게 흔들어 끈다(입으로 불지 않도록 함).
④ 두 손으로 향로에 향을 꽂는다.
⑤ 영정 앞에 서서 묵념한 후 두 번 절한다(각자의 종교의식에 따라 기도 등을 할 수 있음).
⑥ 영정에서 물러나 상주에게 한 번 절하고 위로의 말을 전한다.
⑦ 헌화할 때는 꽃을 가슴 앞에 들고 영정 앞으로 가서 제단 위에 천천히 놓은 후 묵념 또는 기도한다.

2) 조문 시 유의 사항

① 친척이나 지인이 상을 당한 경우, 가급적 빠르게 찾아가 장례 준비를 함께하는 것이 좋다.
② 상주에게 계속 말을 시키거나 고인의 사망 경위를 묻는 것은 실례이다.
③ 조의금은 문상을 마친 후 호상소에 접수하거나 부의함에 넣으며, 상주에게 직접 전달하는 것은 결례이다.
④ 장례식장에서 도움이 필요한 경우에는 적극적으로 돕되, 큰 소리로 말하거나 소란을 피우지 않는다.
⑤ 업무상 조문일 경우에는 가급적 너무 이른 시간이나 늦은 시간은 피한다.

CHAPTER 04

출제빈도 상 중 하
반복학습 1 2 3

전화 응대 매너

빈출 태그 ▶ 전화 응대의 특성, 전화 응대 3요소, 휴대전화 요령

01 전화 응대의 이해

1) 전화 응대의 중요성

① 전화는 기업의 첫 번째 창구 역할을 하며 기업의 첫인상을 결정한다.

② 전화는 보이지 않는 응대로 목소리, 화법, 응대 요령은 개인의 품격을 나타내고, 나아가 조직의 신뢰성을 판단하는 기준이 되므로 매우 중요하다.

③ 보이지 않기 때문에 소홀히 할 수 있으나 청각적 요소만 사용하는 의사소통이기 때문에 오히려 오해가 생기기 쉬워 더욱 예의를 갖추어야 한다.

2) 전화 응대의 특성 ★★

① 보이지 않는 의사소통

• 전화는 청각적 요소가 86%, 언어적 요소가 14%를 차지하므로 시각적 요소가 없어 오해를 사기 쉽다.

• 목소리를 통해 표정이나 말투가 전달되므로, 음색·어조 등의 청각적 요소를 잘 활용해야 한다.

② 일대일 쌍방향 커뮤니케이션

고객의 요구를 정확하고 신속하게 파악할 수 있어 효율적인 응대가 가능하다.

③ 예고 없이 찾아오는 고객

언제 전화가 올지 모르기 때문에, 고객의 요구에 맞는 적절한 응대가 어려울 수 있다. 따라서 다양한 응대 스킬을 숙지하는 것이 좋다.

④ 즉시성과 융통성

고객의 반응에 따라 즉시 대처해야 하며, 통화 중에 문제가 해결되어야 하므로 융통성 있는 대응이 필요하다.

⑤ 경제적인 비용

• 대면 응대에 비해 시간과 경제적 비용이 절감된다.

• 고객이 먼저 전화를 거는 경우 비용이 발생하므로, 신속하고 정확한 서비스를 제공해야 한다.

⑥ 예기치 않은 문제의 발생

보이지 않는 상황에서 내용을 전달하면서 작은 실수에도 오해가 생길 수 있다. 따라서 용건을 복창하여 다시 확인해야 한다.

3) 전화 응대의 3요소 ★★★

① 신속

• 전화벨이 세 번 울리기 전에 신속히 받는다.

• 불필요한 말은 삼가고, 간결하게 통화한다.

② 정확
- 발음에 주의하고 중요한 부분은 강조하며 정확하게 표현한다.
- 필요한 내용은 메모하면서 통화한다.

③ 친절
- 정중한 태도로 적극적으로 경청한다.
- 상대의 말을 끊거나 가로채지 않는다.
- 상대의 반응을 살피고, 기분을 배려하는 태도를 가진다.

02 전화의 발신과 수신

1) 전화의 발신

① 발신 전 준비사항
- 통화할 상대의 전화번호, 소속, 직위, 이름 등을 미리 확인한다.
- 대화 내용의 용건, 이야기 순서, 필요한 자료 등을 준비한다.
- 비즈니스 전화는 일반적으로 오전 9시부터 오후 6시 사이에 통화하는 것이 바람직하며, 이른 아침, 점심시간 직후, 퇴근 직전에는 가급적 삼간다.
- 업무시간 중이라도 상대방이 전화를 받았을 경우, 통화가 가능한 상황인지 먼저 확인하는 것이 좋다.

② 전화 발신
- 왼손으로 전화기를 들고, 오른손으로 메모할 준비를 한다.
- 상대가 전화를 받으면 상대를 확인하고 인사한 뒤, 자신의 소속과 이름을 밝힌다.
- 상대가 전화를 받았다 하더라도 통화가 길어질 수 있기 때문에 통화가 가능한지 다시 한번 확인한다.
- 용건은 간결하고 정확하게 전달하며, 말의 속도는 상대방에게 맞춘다.
- 상대에게 전달한 내용이 정확히 전달되었는지 확인한다.
- 전화기를 내려놓을 때는 원칙적으로 발신자가 먼저 종료하지만, 상대방의 지위가 높거나 연장자, 고객일 경우에는 상대가 먼저 끊은 것을 확인한 후 전화기를 내려놓는다.

2) 전화의 수신

① 수신 전 준비 사항
- 기본적인 전화 응대 요령, 회사의 서비스, 각 업무의 담당자, 최신 정보 등을 사전에 숙지해야 한다.
- 전화기 옆에는 항상 메모 도구를 준비해 둔다.

② 전화 수신 ★★
- 전화벨이 세 번 울리기 전에 받는다.
- 왼손으로 전화기를 들고, 오른손으로 메모할 준비를 한다.
- 인사와 함께 자신의 소속과 이름을 밝힌다.
  ⓔ "안녕하세요? 영진닷컴 인사팀 김미정입니다."('여보세요'라는 표현은 사용하지 않는다.)
- 상대를 확인한 후 인사를 건넨다.
  ⓔ "영진닷컴 박 과장님이시라고요? 안녕하세요?"
- 용건을 들으며 메모하고, 상대방의 말이 끝나면 통화 내용을 요약 및 복창하여 확인한다.
- 전해야 할 내용을 메모한 후 즉시 전달하여 누락되지 않도록 한다.

03 상황별 전화 응대

1) 상황별 전화 응대 요령 ★★

전화가 잘 들리지 않을 때	• "죄송하지만, 통화 상태가 좋지 않아 잘 들리지 않습니다. 조금 큰 목소리로 부탁드립니다."라고 정중히 요청한다. • "좀 멀게 들립니다."처럼 부드럽고 완곡한 표현을 사용하며, "뭐라고요?", "잘 안 들리는데요."와 같은 표현은 사용하지 않는다.
통화 중 다른 사람과 상의가 필요할 때	수화기를 손으로 막거나 대기 버튼을 누른 후 대화한다.
전화 연결을 요청할 때	• 연결음이 상대에게 들리지 않도록 주의한다. • 연결 중 전화가 끊어질 경우를 대비하여, 상대에게 직통번호를 안내하며, 개인 휴대전화 번호는 알려주지 않는다.
본인이 담당자가 아니거나 담당자에게 전화 연결이 필요할 때	전화 교환 전, 담당자에게 상대방의 회사명, 성함, 용건 등을 미리 전달한다.
담당자가 부재중이거나 연결해 줄 수 없을 때	• 공적인 부재 사유와 복귀 예정 시간을 알려준다(개인적인 사유는 언급하지 않는다). • 용건에 대해 메모를 남길지를 묻고, 원할 경우 메모하여 신속히 전달한다. • 나중에 다시 전화해 달라는 말은 삼간다.
해결하지 못할 때	용무를 해결할 수 있는 다른 담당자를 연결하거나, 선배 또는 상사에게 조언을 구한다.
담당자가 출근 전일 때	아직 출근하지 않았다는 말은 하지 않으며 업무적인 일로 자리를 비웠다고 말한다.
회사의 위치를 물을 때	• 상대의 현재 위치와 이용할 교통수단을 파악한 후 안내한다. • 상대방의 위치를 기준으로 전후좌우 방향을 정확하게 설명한다. • 필요에 따라 약도를 전송하거나 안내 링크를 제공한다.

2) 휴대전화 응대 요령 ★

① 상대방이 건 통화가 종료된 것을 확인한 후 끊는다.
② 상담이나 회의 중에는 반드시 전화를 꺼두거나 무음으로 전환한다.
③ 급한 경우에는 문자메시지로 연락하되, 반드시 발신자의 이름을 함께 보낸다.
④ 상대방이 전화를 받더라도, 통화 가능 여부를 먼저 확인한 후 통화한다.
⑤ 상대방의 수신음이 5~6회 이상 울렸음에도 받지 않을 경우, 계속 신호를 보내지 않고 끊는다.

글로벌 매너

출제빈도 상 중 **하**
반복학습 1 2 3

빈출 태그 ▶ 국가별 금기 선물, 국가별 제스처, 파티의 종류

01 국가별 기본 매너 ★★

1) 미국

① 실용주의적이며 평등 의식이 강하고, 약속의 이행과 사생활을 중시한다.

② 팁 문화가 발달하여 상황에 맞게 팁을 지불한다.

③ 대화 없이 식사만 하는 것은 예절에 어긋나며, 식사 시간을 커뮤니케이션 시간으로 여긴다.

④ 식사 중에는 개인 접시를 사용하고 먹을 만큼만 공용 스푼으로 덜어 먹는다.

⑤ 식사 중 코를 푸는 것은 괜찮지만, 재채기나 기침을 할 때는 반드시 손이나 손수건으로 입을 가린다
(냅킨은 사용하지 않는다). 부득이한 경우에는 "Excuse me."라고 양해를 구한다.

⑥ 대화 중에는 상대방과의 눈맞춤을 중요하게 여긴다.

2) 일본

① 기본 매너

- 남에게 피해를 끼치지 않는 것을 최고의 덕목으로 생각하며, 시간을 잘 지키는 것을 미덕으로 여긴다.
- 친절하고 질서를 잘 지키며, 경어 사용이 일반화되어 있다.
- 개인 신상에 대해 묻는 것은 실례이다.
- 인사 시 한국보다 허리를 더 많이 굽히며 상대방의 얼굴을 보지 않는다. 허리 굽힘 정도가 상하 관계를
나타내기도 한다.
- 계단, 복도, 에스컬레이터 등에서는 좌측으로 서거나 걷는다.

② 식사 매너

- 왼손으로 그릇을 들고 음식은 가능한 젓가락만 사용해서 개인 그릇에 덜어 먹는다(젓가락을 그릇 위에
걸쳐 놓지 않는다).
- 식사 중에 먹는 소리를 내지 않는 것이 예의지만, 메밀국수는 소리를 내며 먹어도 무방하다.
- 술잔에 술이 남아 있을 때 더 따르는 '첨잔'이 미덕으로 여겨지며, 한 손으로 잔을 받거나 따라도 된다.
- 술잔에 술이 1/3 이하로 남아 있는데 술을 권하지 않으면 이는 술자리를 마무리하자는 의미이다.

③ 금기사항

- 선물은 짝수로 주는 것이 좋으며, 4개는 불행을 가져온다고 여기므로 피한다.
- 흰색과 검정색의 포장지는 사용하지 않으며, 흰 꽃도 선물하지 않는다.

3) 중국

① 기본 매너

- 인구가 많은 국가로, 자국에 대한 자부심이 강하다.
- 집단 의식이 강하고 우정과 신뢰, 의리를 중시하며, 상호 협력 관계를 중요하게 여긴다.

- 거래는 단번에 이루어지지 않기 때문에 시간적 여유를 갖고 신뢰감을 형성한 후 거래하는 것이 좋다.
- 융통성을 발휘하는 것을 중요하게 여긴다.

② 식사 매너
- 차 문화가 발달되어 있어, 상대의 찻잔이 비면 계속 따라주는 것이 예의이다.
- 개인 젓가락을 공용 음식에 사용하지 않는다.
- 호스트가 먼저 건배하기 전에는 건배 제의를 하지 않는다.
- 준비된 음식은 전부 맛보고, 음식을 조금 남겨 준비한 측의 성의를 표현한다.
- 회전 식탁은 시계 방향으로 돌리는 것이 원칙이다.
- 음주와 흡연을 사교의 수단으로 여기는 경향이 있으며, 담배를 피우지 않더라도 권하면 받는 것이 예의로 여겨진다.

③ 선물 매너
- 실용적인 선물을 선호하며, 붉은색 포장지를 사용하는 것을 좋아한다.
- 선물을 받을 때 3번 정도 사양하는 문화가 있으므로 여러 번 권해야 한다.
- 짚신과 시계는 죽음과 관련되어 있고, 우산, 거북 무늬가 들어간 물건, 배, 손수건은 슬픔과 눈물을 상징하여 선물하는 것이 금기시된다.
- 청색과 흰색은 장례식과 관련된 색이므로 피한다.

4) 프랑스
① 타인의 물건을 허락 없이 만지는 것은 결례이다.
② 카네이션은 장례식에서 사용하는 꽃이므로 선물하지 않는다.
③ 남녀 평등 의식이 강하며, 여성의 사회 참여 비율이 높다.
④ 와인 문화에 자부심이 높고, 테이블 매너를 중시한다.
⑤ 사생활을 중시하므로 사적인 질문, 종교·정치 이야기는 피하는 것이 좋다.

5) 태국
① 불교를 숭배하므로 인사 시 두 손을 모아 합장한다.
② 장례식이 아니면 평상시 검은 옷은 입지 않는다.
③ 머리를 신성하게 여기므로 다른 사람의 머리를 만지거나 쓰다듬지 않는다.
④ 왼손은 화장실에서 사용하는 손으로 여기기 때문에 물건을 건넬 때 왼손을 사용하지 않는다.

6) 영국
① 코를 푸는 것은 예의에 어긋나지 않지만, 재채기는 입을 닫고 최대한 조용히 한다.
② 여성을 배려하는 문화가 강해 탈것을 이용할 때 여성이 먼저 타도록 한다.
③ 사다리 아래를 지나가거나 실내에서 우산을 펴는 것을 불길하게 여긴다.

7) 러시아
① 금요일이나 월요일에는 만남을 피하는 것이 좋다.
② 비즈니스 상황에는 시간 엄수보다 인내심을 더 중요하게 여긴다.
③ 손가락으로 물건을 가리키지 않는다.
④ 건배를 권유받았을 때는 거절하지 않는 것이 예의이다.

8) 이탈리아

① 제스처 사용이 많고, 남성끼리도 포옹을 자주 한다.
② 감정 표현이 풍부하며, 대가족 문화가 발달해 있다.
③ 외모에 대한 관심이 많아 옷차림에 신경을 많이 쓴다.

9) 인도

① 식사는 반드시 오른손으로 한다.
② 식사 중 대화하는 것은 무례하다고 생각하므로 식사에 집중한다.

02 국가별 제스처와 의미 ★

1) 제스처별 의미

① 주먹을 쥔 채 엄지손가락을 위로 올리는 행위

- 매우 좋음(미국)
- 무례한 행위(호주)
- 동성애자(러시아)
- 입을 다물라는 의미(그리스)
- 최고라는 의미(한국)

② 손바닥을 아래로 하여 손짓하는 행위

- 누군가를 오라고 부르는 의미(중동, 극동 지역)
- 가라는 의미(서구 지역)

③ 손가락으로 하는 링 사인

- 돈(한국, 일본)
- OK 표시(미국, 서유럽)
- 무가치함(남부 프랑스)
- 음탕하고 외설적인 신호(브라질, 남미)

④ 손등을 바깥쪽으로 향한 V자 사인

- 꺼지라는 의미(영국, 프랑스)
- 승리(그리스)

⑤ 머리를 위아래로 끄덕이는 행위

- 'Yes'라는 의미의 긍정 표현(대부분의 국가)
- 'No'라는 의미의 부정 표현(불가리아, 그리스)

⑥ 손바닥을 바깥쪽으로 향한 V자 사인

- 승리(유럽)
- 욕설(그리스)

⑦ 손바닥을 펴서 흔드는 행위

- '안녕'의 의미(유럽, 한국 등)
- 무차: 당신의 일이 잘되지 않기를 바란다(그리스).

⑧ 합장
- 인사(태국, 기타 불교국가)
- 거만함 표시(핀란드)

1) 초대 매너

① 초대받을 경우
- 서양에서는 호텔이나 식당에 초대받는 것보다 가정에 초대받는 것을 더 큰 대접으로 생각한다.
- 초대를 받을 때는 참석 여부를 가능한 한 빨리 알려준다.
- 초대의 성격이나 분위기, 문화에 따라 적절한 선물을 준비한다.
- 초대를 받을 때는 감사의 표현을 하며, 자신이 준비하거나 도울 일이 있는지 미리 물어본다.
- 초대받은 당일에는 약속 시간 5분 전에 도착하며, 너무 일찍 도착하거나 늦지 않도록 한다.
- 해외 출장 시 현지인으로부터 초대를 받은 경우, 한국과 관련된 수공예품이나 전통적인 선물을 준비하는 것이 좋다.

② 초대할 경우
- 적어도 10일에서 2주 전에는 여유를 두고 초대장을 보내거나 전화로 연락하여 초대한다. 공식적인 비즈니스 초대는 반드시 초대장을 보낸다.
- 일반적으로 서양에서는 부부를 함께 초대한다.
- 초대장을 직접 작성하기도 하며, 인쇄된 초대장을 보낼 경우에는 초대하는 사람이 직접 서명해서 보내는 것이 좋다.
- 초대받은 사람들이 서로 어울릴 수 있도록, 참석자 구성을 미리 고려해 선정한다.

2) 파티의 종류 ★★★

종류	내용
샤워 파티 (Shower Party)	주로 가까운 친구나 친한 동료들끼리 모여 축하받을 사람을 중심으로 음식과 담소를 나누는 간단한 파티이다.
티파티 (Tea Party)	'다과회'라고도 하며, 홍차, 커피, 케이크 등 가벼운 음식을 준비하여 보통 오후 3시에서 5시경에 열리는 파티이다.
포트럭 디너 (Potluck Dinner)	아주 친한 사이에 열리는 디너 파티로, 참석자들이 각자 일품 요리 한 가지씩을 준비해 음식을 나누어 먹는 파티이다.
칵테일 파티 (Cocktail Party)	도착은 파티 시작 시간에 맞추는 것이 좋지만, 참석자의 사정에 따라 자유롭게 파티장을 떠날 수 있는 파티이다.
가든 파티 (Garden Party)	야외에서 진행되는 파티로, 날씨 상황을 고려하여 계획을 세워야 한다.
디너 파티 (Dinner Party)	풀 코스(Full Course)의 만찬을 제공하는 파티로, 가장 정중한 형식의 파티이다.
리셉션 (Reception)	특정한 사람이나 중요한 이벤트를 축하하거나 기념하기 위해 마련되는 공식적인 모임이다.

3) 팁 문화 ★

① 팁은 전체 금액의 10~15% 정도를 지불한다.

② 좋은 서비스를 받았다면 더 지불할 수 있고, 서비스가 좋지 않았다면 팁을 적게 지불하여 불만을 표시할 수도 있다.

③ 서양에서는 레스토랑, 호텔, 택시 등을 이용할 때 팁을 지불하는 것이 당연한 관습이다.

④ 미주 지역이나 유럽에서는 받은 서비스의 대가로 지불하는 것이 아니라 거의 습관처럼 지불한다.

⑤ 팁은 보통 신용카드 결제 시 합산해 지불하거나, 현금을 접어 테이블 위에 올려놓는다.

⑥ 팁을 직접 건넬 때는 손바닥을 아래로 향해 돈이 보이지 않게 건네며, 계산서 사이에 끼워 주는 것이 예의이다.

⑦ 서비스가 좋지 못할 경우에는 관례보다 적게 팁을 주어도 되며, 그 이유를 엄격하지만 조용하게 설명해 주는 것이 좋다.

04 레스토랑 매너

1) 예약 문화

① 레스토랑 이용 시에는 반드시 사전에 예약한다.

② 부득이하게 예약을 지키지 못할 경우에는 미리 전화하여 변경하거나 취소해야 한다.

③ 예약에 변경 사항이 생길 경우에는 반드시 미리 연락하여 '노쇼(No Show)'가 발생하지 않도록 한다.

④ 고급 레스토랑의 경우 정장이 필수인 곳도 있으므로 미리 확인한다.

2) 도착과 착석 매너 ★

① 코트나 소지품은 보관소에 맡기고, 여성의 핸드백은 등과 의자 사이에 둔다.

② 도착하면 입구에서 예약자명을 확인하고 자리를 안내받는다. 예약했다고 해서 아무 자리에나 앉는 것은 매너에 어긋난다.

③ 레스토랑에서는 반드시 종업원의 안내를 기다린다.

④ 안내받은 자리가 마음에 들지 않을 경우에는 정중하게 다른 자리를 부탁한다.

⑤ 직원이 안내 후 처음 의자를 빼주는 자리가 상석이므로, 그날의 주빈이 그 자리에 앉는다.

⑥ 식사 도중 화장실에 가는 것은 실례이므로 입장 전에 다녀온다.

3) 주문 매너

① 모르는 음식은 웨이터에게 물어보는 것이 좋다.

② 초대받았을 경우에는 너무 고가의 음식보다 중간 정도의 가격에서 선택한다.

③ 식사에 초대한 손님이 그날의 가장 중요한 손님이므로 초대 손님을 중심으로 이루어진다.

④ 주문은 여성과 초대 손님이 먼저하고, 남성을 동반한 여성은 남성에게 주문할 요리를 알려주어 남성이 직원에게 주문하는 것이 매너이다.

⑤ 옆 테이블의 음식을 보고 손가락으로 "같은 것으로 주세요."라고 가리키며 주문하는 것은 실례이다.

4) 식사 중 매너

① 이야기하면서 식사하되, 입안에 음식이 있는 채로 말하지 않는다.
② 식사는 초대한 사람(또는 그날의 가장 중요한 손님)을 중심으로 이루어진다.
③ 식사 중에 너무 큰소리를 내거나 크게 웃는 것은 삼간다.
④ 빵은 왼손으로 잡고 오른손으로 떼어내어 먹는다.
⑤ 테이블에 팔꿈치를 올리거나 턱을 괴지 않으며, 다리를 꼬지 않는다.
⑥ 바닥에 냅킨이나 식기류가 떨어지면 직접 줍지 않고, 종업원에게 새것으로 교체해 줄 것을 부탁한다.
⑦ 종업원을 부를 때는 소리를 내지 않고 가볍게 손을 든다.
⑧ 주위 사람들과 먹는 속도를 맞추도록 한다.
⑨ 여성의 경우, 립스틱 자국이 물잔에 묻지 않도록 주의하며, 수정 화장은 테이블이 아닌 화장실을 이용한다.

5) 기물 사용 매너

① 냅킨 사용법

- 주빈이 냅킨을 먼저 펴면 함께 펴서 무릎 위에 두 겹으로 접어 놓는다.
- 식사 중 자리를 뜰 때는 냅킨을 의자 위에 올려놓고 간다.
- 식사 중 입을 닦거나 핑거볼 사용 후 손의 물기를 닦을 때 사용한다.
- 식사 중 악수해야 할 경우, 일어설 때는 냅킨을 왼손에 든 채 일어난다.
- 식사 후 냅킨은 적당히 접어서 테이블 위에 올려놓는다.

② 포크와 나이프

- 접시를 중심으로 포크는 왼쪽, 나이프는 오른쪽에 놓는다.
- 포크는 왼손, 나이프는 오른손으로 사용한다.
- 바깥쪽부터 안쪽 순서대로 사용한다.
- 음식을 먼저 자른 후 나이프는 접시에 걸쳐 놓고, 포크를 오른손으로 바꿔 들고 먹어도 무방하다.
- 식사 중일 때는 포크와 나이프를 'ㅅ' 자형으로 놓고, 식사가 끝나면 포크를 나이프 아래에 나란히 놓는다.

01 다음 중 에티켓과 매너의 의미로 옳지 <u>않은</u> 것은?

① 에티켓은 예의범절의 의미를 갖고 있다.
② 매너는 행동을 취하는 방식이나 방법(고유 행동, 습관)을 말한다.
③ 매너는 상대를 존중하고 편안하게 만들기 위한 행동이다.
④ 에티켓은 화단의 꽃을 해치지 않는다는 의미의 입간판을 붙인 것에서 유래하였다.
⑤ 매너는 에티켓의 내적 표현이다.

02 이메일 작성 시 네티켓으로 옳지 <u>않은</u> 것은?

① 간결하고 명료하게 작성한다.
② 답장은 가급적 24시간 이내에 재빨리 보낸다.
③ 대용량 파일은 압축하여 최소화된 크기로 첨부한다.
④ 영어 대문자로만 작성하는 것은 내용을 더 강조하고 싶을 때 사용한다.
⑤ 명확한 의미를 전달하기 위해 지나친 약어와 속어 사용은 자제한다.

03 좋은 인사법이 <u>아닌</u> 것은?

① 밝은 표정과 부드러운 미소를 짓는다.
② 상대의 턱을 부드럽게 바라본다.
③ 어깨는 힘을 빼고 자연스럽게 한다.
④ 턱은 앞으로 내밀지 말고 자연스럽게 당긴다.
⑤ 상체를 올릴 때는 굽힐 때보다 천천히 들어 올린다.

04 네티켓에 대한 설명으로 적절하지 <u>않은</u> 것은?

① 네티켓은 네트워크(Network)와 에티켓(Etiquette)의 합성어이다.
② 가상공간에서의 활동이지만 올바른 의사소통을 위해 예의를 가지고 활동해야 한다.
③ 글로벌 시대에 국가의 이미지가 손상되지 않도록 기본적인 매너를 지키며 활동해야 한다.
④ 네티켓은 네트워크 상에서 사용자들이 지켜야 하는 기본적인 예절이다.
⑤ 강조할 내용인 경우 영어 대문자로만 작성한다.

05 다음 중 인사의 원칙으로 옳지 <u>않은</u> 것은?

① 밝은 목소리로 분명히 인사말을 전한다.
② 밝은 표정으로 한다.
③ 먼저 눈을 마주친 사람이 한다.
④ 시간(Time), 장소(Place), 상황(Occasion)을 고려한다.
⑤ 상대의 얼굴을 바라보며 한다.

06 다음 중 고객을 안내할 때 올바른 매너는?

① 안내할 때는 고객보다 2~3보 정도 비스듬히 뒤에 서서 안내한다.
② 남녀가 계단을 올라갈 때는 남자가 먼저 올라가고 먼저 내려간다.
③ 안내할 때는 정면을 계속 응시하면서 바른 자세로 걷는다.
④ 방문객을 배웅할 때는 회의석상에서 배웅하는 것이 기본이다.
⑤ 손님과의 거리를 확보하며 걷고 모퉁이를 돌 때는 방향을 잘 안내한다.

07 다음 중 공수 자세에 대한 설명으로 거리가 <u>먼</u> 것은?

① 공수란 '차수'라고도 한다.
② 평상시에는 남자는 오른손이 위에, 여자는 왼손이 위에 오도록 한다.
③ 공수법은 성별에 따라 다르며, 평상시와 흉사 시에도 차이가 있다.
④ 두 손의 손가락을 가지런히 붙여서 편 다음 아랫배에 모아 포갠다.
⑤ 어깨가 한쪽으로 기울어지지 않도록 주의하며, 배에 힘을 주고 허리를 일직선으로 편다.

08 다음 중 올바른 조문 매너는?

① 향에 불을 붙이고 왼손으로 가볍게 흔들어 끈다.
② 향을 꽂은 후 영정 앞에 일어서서 잠깐 묵념 후 한 번 절한다.
③ 조의금은 문상을 마친 후 직접 상주에게 전하는 것이 예의이다.
④ 정신적으로 힘든 유족에게는 말을 많이 시키고 위로하는 것이 좋다.
⑤ 영정 앞에 절할 때 남자는 왼손이 위로, 여자는 오른손이 위로 가게 한다.

09 다음 중 소개 매너의 순서로 적절하지 <u>않은</u> 것은?

① 연소자를 연장자에게 소개한다.
② 손아랫사람을 손윗사람에게 소개한다.
③ 외부 고객을 자신의 회사 사람에게 소개한다.
④ 남성을 여성에게 소개한다.
⑤ 지위가 낮은 사람을 높은 사람에게 소개한다.

10 다음 중 호칭과 경어 사용 매너로 거리가 <u>먼</u> 것은?

① 상대 회사를 지칭할 때는 '귀사'라고 지칭한다.

② 상사의 지시를 전달할 때는 존칭을 생략한다.

③ 대외적으로 '저', '저희'와 같은 겸양어를 사용하는 것이 기본이다.

④ 상급자의 성명을 모르는 경우 직위에만 '님'의 존칭을 붙인다.

⑤ 부하라도 연장자일 경우 적절한 예우가 필요하다.

11 다음 중 명함 매너로 거리가 <u>먼</u> 것은?

① 방문자가 상대방에게 먼저 건넨다.

② 선 자세로 교환하는 것이 예의이다.

③ 윗사람이 먼저 줄 때까지 기다린 후 자신의 명함을 건넨다.

④ 받은 명함과 자신의 명함은 항시 구분하여 넣어둔다.

⑤ 명함은 자기 자신을 나타내는 자기소개서이므로 소중하게 다루어야 한다.

12 승강기 이용 시 기본 에티켓으로 거리가 <u>먼</u> 것은?

① 승강기에서 통화하거나 업무 내용에 대해 설명하는 것은 좋지 않다.

② 상사나 여성이 함께 승강기를 타면 상사나 여성이 먼저 타고 내린다.

③ 승강기를 탈 때 승무원이 있을 경우 손님이 먼저 타고 내릴 때는 손님보다 먼저 내린다.

④ 버튼 앞에 서면 타인을 위해 버튼을 눌러주고, 내릴 때는 먼저 내린다.

⑤ 승강기에서 사람이 많을 때는 무리해서 버튼을 누르기 보다는 앞사람에게 정중히 부탁한다.

13 일본의 비즈니스 매너에 대한 설명으로 거리가 <u>먼</u> 것은?

① 개인의 신상에 대한 질문은 결례이다.

② 누구에게나 경어를 사용하는 것이 일반화되어 있다.

③ 허리를 굽혀 인사할 때 상대방보다 낮은 높이로 한다.

④ 시간을 잘 지키는 것을 최고의 미덕으로 여기므로 약속 시간을 엄수한다.

⑤ 짝을 이루는 것이 행운을 가져온다고 생각하므로, 선물도 짝으로 준비하는 것이 좋다.

14 전화 응대 시 전화를 받을 때의 행동으로 거리가 <u>먼</u> 것은?

① 메모를 위해 펜과 종이를 준비한다.

② 용건은 간단히 전달하고 정확하게 메모한다.

③ 상대방이 전화를 끊은 뒤 수화기를 내려놓는 것이 매너이다.

④ 전해줄 내용을 메모한 후 즉시 전달한다.

⑤ 전화가 들리지 않더라도 다시 한 번 말해 달라고 하는 것은 무례할 수 있다.

15 다음 중 상석에 대한 설명으로 거리가 <u>먼</u> 것은?

① 의전의 기본 원칙은 오른쪽 자리가 상석이라는 것이다.
② 상석의 방향은 동서남북을 기준으로 북쪽이다.
③ 차주가 운전을 하는 경우 운전석의 뒷좌석이 최상석이다.
④ 열차에서는 진행 방향의 창가 좌석이 최상석이다.
⑤ 입구에서 가장 먼 쪽이 상석이다.

16 다음 중 상황별 전화 응대 방법으로 거리가 <u>먼</u> 것은?

① 회사의 위치를 묻는 경우 어떤 교통편을 이용할 것인지 파악한다.
② 담당자를 연결해 줄 수 없는 경우 용건에 대해 메모를 남길지 묻는다.
③ 연결 중 끊어질 경우를 대비하여 상대방에게 담당자의 직통번호나 개인 전화번호를 알려준다.
④ 담당자가 부재중인 경우 복귀할 예정 시간을 알려 주지만, 사적인 이유에 대해서는 말하지 않는다.
⑤ 전화가 잘 들리지 않을 경우 "뭐라고요?", "잘 안들리는데요."와 같은 표현은 사용하지 않고 "좀 멀게 들립니다."와 같은 완곡한 표현을 사용한다.

17 휴대전화 사용 매너 중 올바르지 <u>않은</u> 것은?

① 상대방 통화가 종료된 것을 확인하고 끊는다.
② 상담이나 회의 시에는 반드시 꺼두거나 무음으로 전환한다.
③ 급한 경우 문자 메시지로 연락하되 발신자의 이름을 반드시 적어 보낸다.
④ 상대방이 전화를 받을 때까지 기다린다.
⑤ 상대방이 전화를 받을 때 반드시 통화 가능 여부를 확인하고 통화한다.

18 다음 중 피해야 할 인사로 옳지 <u>않은</u> 것은?

① 무표정한 인사
② 인사말이 명확하지 않고 흘리듯 하는 인사
③ 망설이다가 하는 인사
④ 뛰어가면서 하는 인사
⑤ 보자마자 먼저 하는 인사

19 악수의 5대 원칙으로 옳지 <u>않은</u> 것은?

① 부드러운 미소는 친근하면서 긍정적인 인상을 준다.
② 눈을 보는 것은 무례할 수 있으므로, 상대의 손을 보며 예의를 표한다.
③ 두세 번 정도 손을 흔드는 것이 적당하다.
④ 팔꿈치가 자연스럽게 굽혀지는 정도의 거리에서 악수한다.
⑤ 손을 너무 세거나 약하게 잡지 않는다.

20 악수하는 방법으로 옳지 <u>않은</u> 것은?

① 원칙적으로 오른손으로 한다.
② 적당한 거리를 유지한다.
③ 적당한 힘으로 손을 잡고 2~3회 가볍게 흔든다.
④ 상대의 눈을 바라보며 미소를 짓고, 시선은 눈 – 손 – 눈의 순서(삼점법)로 응시한다.
⑤ 남성이 여성에게 먼저 청한다.

21 명함 교환의 방법으로 옳지 <u>않은</u> 것은?

① 동시에 교환할 경우, 오른손으로 건네고 왼손으로 받는다.
② 상대방이 글자를 바로 볼 수 있는 방향으로 건넨다.
③ 앉아서 대화를 나누다가 명함을 교환할 때는 일어서서 건네는 것이 예의이다.
④ 손아랫사람이 손윗사람에게 먼저 건넨다.
⑤ 모르는 한자가 있을 경우, 즉시 질문하는 것은 무례하므로 나중에 찾아본다.

22 국가별 제스처로 옳은 것은?

① 손가락으로 하는 링 사인은 미국에서 OK 표시이다.
② 주먹을 쥔 채 엄지손가락만을 위로 올리는 행위는 미국에서 무례한 제스처이다.
③ 머리를 위아래로 끄덕이는 행위는 불가리아에서 'Yes'라는 의미이다.
④ 손바닥을 아래로 하여 손짓하는 행위는 서구지역에서 오라고 부르는 의미이다.
⑤ 손바닥을 바깥쪽으로 향한 V자 사인은 유럽에서 욕설을 의미한다.

23 주로 가까운 친구나 친한 동료들끼리 모여 축하를 받을 사람을 중심으로 음식과 담소를 나누는 간단한 파티는 무엇인가?

① 티파티(Tea Party)
② 포트럭 디너(Potluck Dinner)
③ 샤워 파티(Shower Party)
④ 칵테일 파티(Cocktail Party)
⑤ 가든 파티(Garden Party)

24 레스토랑 이용 시 매너로 적절하지 <u>않은</u> 것은?

① 레스토랑 이용 시에는 반드시 사전 예약을 한다.
② 옆 테이블의 음식을 보고 손가락으로 "같은 것으로 주세요."라고 하는 것은 실례이다.
③ 식사 중 자리를 뜰 때는 냅킨을 의자 위에 올려놓고 간다.
④ 식사 후 냅킨은 적당히 접어서 테이블 위에 올려놓는다.
⑤ 빵을 손으로 뜯어 먹으면 청결하지 못하므로 나이프와 포크를 이용하여 잘라 먹는다.

01 에티켓이란 각자가 지닌 독특한 방식으로 행동하는 기준이다.

(① O   ② X)

02 전화 응대는 일대일 쌍방향 커뮤니케이션의 특징을 가지며, 고객 개개인의 개별 서비스 응대가 가능한 서비스 매체이다.

(① O   ② X)

03 악수를 할 때 남성이 먼저 악수를 청하는 것이 에티켓이다.

(① O   ② X)

04 상석의 위치는 출입문을 바라보았을 때 오른쪽 안쪽이다.

(① O   ② X)

05 팁 문화에서 서비스가 좋지 못할 경우 관례보다 적게 팁을 주어도 되고, 그 이유를 엄격하고 조용하게 설명해 주는 것이 좋다.

(① O   ② X)

연결형

〈보기〉

① 프로토콜   ② 샤워 파티   ③ 포트럭 디너   ④ 매너   ⑤ 에티켓

01 아주 친한 사이에 열리는 파티로 파티의 참석자들이 각자 일품 요리를 한 가지씩 준비해 와서 음식을 나누어 먹는 파티는 (   )이다.

02 (   )은/는 주로 가까운 친구나 친한 동료들끼리 모여 축하를 받을 사람을 중심으로 음식과 담소를 나누는 간단한 파티이다.

03 (   )은/는 국제 간 외교 목적에 맞게 형식을 갖춘 예법이다.

04 (   )은/는 사교계의 관례, 예의범절을 의미한다.

05 (   )은/는 행동을 취하는 방식이나 고유의 습관 등을 일컫는다.

정답 & 해설

일반형

01 ⑤	02 ④	03 ②	04 ⑤	05 ③
06 ⑤	07 ②	08 ①	09 ③	10 ②
11 ③	12 ④	13 ③	14 ⑤	15 ③
16 ③	17 ④	18 ⑤	19 ②	20 ⑤
21 ⑤	22 ①	23 ③	24 ⑤	

OX형

| 01 ② | 02 ① | 03 ② | 04 ② | 05 ① |

연결형

| 01 ③ | 02 ② | 03 ① | 04 ⑤ | 05 ④ |

일반형

01 ⑤

매너는 에티켓의 외적 표현이다.

02 ④

영어 대문자로만 작성하는 것은 큰소리를 치는 것과 같으므로 사용하지 않는다.

03 ②

상대의 눈을 부드럽게 바라보는 것이 적절하다.

04 ⑤

영어 대문자로만 작성하는 것은 큰 소리를 치는 것과 같으므로 금물이다.

05 ③

눈을 마주치지 않더라도 먼저 하도록 한다.

06 ⑤

오답 피하기

- ① 안내할 때는 고객보다 2~3보 정도 비스듬히 뒤에 서서 안내한다.
- ② 남녀가 계단을 올라갈 때는 남자가 먼저 올라가고, 내려올 때는 여자가 먼저 내려간다.
- ③ 안내할 때는 몸을 조금 비켜선 자세로, 사선으로 걸으며 손님이 잘 따라오는지 확인한다.
- ④ 엘리베이터 앞이나 현관 입구까지 배웅하는 것이 예의이다.

07 ②

평상시 남자는 왼손이, 여자는 오른손이 위로 향하게 한다.

08 ①

오답 피하기

- ② 향을 꽂은 후 영정 앞에 일어서서 잠깐 묵념 후 두 번 절한다.
- ③ 조의금은 문상을 마친 후 호상소에게 접수하거나 부의함에 직접 넣는 것이 예의이다.
- ④ 정신적으로 힘든 유족에게는 말을 너무 많이 시키지 않는다.
- ⑤ 영정 앞에 절할 때 남자는 오른손이 위로, 여자는 왼손이 위로 가게 한다.

09 ③

자신의 회사 사람을 외부 고객에게 먼저 소개한다.

10 ②

상사의 지시를 전달할 때는 '님'을 붙여서 사용한다.

11 ③

윗사람이 먼저 주기 전에 자신의 명함을 먼저 건넨다.

12 ④

버튼 앞에 서면 타인을 위해 버튼을 눌러주고 제일 나중에 내리는 것이 에티켓이다.

13 ③

허리를 숙이는 정도는 상대방과 비슷하게 하되 상대방보다 먼저 허리를 펴서는 안된다.

14 ⑤

목소리가 잘 들리지 않을 경우, 원활한 소통을 위해 정중히 다시 한 번 말해 달라고 하는 것이 옳다.

15 ③

차주가 운전을 하는 경우 운전석의 옆 좌석이 최상석이다.

16 ③

담당자의 개인 번호는 사생활 보호를 위해 가급적 알려주지 않는다.

17 ④

상대방 수신음이 5~6회 이상 울려도 받지 않을 때는 전화를 끊는다.

18 ⑤

인사는 눈치를 보지 않고 내가 먼저 한다.

19 ②

악수의 기본은 손 잡는 것이 아니라 눈맞춤이므로 상대의 눈을 보며 예의를 표한다.

20 ⑤

악수는 여성이 남성에게 먼저 청하는 것이 예의이다.

21 ⑤

모르는 한자가 있을 경우, 즉시 질문하되 정중히 물어본다.

22 ①

- ② 주먹을 쥔 채 엄지손가락만을 위로 올리는 행위는 미국에서 '매우 좋다'는 의미이다.
- ③ 머리를 위아래로 끄덕이는 행위는 불가리아에서 'NO'라는 의미이다.
- ④ 손바닥을 아래로 하여 손짓하는 행위는 서구지역에서 가라는 의미이다.
- ⑤ 손바닥을 바깥쪽으로 향한 V자 사인은 유럽에서 '안녕'을 의미한다.

23 ③

- ① 티파티(Tea Party): 다과회라고도 하며, 홍차, 커피, 케이크 등 가벼운 음식을 준비해 보통 오후 3시에서 5시 경에 열리는 파티이다.
- ② 포트럭 디너(Potluck Dinner): 아주 친한 사이에 열리는 디너파티로, 참석자들이 각자 일품 요리를 한가지씩 준비해서 음식을 나누어 먹는 파티이다.
- ④ 칵테일 파티(Cocktail Party): 도착은 개최 시작 전에 가능한 맞추지만, 참석자의 사정에 따라 자유롭게 파티장을 떠날 수 있는 파티이다.
- ⑤ 가든 파티(Garden Party): 야외에서 진행하는 파티인 만큼 날씨 상황을 고려하여 계획을 세워야 한다.

24 ⑤

빵은 왼손으로 잡고 오른손으로 뜯어 먹는 것이 예의이다.

OX형

01 ②

에티켓은 생활에서 지켜야 하는 규범으로 대인관계에서의 합리적 행동 기준이며, 구성원 모두가 바람직한 문화를 유지하기 위한 사회적 약속이다. 보기는 '매너'에 대한 설명이다.

02 ①

전화 응대는 일대일로 소통하는 커뮤니케이션의 특징이 있으며, 고객 개인들에게 긴밀한 응대가 가능한 개별 서비스 응대가 가능한 매체이다.

03 ②

악수를 할 때 여성이 먼저 악수를 청하는 것이 에티켓이다.

04 ②

상석의 위치는 출입문을 바라보았을 때 왼쪽 안쪽이다.

05 ①

글로벌 매너 중 '팁 문화'에 대한 것으로, 좋은 서비스를 받았다면 더 지불할 수도 있고, 좋은 서비스가 아니었다면 팁을 적게 지불해 서비스에 대한 불만을 표시할 수도 있다.

연결형

01 ③

포트럭은 참가자가 저마다 음식이나 선물 등을 준비하여 모인 뒤 이를 나누며 즐기는 유럽 및 북미 지역의 파티이자 소모임의 한 형태이다.

02 ②

샤워 파티는 주로 출산을 앞둔 임산부나 결혼을 앞둔 신부를 위해 가족과 친구들이 함께 모여 축하하고 응원하는 일종의 축하 파티를 말한다. 일반적으로 샤워 파티에는 선물을 준비해 당사자에게 전달하는 것이 특징이다.

03 ①

에티켓보다 형식을 갖춘 국제간의 외교 목적의 예법을 프랑스어로 프로토콜이라 한다.

04 ⑤

에티켓은 예의범절의 의미를 갖고 있으며 특정한 사회적 상황에서 지켜야 하는 행동 규범을 뜻한다.

05 ④

매너는 라틴어인 'Manuarius'에서 유래하였으며, 'Manus'는 영어의 'Hand(손)'란 뜻으로 사람의 행동이나 습관을 의미한다. 즉, 매너는 각자가 지닌 행동으로 상대에게 타인을 향한 배려의 언행을 구체적인 방식으로 형식화한 것이다.

02

이미지 메이킹

파트 소개

비즈니스 환경에서 긍정적인 첫인상을 형성하고, 전문성을 강조하는 내적·외적 이미지 관리 방법을 다룹니다. 용모와 복장, 표정, 자세, 목소리 등 서비스 전문가를 위한 요소를 학습합니다.

다양한 예시와 사례를 보고 이미지와 관련된 이론을 선택할 수 있어야 합니다. 자칫
당연할 수도 있는 내용이지만 세밀하게 이해하며 내용을 학습하는 것이 좋습니다.

CHAPTER 01	하	15%
CHAPTER 02	상	30%
CHAPTER 03	중	25%
CHAPTER 04	상	30%

이미지

01 이미지의 개념

1) 이미지의 의미

① 이미지(Image)는 라틴어로 모습, 형상, 닮은 것을 뜻하는 'Imago'에서 비롯되었다.
② 시간이 흐르면서 시각적인 의미뿐만 아니라, 마음속에 그려지는 사물의 감각적 영상 또는 심상을 의미하게 되었다.

2) 이미지의 속성 ★★

① 어떤 사람이나 사물에 대해 떠오르는 감정, 생각, 느낌, 단어의 총체이다.
② 이미지는 무형적인 속성이기 때문에 직접적인 경험이 없어도 형성된다.
③ 개인의 지각적 요소와 감정적 요소가 결합되어 나타나는 것으로 객관적이라기보다는 주관적이라고 할 수 있다.
④ 시각적인 요소 이외에도 다양한 감각에 의해 형성되는 이미지도 포함한다.
⑤ 이미지는 대상이 지닌 다양한 속성 중 부분적인 특징만을 드러내므로, 전체를 표현하기에는 한계가 있다.
⑥ 인식 체계와 행동의 동기 유인 측면에 있어 매우 중요한 역할을 한다.

3) 이미지의 분류 ★

내적 이미지	• 인간의 정신적, 정서적 특성 등이 형성되어 있는 상태이다. • 외부로 표현되는 모든 이미지는 내적 이미지로부터 출발한다. 　⑳ 생각, 감정, 욕구, 습관, 심성, 신념 등
외적 이미지	• 인간의 외부에서 나타나는 총체적인 이미지이다. • 외적 이미지를 통해 내적 이미지를 판단한다. • 사람을 평가할 때 가장 일반적인 기준이 되며, 가장 많은 비중을 차지한다. 　⑳ 복장, 표정, 자세, 외모 등
사회적 이미지	특정한 사회 속에서만 성립되는 이미지이다. ⑳ 리더십, 에티켓, 매너, 바람직한 인간관계 등
음성(Voice) 이미지	목소리에서 느껴지는 이미지이다. ⑳ 억양, 발성, 발음, 어조 등

1) 대인지각의 개념 ★

① 대인지각이란 사회적으로 자신과 타인을 바라보는 인식으로, 이를 통한 주관적인 판단을 말한다.
② 대인지각은 지각의 대상과 상호작용에 의해 이미지를 형성한다.
③ 타인을 만났을 때 느끼게 되는 외적·내적 요소와 음성, 언어적 표현, 사회적 이미지 등을 인지하는 과정이다.
④ 매력적인 특성은 다른 특성을 평가하는 데 영향을 미친다.
⑤ 대인지각은 객관적이고 논리적이기보다 자신의 경험이나 사고를 기반으로 주관적으로 이루어진다.

2) 대인지각의 오류 요인 ★

고정관념	자신의 기준과 고정된 관념으로 타인을 판단하는 것이다.
현혹 효과	자신이 판단한 긍정적 또는 부정적 인상이 다른 영역의 대인 평가에도 영향을 미치는 것으로, 호감을 느끼면 그 사람을 매력적이고 관대하다고 평가하며, 비호감을 느끼면 부정적인 판단을 내린다.
자기 완성적 예언	사람들은 자기 완성적 예언을 통해 타인을 지각하는데, 흔히 이러한 예언을 기대라고 한다. 자기 완성적 예언은 타인에 대해 미리 가지고 있는 특성, 사건, 생각에 대한 기대에 따라 무비판적으로 수용하는 자세를 말한다.
자기 합리화	자책감이나 죄책감에서 벗어나기 위해 자신이 한 행위를 정당화하는 심리적인 경향을 말한다.
귀인의 오류	타인의 말과 행동을 관찰하여 그 밑에 깔려있는 의도를 추측하여 판단하는 것을 말한다.

이미지 메이킹 개론

01 이미지 메이킹

1) 이미지 메이킹의 의미 ★★

① 다른 사람이 어떤 대상을 생각할 때 갖게 되는 인상을 의도적으로 만들어 내는 일이다.
② 시각적인 의미뿐만 아니라, 마음속에 그려지는 사물의 감각적 영상 또는 심상을 의미한다.
③ 자기 이미지를 TPO, 즉 시간(Time), 장소(Place), 경우(Occasion)에 맞게 연출하는 것이다.
④ 외적 이미지를 강화하여 긍정적인 내면 이미지를 이끌어내는 효과를 일으키는 것이다.
⑤ 사회적 지위에 맞게 내적 및 외적 이미지를 최상의 모습으로 만들어 가는 것이다.

2) 이미지 메이킹의 방법

① 있는 그대로의 모습으로 자신의 이미지를 만들어 가는 것으로 솔직하고 진실된 내면을 상대에게 알린다.
② 자신과 유사한 인물이나 닮고 싶은 인물을 모델링하여 이를 모방하는 것에서 끝내지 않고, 자신의 개성을 더해 새로운 이미지를 구현하려는 장기적인 전략이 필요하다.

3) 이미지 메이킹의 효과

① 자아 존중감 향상
② 대인관계 능력 향상
③ 정체성 확립
④ 개인의 행복과 삶의 질 향상

4) 이미지메이킹 6단계 ★★★

① 1단계: 자신을 알라.
장점은 살리고 단점은 보완한다.
② 2단계: 자신의 모델을 선정하라.
자신의 모델을 선정하는 것은 자신의 목표를 수립하는 것으로, 선택한 모델을 모방하는 과정을 통해 자신의 개성이 드러날 수 있도록 한다.
③ 3단계: 자신을 개발하라.
자신만이 가진 개성이나 장점을 더욱 가치 있게 만들어 상대방이 긍정적인 관심을 갖도록 한다.
④ 4단계: 자신을 포장하라.
복장, 화장 등 외면적인 요소부터 교양이나 언어 구사력과 같은 내면적인 요소를 포장할 수 있어야 한다.

⑤ 5단계: 자신을 팔아라.

첫 만남에서 자신의 가치를 인식하고 좋은 평가를 받을 수 있도록 이미지 형성 요소를 종합적으로 사용해야 한다.

⑥ 6단계: 상대에게 진실하라.

상대방에게 진심으로 대하여 신뢰 관계를 형성한다.

5) 이미지 관리의 4단계 과정 ★

① 1단계: 이미지 점검하기

자신의 이미지를 객관적으로 바라보고 장단점을 파악한다.

② 2단계: 이미지 콘셉트 정하기

자신이 원하는 이미지를 정한다.

③ 3단계: 좋은 이미지 만들기

장점은 강화하고 단점은 보완한다.

④ 4단계: 이미지 내면화하기

일시적인 이미지가 아니라 진정성 있는 이미지로 자리 잡을 수 있도록 노력한다.

＋ 더 알기 TIP

〈퍼스널 브랜딩의 개념〉
- 이미지 메이킹보다 더 적극적이고 목표지향적인 개념으로 특정 분야에서 차별화되는 나만의 가치를 만드는 것이다.
- 자신을 브랜드화하여 특정 분야에서 자신을 먼저 떠올릴 수 있도록 만드는 과정이다.
- 자신을 독창적으로 표현하고 타인에게 차별화된 인상을 남길 수 있다.

02 이미지 관련 이론 ★★★

1) 초두효과(Primacy Effect)

① 처음에 주어진 정보가 나중에 제시된 정보보다 더 기억에 오래 남는 효과이다.
② 첫인상이 중요한 이유는 먼저 제시된 정보가 나중에 들어온 정보보다 인상을 남기는 것에 더 큰 영향을 미치기 때문이다.

2) 최근효과, 최신효과(Recency Effect)

① 초두효과와는 반대의 개념으로, 가장 나중에 제시된 정보가 먼저 들어온 정보보다 기억에 더 잘 남는 현상을 말한다.
② '신근성 효과' 또는 '막바지 효과'라고도 불린다.

3) 맥락효과(Context Effect)

① 처음 인지된 정보가 이후 형성되는 이미지의 판단 기준이 되고, 전반적인 상황적 맥락을 제공하여 인상 형성에 영향을 주는 효과이다.
② 처음에 긍정적으로 판단했을 경우에는 이후 들어오는 정보도 긍정적인 방향으로 해석하려는 경향이 있다.
   - ◉ 선한 사람이 머리가 좋으면 지혜로운 사람으로 보이고, 이기적인 사람이 머리가 좋으면 교활한 사람으로 해석하는 경우

4) 후광효과, 광배효과(Halo Effect)

① 어떤 대상이나 사람에 대한 일반적인 견해가 그 대상이나 사람의 구체적인 특성을 평가하는 데 전반적으로 영향을 주는 현상이다.
② 개인이 가진 특성 중 하나에 기초하여 개인에 대한 일반적인 인상을 형상화하는 것이다.
③ 매력적인 사람이 그렇지 못한 사람에 비해 거의 모든 영역에서 유리한 평가를 받는다.
   - ◉ 유명인(연예인, 스포츠 스타 등)이 특정 제품을 광고할 때, 그들의 성공적인 이미지가 제품에 대한 긍정적인 인상을 주는 경우

5) 부정성 효과(Negativity Effect)

① 부정적인 특징이 긍정적인 특징보다 인상 형성에 더 강력하게 작용하는 효과를 말한다.
② 사람들은 타인의 인상을 평가할 때 긍정적인 정보보다는 부정적인 정보에 더 큰 비중을 둔다.

6) 빈발효과(Frequency Effect)

첫인상이 안 좋게 형성되었다고 할지라도, 반복해서 제시되는 행동이나 태도가 첫인상과는 달리 진지하고 솔직하다면 점차 좋은 인상으로 바뀌는 현상을 말한다.

7) 호감 득실 이론(Gain-loss Theory)

자신을 처음부터 계속 좋아해 주는 사람보다 처음에는 부정적으로 보다가 긍정적으로 바뀐 사람을 더 좋아하게 된다. 반대로 자신을 긍정적으로 보다가 부정적으로 바뀐 사람을 더 부정적으로 느끼게 된다는 이론이다.

8) 현저성 효과(Vividness Effect)

① 눈에 띄는 특징을 가진 정보가 인상 형성에 많은 영향을 미치는 효과이다.
② 유독 돋보이는 특징이 주의를 집중시키고 다른 중요한 정보보다 더 크게 인식되는 현상이다.

9) 악마효과(Devil Effect)

① 후광효과와 반대되는 개념으로, 특정한 사람이 가진 한 가지 부정적인 특성이나 행동이 그 사람 전체에 대한 부정적인 평가로 이어지는 현상이다.
② 부정적인 사람이라는 인상이 형성되면 그 사람의 다른 측면까지도 부정적으로 평가하는 현상이다.
   - ◉ 한 직원이 실수로 고객에게 잘못된 정보를 전달했을 경우, 이 실수 하나로 인해 고객에게 '실수투성이', '신뢰할 수 없는 사람'으로 인식되는 경우

10) 콘크리트 법칙(The law of concrete)

한 번 각인된 첫인상을 바꾸는 데는 40시간 이상의 시간이 필요하다. 즉 결정된 부정적인 첫인상을 바꾸려면 많은 노력과 시간이 필요하다.

03 첫인상

1) 첫인상의 개념 ★

① 첫인상은 처음 만났을 때 형성되는 이미지이다.
② 첫인상은 처음 만난 지 3~10초 이내에 결정된다.
③ 한 번 결정된 부정적인 첫인상을 바꾸는 데는 많은 노력과 시간이 필요하므로, 첫인상 형성은 매우 중요하다.

2) 첫인상의 특징 ★★

① 신속성: 첫인상은 불과 몇 초 만에 순간적으로 각인된다.
② 일회성: 처음 한 번 전달되어 각인된 정보는 평생 기억 속에서 바뀌기 어렵다.
③ 일방성: 상대의 내면을 확인하지 않고, 보여지는 모습만을 통해 판단하므로 자신의 가치관에 따라 일방적으로 인식되고 형성된다.
④ 연관성: 실제 인물과는 다른 사람을 떠올리거나, 평소 인지하고 있던 정보와 혼동하여 첫인상이 각인되기 때문에 오류가 발생하며 불확실하다.
⑤ 영향력: 첫인상은 머릿속에 오래 남으며, 안 좋은 첫인상을 바꾸는 데는 많은 시간과 노력이 필요하다.

3) 첫인상의 결정 요인

① 앨버트 메라비언의 커뮤니케이션 이론인 '메라비언의 법칙'에 따르면 한 사람이 상대로부터 받는 이미지는 시각적 요소(표정, 복장, 제스처 등)가 55%, 청각적 요소(톤, 음색, 억양 등)가 38%, 언어적 요소(말의 내용)가 7%를 차지한다고 하였다.
② 첫인상은 시각적 이미지가 많은 부분을 차지하므로, 호감 가는 표정이나 자세 또한 첫인상을 결정짓는 중요한 요소이다.
③ 미소 띤 얼굴은 상대방을 편하게 하여 대인관계를 증진시키고, 다른 사람들에게 호감형의 인상을 줄 수 있다.

서비스 전문가의 이미지 메이킹

01 용모 및 복장

1) 용모와 복장의 중요성

① 상대방에게 첫인상을 형성하는 중요한 요소로, 신뢰도와 전문성을 판단하는 기준이 될 수 있다.
② 비즈니스 환경에서는 복장이 직업적 태도와 신뢰도를 반영하며, 업무 능력에 대한 신뢰를 높이는 역할을 한다.
③ 상황에 맞는 복장은 심리적 안정감을 주고, 대인관계에서 주도적인 역할을 하도록 도움을 줄 수 있다.

2) 남성과 여성의 용모 및 복장 ★

① 남성의 용모와 복장

얼굴과 헤어스타일	• 수염은 기르지 않고 매일 깨끗하게 정리한다. • 헤어스타일은 이마와 귀가 잘 보이도록 단정함을 유지한다. • 뒷머리가 셔츠 깃을 덮지 않도록 한다. • 입술은 트거나 건조해 보이지 않도록 립밤을 사용하여 생기있게 연출한다. • 체향(입 냄새, 땀 냄새 등)을 잘 관리해야 한다.
정장	• 정장은 검정색, 감색, 회색이 기본이다. • 자신의 몸에 잘 맞는 사이즈를 선택한다. • 투 버튼 정장은 윗단추를, 쓰리 버튼 정장은 윗단추 2개를 잠그는 것이 좋다. • 상의의 길이는 엉덩이의 굴곡을 가릴 만큼의 길이이며, 하의의 길이는 구두 등을 살짝 덮어서 양말이 보이지 않는 정도가 좋다.
셔츠	• 와이셔츠 안에 속옷을 입지 않는다. • 셔츠 깃과 소매가 항상 청결하도록 유지한다. • 셔츠의 깃과 소매는 슈트의 1~1.5cm 정도 나오게 입는다. • 흰색이 기본이며 여름에도 반팔 와이셔츠는 입지 않는 것이 예의이다.
넥타이	• 넥타이 길이는 벨트의 버클을 약간 덮을 정도가 적당하다. • 넥타이 폭은 상의의 깃과 폭이 같은 것으로 선택하는 것이 좋다. • 양복과 동일한 색상이 무난하며, 조끼를 입을 때는 넥타이가 조끼 밑으로 나와서는 안된다.
구두와 양말	• 구두의 색상은 양복의 색상과 맞추는 것이 좋으며, 검정색이나 짙은 갈색이 무난하다. • 양말은 검정색이 가장 무난하며, 정장 바지색보다는 진한 색으로 착용한다. • 화려한 액세서리는 피한다.

② 여성의 용모와 복장

헤어스타일	• 청결함과 단정함을 가장 기본으로 한다. • 업무를 하면서 불편하지 않도록 업무 특성에 맞게끔 연출한다. • 화려한 머리 장식이나 튀는 염색은 피한다. • 긴 머리는 깔끔하게 묶는 것이 좋다. • 가급적 이마를 보이는 것이 좋다.
메이크업	• 개인의 개성을 표현하기보다 직업의 이미지에 맞게 연출한다. • 화장이 너무 짙은 것은 피하고, 자연스러운 모노톤의 메이크업을 한다. • 공공장소가 아닌 개인 공간이나 화장실에서 수정 화장을 한다.
복장	• 검정색, 회색, 감색, 연한 황갈색 등이 무난하다. • 청결하고 단정해 보이도록 관리한다. • 바느질이 터진 곳이나 오염, 구김이 없도록 한다. • 노출이 심한 복장은 피한다. • 스타킹은 살구색이 기본이며, 복장과 어울리는 회색이나 검정색도 무난하다(단, 무늬나 화려한 색상의 제품은 피함).
구두	• 깨끗한 상태를 유지하며 구두 굽 관리에 신경을 쓴다. • 색상과 모양이 복장과 어울리도록 한다.
액세서리	• 너무 화려하거나 과하지 않게 착용한다. • 피부 톤과 자신의 이미지를 고려하여 착용한다. • 향수는 자극적인 향보다는 은은한 향으로 소량만 뿌린다. • 손톱은 깨끗하게 정돈하고 지나친 네일 아트는 피한다. • 핸드백은 정장과 구두에 어울리는 색과 스타일로 선택하며, 소지품은 깔끔하게 정돈한다.

02 표정 이미지

1) 표정의 의미

① 표정이란 마음속에 품은 감정이나 정서 등의 심리 상태가 겉으로 드러나는 모습으로, 곧 마음의 메시지를 나타낸다.
② 밝은 표정은 상대의 경계심을 없애고 친근감을 전달하여 긍정적인 상호관계를 형성하는데 중요한 도구이다.
③ 밝은 표정을 지으면 자신의 감정도 바뀐다는 연구 결과가 있듯 의도적으로 밝은 표정을 짓는 노력이 필요하다.

2) 밝은 표정의 효과 ★★★

① 건강 증진 효과: 웃음은 스트레스 해소에 도움이 되고 웃음이 건강에 좋다는 것은 많은 과학자와 의사들의 공통된 견해이다.
② 마인드 컨트롤 효과: 환한 표정을 지으면 실제로 기분이 좋아진다.
③ 신바람 효과: 웃는 모습으로 생활하면 기분 좋게 일할 수 있다.
④ 감정 이입 효과: 밝고 환하게 웃는 표정을 보면 주변인도 기분이 좋아진다.
⑤ 호감 형성 효과: 웃는 표정이 상대에게 호감을 줄 수 있다.

3) 눈의 표정(시선 처리)

① 호감을 주는 시선 처리

- 눈은 '마음의 창'으로, 그 사람의 속마음을 가장 단적으로 드러내는 의사소통 수단이다.
- 대화 시 상대방의 눈높이에 시선을 맞추고, 부드럽게 상대방을 응시한다.
- 상대의 눈만 바라보면 부담을 줄 수 있으므로, 눈이나 미간, 콧등 사이를 번갈아 가며 바라본다.
- 시선을 지나치게 일관되게 유지하면 오해를 부를 수 있으므로, 대화 주제에 따라 시선이나 표정에 변화를 준다.
- 대화 중에는 시선을 피하거나 주위를 두리번거리지 않는다.

② 피해야 할 시선 처리 ★

- 상대방을 보지 않는 눈: 무언가를 숨기려는 마음이 있는 것처럼 보이거나, 대화에 집중하지 않는 인상을 주어 상대방에게 불안감을 줄 수 있다.
- 눈을 위로 치켜뜨거나 아래로 뜨는 시선: 상대방에게 거부나 항의의 표현으로 보일 수 있다.
- 상대방을 위아래로 훑어보는 시선: 상대방을 멸시하거나 경멸하는 느낌을 준다.
- 곁눈질하는 시선: 상대의 말에 의심이나 불만이 있는 것처럼 보이며, 두려움이나 불안감을 드러내는 인상을 줄 수 있다.
- 상대를 뚫어지게 응시하는 시선: 상대를 의심하거나 취조하는 느낌을 줄 수 있다.
- 자주 깜빡이거나 두리번거리는 시선: 침착하지 못하고 산만한 인상을 준다.

다양한 표정의 해석	
나의 표정	상대방의 해석
곁눈질로 본다.	의심, 불만
특별한 반응 없이 무표정하다.	거부, 귀찮음
눈을 마주 보지 않는다.	무관심, 거부, 부담감
눈을 치켜뜬다.	거부, 항의
위아래로 훑어본다.	불신, 경멸
환하게 미소 짓는다.	반가움, 호감

03 태도 이미지 ★★

1) 서 있는 자세

① 등과 가슴은 곧게 펴고, 허리와 가슴이 일직선이 되도록 한다.
② 아랫배에 힘을 주어 당기고, 단전을 단단하게 한다.
③ 시선은 상대방의 얼굴을 응시하고, 턱은 당기고 밝은 표정을 유지한다.
④ 여성은 오른손이 위로 가게, 남성은 왼손이 위로 가게 하여 공손한 자세로 선다(남성의 경우 일반적으로 바지 재봉선 옆에 손을 내려 차렷 자세를 취하지만, 고객을 응대할 때는 공수 자세를 취함).

⑤ 발꿈치는 붙이고 발의 앞쪽은 살짝 벌려 V자형으로 한다.
⑥ 체중을 한쪽 다리에만 실지 않고, 두 다리에 고르게 분산시켜 몸의 균형을 잡는다.

2) 앉아 있는 자세

① 의자에 바르게 앉고, 허리를 곧게 편다.
② 남성은 두 손을 무릎 위에 나란히 놓고, 다리는 약간 벌리고 앉는다.
③ 여성은 두 손을 무릎 위에 나란히 놓고, 무릎을 붙여 한쪽으로 모은다. 앉을 때 오른손으로 치마의 뒷
  부분을 정리하며 앉는다.
④ 등과 등받이 사이는 주먹 하나 정도의 간격을 두고 앉는다.
⑤ 고개는 반듯하게 들고, 턱은 당기며 시선은 정면을 응시하여 밝은 표정을 유지한다.
⑥ 몸에 힘을 빼고 편안한 자세를 유지하며, 다리를 떨거나 손을 주머니에 넣는 등의 행동은 삼간다.

3) 걷는 자세

① 등과 가슴을 일직선으로 세우고, 어깨의 힘을 뺀다.
② 시선은 정면을 바라보고, 턱은 앞으로 너무 내밀거나 당기지 않고 자연스럽게 유지한다.
③ 무릎은 곧게 펴고, 배에 힘을 주어 몸의 중심을 허리에 둔다.
④ 무릎과 무릎이 스치는 느낌이 들도록 걷되, 다리가 지나치게 벌어지지 않도록 한다.
⑤ 손은 가볍게 주먹을 쥔 상태에서 자연스럽게 흔든다.
⑥ 걸을 때는 일직선으로 걷고, '발뒤꿈치 → 발바닥 → 발가락 끝'의 순으로 지면에 닿게 걷는다.

4) 방향 안내 시 자세

① 손가락을 가지런히 모아 손바닥이 위를 향하도록 45도 각도로 눕혀서 가리킨다.
② 안내할 때는 삼점법(상대의 눈 → 지시 방향 → 상대의 눈)을 활용한다.
③ 오른쪽을 안내할 때는 오른손을, 왼쪽을 안내할 때는 왼손을 사용한다.
④ 안내는 화자가 아니라 청자의 위치에서 이해하기 쉽도록 구체적이고 명확하게 한다.
⑤ 한 손가락, 고갯짓, 턱으로 가리키지 않으며, 상대방과 시선을 맞추지 않고 안내하는 것은 피한다.
⑥ 사람을 가리킬 때는 두 손을 사용하고, 방향을 가리킬 때는 한 손으로 가리키고 다른 손은 아랫배에 놓
  는다.
⑦ 먼 곳을 가리킬 때는 팔꿈치를 펴고, 가까운 곳은 팔꿈치를 굽혀서 안내한다.

5) 물건을 주고받을 때의 자세

① 물건을 주고받을 때는 한 손이 아닌 양손을 사용하여 정중함을 표현한다.
② 작은 물건을 주고받을 때도 한 손으로만 주지 않고, 한 손으로 건네되 다른 손으로 받쳐서 전달한다.
③ 물건을 주고받을 때 상대방과 눈을 맞추며 미소를 짓거나 경청하는 태도를 유지한다.
④ 물건은 가슴과 허리 사이 높이에서 주고받는 것이 좋다.
⑤ 상대방의 위치에서 글씨나 모양이 잘 보일 수 있는 방향으로 전달하며, 펜이나 칼, 가위 등의 도구는
  바로 사용할 수 있는 방향으로 전달한다.

음성 이미지

01 음성

1) 음성의 개념
① 음성이란 공기의 진동을 통해 전달되는 목소리로, 인간의 발성 기관을 통해 생성된다.
② 음성은 의미를 전달하는 도구로, 언어적 커뮤니케이션의 주요 요소 중 하나이다.

2) 음성의 구성 요소

음색	듣기 좋고 나쁜지를 구별할 수 있게 하는 소리의 고유한 성질이다.
음질	소리가 맑고 탁한지의 정도를 말한다.
음량	소리의 크고 작음을 말한다.
음폭	소리의 높낮이 변화의 폭으로, 최저 음에서 최고 음까지의 범위를 의미한다.

3) 음성 이미지의 특징 ★★
① 좋은 목소리는 떨림이 거의 없고 또렷하게 들린다.
② 목소리가 작을 때는 복식호흡으로 호흡량을 늘리면 좋다.
③ 음성의 분위기는 훈련을 통해 변화시킬 수 있다.
④ 목소리는 외모와 함께 사람의 인상과 이미지를 함께 만드는 주요 요소이다.
⑤ 말을 하다가 잠시 공백을 두면, 상대의 집중도를 높이고 핵심을 강조할 수 있다.

4) 음성 이미지의 중요성
① 음성은 상대방에게 주는 첫인상의 중요한 요소로, 목소리의 톤, 억양, 속도에 따라 신뢰감과 호감도에 영향을 미친다.
② 말의 내용뿐만 아니라 음성의 높낮이, 강약, 속도를 통해 감정과 태도를 효과적으로 전달할 수 있다.
③ 타고난 음색은 바꾸기 어렵지만 지속적인 노력을 통해 음성의 분위기는 변화시킬 수 있다.

1) 좋은 목소리의 의미

① 밝은 톤으로 긍정적이며 자신감이 느껴지는 목소리
② 안정적인 톤과 떨림이 없이 맑은 음색을 가진 목소리
③ 또렷하게 들리는 목소리
④ 다양한 감정을 표현할 수 있는 음색
⑤ 건강함이 느껴지는 목소리
⑥ 따뜻함이 전해지는 목소리

2) 복식호흡

① 숨을 들이마신 후 말하면 목소리가 더 풍성해진다.
② 횡격막을 주로 사용하는 호흡법으로, 깊고 안정적인 호흡을 통해 산소 공급을 최적화하는 방식이다.
③ 가슴이 아니라 배(복부)가 팽창하고 수축하면서 호흡하는 방식이다.
④ 가슴(흉곽)과 갈비뼈 근육을 이용하는 흉식 호흡에 비해 횡격막이 더 아래로 내려가 가슴 속 공간이 더 넓어진다.
⑤ 공기를 깊숙이 들이마셔 폐 아래쪽까지 채우는 것이 특징이다.

3) 흉식호흡

① 가슴(흉곽)을 주로 사용하는 호흡법으로, 갈비뼈 사이의 근육(늑간근)을 사용한다.
② 얕고 빠른 호흡이 특징이며, 긴장하거나 불안할 때 무의식적으로 나타나는 경우가 많다.
③ 호흡 시 가슴이 위로 들리고 내려가며, 배는 거의 움직이지 않는다.
④ 산소 공급 효율이 낮고, 금방 숨이 차거나 피로감을 느낄 수 있다.
⑤ 복식호흡보다 긴장도가 높고, 발성이나 심리적 안정에 불리한 경우가 많다.

4) 목소리의 영향

① 작은 목소리는 소극적인 인상을 주어 부정적인 이미지로 보일 수 있다.
② 딱딱한 목소리는 감정 표현이 서툴러 보여 차가운 인상을 줄 수 있다.
③ 콧소리가 날 때는 목에 힘을 빼는 것이 도움이 된다.
④ 발음은 정확하게 하되, 너무 정확하게 끊어 말하면 오히려 딱딱해 보일 수 있다.

5) 발성법 ★

아-발성법	깊은 호흡으로 배에 힘을 주어 가장 편안한 음역에서 숨을 들이마신 후, 내쉴 때 '아~'라는 소리를 숨이 멎을 때까지 길게 연습한다.
스타카토 발성법	숨을 내쉴 때 한 번에 내쉬는 것이 아니라 소리를 끊어서 내는 발성법이다. 예 아/야/어/여/오/요/우/유/으/이로 한 음절씩 끊어지는 느낌으로 배를 함께 움직이며 소리를 낸다.
점층 발성법	• 소리를 자유자재로 활용할 수 있도록 점점 크게 소리내는 훈련법이다. • 발성 훈련을 통해 언어 표현을 자유롭게 하는 연습이다. 예 1번 문장에서 3번 문장까지 점층적으로 힘을 실어 발성한다. 　－ 1번 문장: 말이 달리기 시작합니다. 　－ 2번 문장: 말발굽 소리를 내며 힘차게 달립니다. 　－ 3번 문장: '다그닥 다그닥' 소리가 더 커지면서 아주 빠르게 달립니다.
허밍 발성법	• 배에서 소리를 끌어올려 부드럽게 내는 발성법이다. • 코로 숨을 들이마시고 입안을 동그랗게 하여 다문 후, 입안에서 음을 노래하듯 소리를 내는 연습법이다.

합격을 다지는 # 예상문제

일반형

01 밝은 표정의 효과로 옳지 <u>않은</u> 것은?

① 감정 이입 효과

② 노화방지 효과

③ 마인드 컨트롤 효과

④ 신바람 효과

⑤ 호감 형성 효과

02 이미지에 대한 설명으로 옳지 <u>않은</u> 것은?

① 사전적 의미로는 특정 대상의 외적 형태에 대한 인위적인 모방이나 재현을 뜻한다.

② 유형적 속성으로 인간이 특정 대상에 대해 갖는 태도이며, 직접적인 경험 없이도 형성된다.

③ 학습된 경험이나 정보에 의해 변용되며 커뮤니케이션에 의해 형성, 수정, 변화되어 간다.

④ 이미지는 그 대상이 지닌 다양한 속성의 부분적인 것으로, 전체를 표현하기에는 한계가 있다.

⑤ 이미지는 객관적이라기보다는 주관적이라고 할 수 있다.

03 다음 중 걷는 자세에 대한 설명으로 옳지 <u>않은</u> 것은?

① 등과 가슴을 일직선으로 세우고 어깨의 힘을 뺀다.

② 시선은 정면을 보고 턱은 앞으로 너무 내밀거나 당기지 않고 가볍게 당긴다.

③ 무릎을 곧게 펴고 배에 힘을 주어 몸의 중심을 가슴에 둔다.

④ 걸을 때는 일직선으로 걸으며 '뒤꿈치 → 발바닥 → 발가락 끝'의 순서로 지면에 닿게 걷는다.

⑤ 무릎과 무릎 사이가 스치는 느낌이 들게 한다.

04 목소리에 대한 설명으로 옳은 것은?

① 호흡은 흉식호흡을 반복적으로 연습한다.

② 콧소리가 날 때는 목에 힘을 빼주면 좋다.

③ 일관된 감정을 표현할 수 있는 음색이 좋다.

④ 작은 목소리는 소극적인 인상을 주지만 겸손한 이미지를 표현할 수 있다.

⑤ 딱딱한 목소리는 감정 표현이 서툴러 보여 차가운 인상을 줄 수 있다.

05 **다음 중 다양한 표정의 해석으로 옳지 <u>않은</u> 것은?**

① 무표정으로 본다. – 의심, 거부

② 곁눈질로 본다. – 의심, 불만

③ 눈을 치켜뜬다. – 거부, 항의

④ 위아래로 훑어본다. – 불신, 경멸

⑤ 눈을 마주 보지 않는다. – 무관심, 거부

06 **첫인상에 대한 설명으로 옳지 <u>않은</u> 것은?**

① 첫인상은 처음 만나는 순간 타인에게 비치는 자신의 모습을 의미한다.

② 첫인상은 처음 만난 지 몇 초만에 결정된다.

③ 부정적 인상을 바꾸는 데는 많은 시간과 노력이 소모되므로 첫인상의 관리는 매우 중요하다.

④ 첫인상은 언어적 이미지가 많은 부분을 차지한다.

⑤ 첫인상은 처음 한 번 전달되어 각인되면 변화하기 힘든 일회성의 특징이 있다.

07 **첫인상의 특징으로 옳지 <u>않은</u> 것은?**

① 일방성

② 일회성

③ 신속성

④ 연관성

⑤ 지속성

08 **호감을 주는 시선 처리에 대한 설명으로 가장 옳은 것은?**

① 상대방의 턱높이에 시선을 맞추고 상대를 바라본다.

② 경청하고 있다는 느낌을 주기 위해 눈만 집중해서 지속적으로 바라본다.

③ 시선을 일관되게 유지하는 것은 괜한 오해를 불러일으킬 수 있으므로 대화의 상황에 따라 눈의 크기를 조절한다.

④ 상대방을 존중하는 의미에서 눈을 위로 치켜뜨는 것이 좋다.

⑤ 시선은 완만한 각도로 상대방의 측면을 응시한다.

09 **피해야 할 시선 처리에 해당하지 <u>않는</u> 것은?**

① 상대를 뚫어지게 응시하는 시선

② 대화 주제에 따라 바꾸는 시선

③ 곁눈질하는 시선

④ 상대방을 보지 않는 눈

⑤ 상대방을 위아래로 훑어보는 시선

10 대인지각에 대한 설명으로 가장 거리가 <u>먼</u> 것은?

① 대인지각이란 자신과 타인을 바라보는 인식을 말하며, 자신의 주관적 판단에 근거해 다른 사람에 대한 인상을 형성하는 것을 의미한다.
② 대인지각은 자신을 향해 무의식적으로 작용되는 편향적 태도에 영향을 미친다.
③ 대인지각은 논리적이기보다는 자신의 경험이나 사고를 바탕으로 주관적으로 행해진다.
④ 지각의 대상과의 상호작용에 의해 이미지를 형성한다.
⑤ 대인지각은 타인을 만났을 때 느끼게 되는 외적 이미지, 내적 이미지, 음성, 언어적 표현, 사회적 이미지를 인지하는 과정이다.

11 다음을 설명하는 것으로 가장 적절한 것은?

> 방향을 안내할 때 시선은 상대방의 눈을 먼저 보고, 가리키는 방향을 손과 함께 본 후 다시 상대방의 눈을 보는 방법

① 삼점법
② 공수법
③ BATNA(바트나)
④ AREA 법칙
⑤ 프로토콜

12 좋은 목소리를 만드는 방법으로 가장 옳지 <u>않은</u> 것은?

① 배를 중심으로 숨을 깊게 들이쉬고 내쉬는 연습을 한다.
② 어깨를 움직이지 말고 배를 완전히 수축하고 이완하는 동작을 반복적으로 연습한다.
③ 마음을 편하게 하고 차분히 명상한다고 생각하고 숨을 들이마시고 내쉰다.
④ 폐활량을 늘리기 위해 흉식호흡을 연습한다.
⑤ 폐에 공기를 가득 채우는 호흡법을 연습한다.

13 다음의 예시에서 설명하는 것은 무엇인가?

> 첫인상이 안 좋게 형성되었다고 할지라도 반복해서 제시되는 행동이나 태도가 첫인상과는 달리 진지하고 솔직하다면 되면 점차 좋은 인상으로 바뀌는 현상이다.

① 초두효과
② 빈발효과
③ 호감 득실 이론
④ 현저성 효과
⑤ 최근효과

14 용모 및 복장에 대한 설명으로 옳지 <u>않은</u> 것은?

① 남성의 경우 와이셔츠 안에 속옷을 입어 땀을 흡수하도록 한다.
② 남성의 경우 여름에도 반팔 와이셔츠는 입지 않는 것이 예의이다.
③ 남성의 구두 색깔은 양복 색깔과 맞추는 것이 좋다.
④ 여성의 경우 정장 차림에 메이크업을 하지 않는 것은 실례이다.
⑤ 여성의 경우 핸드백은 정장, 구두와 어울리는 색으로 선택한다.

15 대인지각의 오류 요인으로 옳지 <u>않은</u> 것은?

① 후광효과
② 자기 완성적 예언
③ 자기 합리화
④ 귀인의 오류
⑤ 빈발효과

16 올바른 음성 이미지 연출 방법으로 옳지 <u>않은</u> 것은?

① 장음과 단음을 분명하게 발음한다.
② 천천히 또박또박 발음한다.
③ 모음에 따라 입 모양을 다르게 해야 한다.
④ 숨을 들이 마신 후에 말하면 목소리가 더 풍성해진다.
⑤ 일관적인 톤으로 말하는 것이 좋다.

17 이미지 관리의 4단계 과정을 바르게 나열한 것은?

① 이미지 콘셉트 정하기 – 이미지 점검하기 – 좋은 이미지 만들기 – 이미지 내면화하기
② 이미지 내면화하기 – 이미지 점검하기 – 이미지 콘셉트 정하기 – 좋은 이미지 만들기
③ 이미지 점검하기 – 이미지 콘셉트 정하기 – 좋은 이미지 만들기 – 이미지 내면화하기
④ 이미지 점검하기 – 이미지 콘셉트 정하기 – 이미지 내면화하기 – 좋은 이미지 만들기
⑤ 이미지 내면화하기 – 이미지 콘셉트 정하기 – 이미지 점검하기 – 좋은 이미지 만들기

18 다음 중 첫인상에 대한 설명과 그 특징으로 옳지 <u>않은</u> 것은?

① 첫인상은 한 번에 전달되고 각인된다.
② 첫인상은 처음 볼 때 느껴지는 인상을 말한다.
③ 처음 만나 짧은 시간 내에 결정되는 것이다.
④ 첫인상은 실제 인물과는 다른 사람을 떠올려 오류가 발생하기도 한다.
⑤ 첫인상은 평가하는 사람의 객관적인 판단에 따라 달라진다.

19 다음 중 올바르게 앉는 자세로 옳지 <u>않은</u> 것은?

① 의자에 바르게 앉고 허리를 곧게 편다.

② 남성은 두 손을 무릎 위에 나란히 놓고 다리는 붙여서 앉는다.

③ 여성은 두 손을 무릎 위에 나란히 놓고 무릎을 붙여서 한쪽으로 모은다.

④ 고개는 반듯하게 들고 턱은 당기며 시선은 정면을 응시하여 밝은 표정을 연출한다.

⑤ 등과 등받이 사이는 주먹이 하나 들어갈 정도의 간격을 두고 앉는다.

20 다음에서 설명하는 것은 무엇인가?

> 열 번 좋은 일을 하고도 한 번 나쁜 행동을 했을 때 그 사람을 부정적으로 보거나 서운함을 느끼는 경향을 말한다.

① 악마효과

② 부정성 효과

③ 대비효과

④ 빈발효과

⑤ 현저성 효과

21 방향을 안내할 때의 자세로 옳은 것은 무엇인가?

① 오른쪽으로 안내할 경우는 왼손을, 왼쪽으로 안내할 경우는 오른손을 사용한다.

② 화자의 입장에서 이해하기 쉽도록 구체적이고 정확하게 안내한다.

③ 사람을 가리킬 때에는 두 손을 모두 사용하고 방향을 가리킬 때는 한 손은 방향을, 다른 손은 아랫배에 놓는다.

④ 손가락을 모으고 손목이 꺾이지 않도록 손의 모양을 만들고, 손등이 보이지 않도록 90도 각도로 눕혀서 가리킨다.

⑤ 먼 곳을 가르킬 때는 팔꿈치를 굽히고, 가까운 곳을 가르킬 때는 팔꿈치를 쭉 펴서 안내한다.

22 이미지의 분류에 대한 설명으로 옳지 <u>않은</u> 것은?

① 내적 이미지란 인간의 정신적, 정서적 특성 등이 형성되어 있는 상태이다.

② 외적 이미지란 인간의 외부에서 나타나는 총체적인 이미지이다.

③ 외적 이미지를 통해 내적 이미지를 판단하게 된다.

④ 사회적 이미지란 특정한 사회 속에서만 성립되는 이미지이다.

⑤ 사람을 평가할 때 가장 일반적인 기준이 되며, 가장 많은 비중을 차지하는 것은 내적 이미지이다.

23 물건 수수 자세로 옳은 것은?

① 물건을 건넬 때는 가슴과 허리 사이 위치에서 주고받는 것이 좋다.
② 물건을 건넬 때는 밝게 웃으며 시선은 물건을 바라본다.
③ 글씨나 모양이 전달하는 사람이 잘 보일 수 있는 방향으로 건넨다.
④ 칼, 가위 등은 전달하는 사람이 바로 사용할 수 있는 방향으로 건넨다.
⑤ 작은 물건은 한 손으로 건네도 무방하다.

24 서비스 전문가의 이미지 메이킹으로 옳지 <u>않은</u> 것은?

① 용모와 복장은 자신의 내면을 외적으로 표현하는 것으로, 대인관계에 있어 중요한 의미를 지닌다.
② 용모와 복장은 첫인상에 중요한 역할을 하며 더불어 업무 성과와 대인관계에서 신뢰 형성에 영향을 미친다.
③ 적절한 용모와 복장은 자신감을 갖고 좋은 기분으로 업무에 임할 수 있도록 긍정적인 영향을 준다.
④ 넥타이 길이는 벨트의 버클보다 더 아래로 내려오는 길이의 정도가 적당하다.
⑤ 헤어스타일은 가급적 이마를 보이도록 하는 것이 좋다.

01 이미지의 분류는 내적 이미지, 외적 이미지로 나뉜다.
(① O   ② X)

02 대인지각의 오류에서 자책감이나 죄책감에서 벗어나기 위해 자신이 한 행위를 정당화하는 심리적인 경향을 '자기 합리화'라고 한다.
(① O   ② X)

03 빈발효과란 눈에 띄거나 두드러진 특징을 가진 정보가 인상 형성에 많은 영향을 미치는 효과이다.
(① O   ② X)

04 첫인상은 불과 몇 분 만에 순간적으로 각인되는 '신속성'의 특징이 있다.
(① O   ② X)

05 감정 이입 효과란 밝고 환하게 웃는 표정을 보면 주변 사람도 기분이 좋아지는 효과를 말한다.
(① O   ② X)

〈보기〉

① 호감 득실 이론 ② 최근효과 ③ 삼점법 ④ 호감 형성 효과 ⑤ 마인드 컨트롤 효과

01 (   )(이)란 가장 나중에 제시된 정보가 먼저 들어온 정보보다 기억에 더 잘 남는 현상을 말한다.

02 처음부터 자신을 계속 좋아해 주는 사람보다는 자신을 부정적으로 보다가 긍정적으로 변한 사람에게 호감을 느끼는 현상을 (   )(이)라고 한다.

03 환한 표정을 지으면 실제로 기분이 좋아지는 것을 (   )(이)라고 한다.

04 방향을 안내할 때 '눈 → 지시 방향 → 눈'으로 안내하는 방법을 (   )(이)라고 한다.

05 (   )(이)란 웃는 표정이 상대에게 호감을 형성시킬 수 있다는 것이다.

정답 & 해설

일반형

01 ②	02 ②	03 ③	04 ②	05 ①
06 ④	07 ⑤	08 ③	09 ②	10 ②
11 ①	12 ④	13 ②	14 ①	15 ⑤
16 ⑤	17 ③	18 ⑤	19 ②	20 ②
21 ③	22 ⑤	23 ①	24 ④	

OX형

01 ②	02 ①	03 ②	04 ②	05 ①

연결형

01 ②	02 ①	03 ⑤	04 ③	05 ④

일반형

01 ②

밝은 표정은 스트레스 해소에 도움이 되고 건강 증진 효과가 있으나, 직접적으로 노화를 방지해 주지는 않는다.

02 ②

이미지는 유형적 속성이 아니라, 무형적 속성이다.

03 ③

무릎을 곧게 펴고 배에 힘을 주어 몸의 중심을 허리에 둔다.

04 ②

오답 피하기
- ① 호흡은 복식호흡을 반복적으로 연습한다.
- ③ 다양한 감정을 표현할 수 있는 음색이 좋다.
- ④ 작은 목소리는 소극적인 인상을 주며, 부정적인 이미지로 보일 수 있다.
- ⑤ 딱딱한 목소리는 감정 표현이 서툴러 보여 차가운 인상을 줄 수 있다.

05 ①

특별한 반응 없이 무표정으로 보는 것은 거부, 귀찮음의 의미로 해석할 수 있다.

06 ④

첫인상은 언어적 요소보다 비언어적 요소인 시각적 요소가 많은 부분을 차지한다.

07 ⑤

첫인상을 바꾸는 데는 많은 시간과 노력이 필요하며 이 특징을 영향력이라고 한다.

08 ③

오답 피하기
- ① 상대방의 눈높이에 시선을 맞추고 상대를 바라본다.
- ② 눈만 집중해서 지속적으로 바라본다면 상대가 부담을 느끼기 때문에 눈과 미간, 코 사이를 번갈아 보는 것이 좋다.
- ④ 눈을 위로 치켜뜨는 시선은 상대방에 대한 거부나 항의의 표시로 보여진다.
- ⑤ 시선은 완만한 각도로 상대방을 응시한다.

09 ②

대화 주제에 따라 시선이나 표정에 변화를 주는 것은 호감을 주는 시선 처리에 해당한다.

10 ②

대인지각은 자신이 아니라 타인을 향해 무의식적으로 작용되는 편향적인 태도에 영향을 미친다.

11 ①

오답 피하기
- ② 공수법이란 두 손을 어긋매껴 마주 잡는 방법을 말한다.
- ③ BATNA(바트나)란 최선의 대안(Best Alternative To a Negotiated Agreement)의 약자로 협상자가 합의에 도달하지 못할 경우 택할 수 있는 대안, 차선책을 말한다.
- ④ AREA 법칙이란 효과적인 주장을 위해 '주장 – 이유 – 증거 – 주장' 순으로 말하는 것을 말한다.
- ⑤ 프로토콜이란 국제간의 외교 의례를 프랑스어로 지칭한 것이다.

12 ④

폐활량을 늘리는 복식호흡을 연습한다.

13 ②

오답 피하기
- ① 초두효과: 처음 제시된 정보가 나중에 제시된 정보보다 기억에 훨씬 더 큰 영향을 주는 현상
- ③ 호감 득실 이론: 자신을 처음부터 계속 좋아해 주는 사람보다는 자신을 부정적으로 보다가 긍정적으로 변한 사람을 더 좋아하게 되며, 반대로 자신을 긍정적으로 여기다가 부정적으로 보는 사람을 더 부정적으로 느끼게 된다고 주장하는 이론
- ④ 현저성 효과: 한 가지 두드러진 특성을 가진 정보가 인상 형성에 많은 영향을 미치는 효과
- ⑤ 최근효과: 타인에 대한 정보 중 가장 마지막에 들어온 정보가 먼저 들어온 정보보다 인상 형성에 더 큰 비중을 차지하는 효과

14 ①

남성의 경우 와이셔츠 안에 속옷을 입지 않는다.

15 ⑤

대인지각의 오류 요인에는 후광효과, 고정관념, 자기 합리화, 귀인의 오류, 자기완성적 예언이 있다.

16 ⑤

대화할 때 억양이 지나치게 일정하면 상대에게 지루함을 줄 수 있으므로, 억양에 변화를 주어 보다 역동적인 느낌을 주는 것이 좋다. 이때 강조할 부분과 조용히 말할 부분을 적절히 조절해 전달하는 것이 효과적이다.

17 ③

이미지 관리의 4단계는 다음과 같다.
- 이미지 점검하기(1단계): 자신의 이미지를 객관적으로 바라보고 장·단점을 정확히 파악하기
- 이미지 콘셉트 정하기(2단계): 자신이 원하는 이미지 정하기
- 좋은 이미지 만들기(3단계): 원하는 이미지를 만들기 위해 강점은 강화하고 단점은 보완하기
- 이미지 내면화하기(4단계): 일시적인 이미지가 아니라 진정성 있는 이미지를 만들도록 노력하기

18 ⑤

첫인상은 평가하는 사람의 주관적인 판단에 따라 인식한다.

19 ②

남성은 두 손을 무릎 위에 나란히 놓고 다리는 약간 벌리고 앉는다.

20 ②

오답 피하기
- ① 악마효과: 보이는 외모 등으로 모든 것을 평가하여 상대를 알기도 전에 부정적으로 판단해 버리는 것으로 '편견'의 일종이다.
- ③ 대비효과: 어떤 사람이나 사물에 대해 비교할 만한 그 무엇이 있을 때 판단을 내리기가 쉽다.
- ④ 빈발효과: 첫인상이 안 좋게 형성되었다고 할지라도 반복해서 제시되는 행동이나 태도가 첫인상과는 달리 진지하고 솔직하면 점차 좋은 인상으로 바뀌는 현상을 말한다.
- ⑤ 현저성 효과: 한 가지 두드러진 특성을 가진 정보가 인상 형성에 많은 영향을 미치는 효과이다.

21 ③

오답 피하기
- ① 오른쪽을 안내할 경우는 오른손을, 왼쪽을 안내할 경우는 왼손을 사용한다.
- ② 청자의 입장에서 이해하기 쉽도록 구체적이고 정확하게 안내한다.
- ④ 손가락을 모으고 손목이 꺾이지 않도록 손의 모양을 만들고 손등이 보이지 않도록 45도 각도로 눕혀서 가리킨다.
- ⑤ 먼 곳을 가리킬 때는 팔꿈치를 펴고, 가까운 곳은 팔꿈치를 굽혀서 안내한다.

22 ⑤

사람을 평가할 때 가장 일반적인 기준이 되며, 가장 많은 비중을 차지하는 것은 외적 이미지이다.

23 ①

오답 피하기
- ② 물건을 건넬 때는 밝게 웃으며, 시선은 상대방의 눈을 바라본다.
- ③ 글씨나 모양은 전달받는 사람이 잘 보일 수 있는 방향으로 한다.
- ④ 칼, 가위 등은 상대방이 바로 사용할 수 있도록 전달한다.
- ⑤ 작은 물건이어도 한 손으로 건네지 않는다.

24 ④

넥타이의 길이는 벨트의 버클을 약간 덮을 정도의 길이가 적당하다.

01 ②

이미지의 분류에는 내적 이미지, 외적 이미지, 사회적 이미지, 음성 이미지가 있다.

02 ①

대인지각의 오류 요인 중 '자기 합리화'에 대한 설명이다.

03 ②

현저성 효과에 대한 설명이다. 빈발효과란 첫인상이 좋지 않게 형성되었다고 할지라도, 반복해서 제시되는 행동이나 태도가 첫인상과는 달리 진지하고 솔직하면 점차 좋은 인상으로 바뀌는 현상을 말한다.

04 ②

첫인상은 불과 몇 초 만에 순간적으로 각인되는 '신속성'의 특징이 있다.

05 ①

밝은 표정의 효과 중 '감정 이입'에 대한 설명이다.

01 ②

'최신효과'라고도 하며, 초두효과와는 반대의 개념으로 가장 나중에 제시된 정보가 먼저 들어온 정보보다 기억에 더 잘 남는 현상을 말한다.

02 ①

'호감 득실 이론'에 반대로 자신을 긍정적으로 보다가 부정적으로 보는 사람을 더 부정적으로 느끼게 되는 것도 해당된다.

03 ⑤

밝은 표정의 효과 중 '마인드 컨트롤 효과'에 대한 설명이다.

04 ③

방향 안내 시 자세인 '삼점법'은 상대의 눈을 바라보고, 지시 방향을 바라본 뒤 다시 상대의 눈을 바라보는 것을 말한다.

05 ④

밝은 표정의 효과 중 '호감 형성 효과'에 대한 설명이다.

고객의 이해

파트 소개

고객의 개념과 범주를 정의하고, 다양한 고객 유형과 의사결정에 대한 심층적인 이해를 다룹니다. 고객의 기대와 니즈를 파악하여 맞춤형 서비스를 제공하는 전략을 학습하며, 성격유형별 접근 방식을 익히는 것이 핵심입니다. 이를 통해 서비스 전문가가 되기 위한 고객과의 효과적인 소통과 만족도를 극대화하는 능력을 키웁니다.

학습 방향

다양한 관점에서 고객을 정의하고, 고객이 최종 구매에 이르기까지의 의사결정 과정을 이해하는 것이 중요합니다. 또한, 성격적 특성을 바탕으로 MBTI 16가지 성향 중 어느 유형에 속하는지를 파악할 수 있어야 합니다.

출제빈도

CHAPTER 01
중
25%
CHAPTER 02
상
35%
CHAPTER 03
중
25%
CHAPTER 04
하
15%

고객의 개념

빈출 태그 ▶ 고객, AIDMA, AISAS

01 고객

1) 고객의 의미 ★★

① 상품과 서비스를 제공받는 사람으로 기업의 상품을 습관적으로 구매하는 소비자이며, 기업과 직간접적으로 거래하고 관계를 맺는 모든 사람들을 의미한다.
② 고객은 흔히 '손님'이란 용어로 표현된다.
③ 고객은 다양한 욕구를 가지고 있으며, 많이 구매한 고객일수록 요구사항이 많다.
④ 미래에 상품 및 서비스를 구매하고 사용할 가능성이 있는 사람도 고객에 포함된다.
⑤ 고객은 구매자, 사용자, 구매 결정자의 역할을 각각 다르게 혹은 동시에 수행하기도 한다.

2) 소비자의 의미

① 일반적으로 소비 활동을 하는 모든 주체를 소비자라 한다.
② 소비자는 구매자, 사용자, 구매 결정자의 역할을 각각 다르게 하는 경우와 1인 2역 또는 1인 3역을 하는 경우가 있다.

3) 고객의 기본 심리 ★★★

① 환영 기대 심리
- 고객을 왕으로 대접하기를 바라는 것이 아니라 언제나 환영해주고 반겨주길 원한다.
- 밝은 미소와 친절한 응대로 맞이해야 한다.

② 독점 심리
- 고객은 모든 서비스를 독점하고 싶은 심리가 있다.
- 고객의 독점 심리를 만족시키다 보면 다른 고객의 불만을 야기할 수 있으므로, 모든 고객에게 공정한 서비스를 제공하는 것이 좋다.

③ 우월 심리
- 고객은 직원보다 우월하다는 생각을 가지고 있다.
- 직원은 고객을 존중하고 자신을 낮추는 겸손한 자세가 필요하다.

④ 자기 본위 심리
고객은 각자 자신의 가치 기준을 가지고 항상 자기 위주로 모든 상황을 판단하는 심리가 있다.

⑤ 모방 심리

고객은 다른 고객을 닮고 싶은 심리가 있다.

⑥ 보상 심리

- 고객은 다른 고객보다 손해를 보고 싶어하지 않는다.
- 고객은 비용을 지불한 만큼 서비스를 받고 싶어 한다.

⑦ 존중 기대 심리

- 고객은 소중하고 중요한 사람으로 기억되고 싶어한다.
- 고객은 재방문했을 때 자신을 기억해 주기를 바란다.

02 고객의 니즈와 요구

1) 고객의 니즈

잠재 니즈	• 인간의 기본적인 욕구에서 비롯된 니즈로 무의식적으로 있었으면 좋겠다고 느끼는 니즈이다. • 필요하다는 인식을 하지 못하거나 어떤 장애요소로 욕구가 발전하지 못한 상태이다.
보유 니즈	• 어떤 자극이나 정보로 잠재 니즈가 조금 구체화된 상태이다. • 구체적으로 니즈가 강화되지는 않았으며, 약간의 구매 의욕과 필요성을 나타낸다.
핵심 니즈	• 고객 개인의 특수한 상황으로 특별히 집중되어 있는 특수한 니즈이다. • 개별 고객의 특수한 상황을 해결하고자 하는 것으로 유연하고 다양한 니즈이다.
현재 니즈	니즈를 구체적으로 실현하고자 하는 단계에 있는 니즈이다.
가치 니즈	고객 만족이 극대화된 단계의 니즈로 가장 이상적인 니즈이다.

2) 고객 요구의 변화 ★

고객 의식의 고급화	• 삶의 질 향상과 풍요로워진 생활환경으로 인해 고급화를 지향하게 되었다. • 소비자 선택의 폭이 넓어지면서 인적 서비스의 질을 중요하게 생각하고 자신의 가치에 맞는 서비스를 요구하게 되었다.
고객 의식의 다양화 (복잡화)	고객 유형이 다양하고 복잡해짐에 따라, 고객의 요구 또한 점점 더 다양하고 복잡해지고 있다.
고객 의식의 존중화	권리 의식의 향상으로 존중과 인정에 대한 욕구가 증가하면서 자신을 최고로 우대해 주기를 원한다.
고객 의식의 개인화	자신이 특별한 고객이라고 생각하고 본인만이 특별한 고객으로 대우와 인정을 받고 싶어한다.
고객 의식의 대등화	경제 성장과 물자의 풍요 속에서 서로에 대한 존경과 신뢰가 약해지면서, 대등한 관계를 형성하려는 과정에서 많은 갈등이 발생하고 있다.

3) 고객의 기대 영향 요인 ★

① 서비스에 대한 고객의 욕구와 기대는 점점 증가하고 있다.

② 경쟁에서 살아남기 위해서는 고객의 기대를 파악하고 고객을 만족시켜야 한다. 서비스에 대한 고객의
기대에 영향을 주는 다양한 요인들이 있다.

고객의 내적 요인	고객 자신의 감정이나 경험들로부터 기인하는 기대이다. 📵 개인적 욕구, 상품에 대한 관여도, 과거의 서비스 경험 등
고객의 외적 요인	외부 환경 요인이 기대에 영향을 주는 것이다. 📵 고객이 이용할 수 있는 경쟁적 대안들, 타인과의 상호관계로 인한 사회적 상황, 구전 소통 등
고객의 상황적 요인	같은 상품이나 서비스에 대해서도 고객이 처한 상황에 따라 기대가 달라질 수 있다. 📵 고객의 정서적 상태, 환경적 조건, 시간적 제약 등
기업의 요인	기업의 상황이나 산업환경의 변화가 고객의 기대에 영향을 미치는 요인이다. 📵 가격, 매장 인테리어, 직원들의 유니폼, 촉진 전략, 기업의 로고, 직원의 역량, 유통구조의 편리성 등

03 고객 구매의사결정 과정 ★★★

1) AIDMA(전통적 구매의사결정 프로세스)

AIDMA는 1920년대 미국의 경제학자 롤랜드 홀(Rolland Hall)이 발표한 소비자 구매행동이론으로 소
비자가 상품에 대한 정보와 광고를 접하고 난 후, 구입까지의 단계를 설명한 것이다.

주의 (Attention)	고객이 광고, 홍보, 입소문 등을 통해 제품이나 서비스를 처음 인지하는 단계 📵 TV 광고, SNS 광고, 매장 디스플레이를 보고 제품에 갖는 관심
관심/흥미 (Interest)	고객이 제품에 관심을 가지면서 정보를 탐색하는 단계 📵 제품의 장단점, 기능, 후기 등을 찾아보며 더 깊이 알아보는 과정
욕구 (Desire)	제품을 갖고 싶거나 사용하고 싶은 욕구가 생기는 단계 📵 '이 제품이 내게 필요할 것 같다'고 느끼는 순간
기억 (Memory)	제품이나 브랜드가 고객의 기억 속에 남아 언제든 떠올릴 수 있는 단계 📵 TV 광고에서 본 제품을 나중에 매장에서 다시 보고 구매를 고민
행동 (Action)	실제로 제품을 구매하거나 서비스 이용을 결정하는 최종 단계 📵 제품을 장바구니에 담고 결제하거나 매장에서 구매

2) AISAS(인터넷 활성화로 진화한 구매의사결정 프로세스)

관심 (Attention)	고객이 광고, 홍보, 입소문 등을 통해 제품이나 서비스를 처음 인지하는 단계
흥미 (Interest)	고객이 제품에 관심을 가지면서 정보를 탐색하는 단계
검색 (Search)	인터넷을 활용해 제품에 대한 정보를 적극적으로 검색하고 비교분석하는 단계 例 다양한 포털 사이트에서 사용 후기 검색
행동 (Action)	실제로 제품을 구매하거나 서비스 이용을 결정하는 최종 단계
공유 (Share)	구매 후 제품에 대한 후기를 SNS, 블로그, 커뮤니티 등에 공유하는 단계 例 다양한 매체에 사용 후기 작성

고객의 범주

빈출 태그 ▶ 구매 영향자, 관여도, (인지)부조화, 충성고객, 그레고리스톤의 고객 분류

01 고객 분류

1) 현대 마케팅적 관점에 따른 고객 분류 ★★

고객은 단순히 제품을 사용하는 사람(소비자)뿐만 아니라, 구매를 진행하는 사람(구매자), 최종 결정을 내리는 사람(구매 승인자), 구매 결정에 영향을 미치는 사람(구매 영향자) 등 다양한 역할로 나뉜다. 기업은 이러한 고객 분류를 활용하여 효과적인 마케팅 전략을 수립해야 한다.

소비자	제품이나 서비스를 직접 사용하는 사람 예 스마트폰을 실제로 사용하는 자녀
구매자	실제로 제품을 구매하는 사람 예 스마트폰을 직접 구매한 부모
구매 승인자	물건이나 서비스를 최종적으로 사용하는 사람은 아니지만 구매를 최종적으로 승인하는 사람 예 예산과 스마트폰 모델을 최종적으로 승인한 부모
구매 영향자	구매 결정에 영향을 미치는 사람 예 자녀의 친구들, 인플루언서 등

2) 프로세스적 관점에 따른 고객 분류 ★★★

기업은 외부고객(최종 소비자), 중간고객(유통 · 가공 · 납품업체), 내부고객(조직 내 직원 및 부서)을 모두 고려하여 비즈니스 프로세스를 최적화해야 한다. 내부고객과 중간고객이 만족해야 최종적으로 외부고객의 만족도도 높아질 수 있다.

외부고객	기업(조직)과 직접적인 거래 관계에 있는 고객, 즉 최종 사용자
중간고객	최종 소비자가 아닌, 제품이나 서비스를 유통 · 가공 · 중개하는 고객 예 도매상, 소매상, 중개인
내부고객	• 기업(조직) 내에서 제품이나 서비스를 제공받는 직원, 부서 또는 협력자 • 동료, 상사, 내부 직원으로 외부고객에게 직접 서비스를 제공하는 주체인 내부고객(직원)이 가장 먼저 고려해야 할 고객 • 외부고객이 원하는 것을 제공하는 중요한 일을 담당 • 내부고객을 우선 만족시켜야 외부고객을 만족시킬 수 있음

3) 참여 관점에 따른 고객 분류 ★★★

고객은 제품이나 서비스의 생산 및 제공 과정에서 참여 정도에 따라 다양하게 분류할 수 있다. 이는 고객이 기업의 서비스나 제품 개발, 마케팅, 브랜드 형성 과정에 얼마나 적극적으로 참여하는지를 기준으로 분류한 것이다.

의사결정고객	직접적으로 제품이나 서비스를 구매하거나 사용하지는 않지만 1차 고객이 선택하는 데 큰 영향을 주는 고객
의견선도고객	제품이나 서비스를 구매하기보다 평판, 심사, 모니터링 등에 영향을 미치는 집단(소비자 보호 단체, 기자, 평론가, 전문가)
직접고객 (1차 고객)	제품 또는 서비스를 직접 구매하는 사람
간접고객 (2차 고객)	최종 소비자 또는 2차 소비자
내부고객	기업 내부의 직원, 주주, 가족 고객
단골고객	자사의 제품이나 서비스를 반복적이며 지속적으로 구매하는 고객이지만 타인에게는 추천할 정도의 충성도를 가지고 있지 않은 고객
옹호고객	단골고객의 성향을 갖고 있으며 다른 사람에게 적극적으로 추천하는 고객
경쟁자	전략, 고객관리 등에 중요한 인식을 심어주는 고객
한계고객	기업의 이익 실현에 방해가 되는 고객으로 고객 명단에서 제외하거나 해약 유도를 통해 고객의 활동이나 가치를 중지시킴
체리피커 (Cherry Picker)	• 신포도 대신 체리만 골라 먹는다는 의미에서 붙여진 명칭 • 기업의 상품이나 서비스를 구매하지 않으면서 자신의 실속만 챙기려는 고객 • 기업의 서비스나 유통 체계의 약점을 이용하여 잠시 동안 상품이나 서비스를 사용한 뒤 반품하는 등의 행위를 하는 고객

4) 관계 진화적 관점에 따른 고객 분류 ★★★

① 관계 진화적 관점은 고객과 기업(브랜드) 간의 관계가 시간이 지나면서 변화하는 과정을 중심으로 고객을 분류하는 방식이다. 즉, 고객과의 관계가 단순한 거래에서 시작해 점점 깊어지고, 궁극적으로 브랜드 충성도가 높은 고객으로 발전하는 과정을 말한다.

② 고객은 기업과 관계가 발전함으로써 구매 시간이 단축되고 삶의 질이 향상되며, 차별화된 서비스를 제공받는다.

진화	고객분류	설명
	잠재고객	아직 기업의 제품이나 서비스를 구매하지 않았지만, 향후 고객이 될 가능성이 있는 고객
	가망고객	기업의 상품을 인지하고 있고 관심을 보이는 고객으로 신규고객이 될 가능성이 있는 고객
	신규고객	처음으로 제품이나 서비스를 구매한 고객
	기존고객	2회 이상 반복적으로 구매한 고객으로 거래 관계를 유지하고 있는 고객
	충성고객 (Loyal Customer)	• 제품이나 서비스를 반복적으로 구매하며 기업과 강한 유대관계를 형성하고 구전활동(입소문)을 하는 고객 • 기업에 관대하며 기존에 구매하던 제품보다 더 가격이 높은 제품을 구매하는 '상승구매'와 반복적으로 구매하는 '반복구매'의 특징을 보임 • 기업의 다른 제품이나 서비스를 추가로 구매하는 '교차구매'를 함

5) 그레고리 스톤(Gregory stone, 1945)의 고객 분류 ★★★

그레고리 스톤은 소비자의 쇼핑 스타일과 행동 패턴을 기준으로 고객을 4가지 유형으로 분류하였다. 그의 이론은 고객이 제품을 구매할 때 어떤 태도와 동기를 가지는지를 설명하는 데 초점을 맞추고 있다.

경제적 고객 (절약형 고객)	• 고객가치를 극대화하려는 고객 • 가격과 품질을 철저하게 비교하여 가장 합리적인 선택을 하는 고객 　예 매장에서 신발을 신어본 후 인터넷으로 저렴하게 구매함
편의적 고객 (편리성 추구 고객)	• 서비스 이용 과정에서 편리함과 효율성을 가장 중요하게 생각하는 고객 • 자신의 편의를 위해서라면 추가 비용을 지불할 수 있는 고객 　예 배달 비용이 더 들더라도 빠른 배송을 선택하는 고객
개인적 고객 (개별화 추구 고객)	• 정형화된 서비스보다 나만을 위한 서비스를 받는 것을 선호하는 고객 • 고객관계관리(CRM)등을 통한 고객 정보를 활용한 마케팅이 필요함
윤리적 고객 (도덕적 고객)	• 기업의 윤리적인 행동에 가장 큰 비중을 두는 고객 • 사회적 책임, 환경 보호, 공정 무역 등을 고려하여 구매하는 고객 • 사회적 기부나 환경을 위해 노력하는 이미지를 강조한 마케팅이 필요함 　예 친환경 포장 제품 구매, 공정 무역 커피 이용

기적의 TIP

다양한 관점에서 비교한 고객의 정의와 설명을 꼭 외우세요.

02 제품과 상표(브랜드) 관여도에 따른 소비자 유형

1) 관여도의 개념

① 관여도란 소비자가 특정 제품, 서비스, 브랜드 또는 구매결정 과정에 대해 느끼는 관심과 중요도의 정도를 의미한다.
② 관여도가 높은 제품은 소비자가 구매할 때 더 많은 시간을 할애하고, 신중하게 구매 결정을 한다.

2) 고관여와 저관여 ★★

① 고관여

• 소비자가 제품 선택에 신중하며, 많은 시간과 정보를 고려하는 경우를 말한다.
• 인지 부조화 감소 구매 행동이 나타난다. 즉, 소비자가 고관여 제품을 구매한 후 심리적 불편함(인지 부조화)을 줄이려는 행동을 보인다는 의미이다.
　예 고가의 자동차를 오랫동안 고민하여 구입한 후(고관여 제품 구매) "내 선택이 맞았을까?"라는 불안감이나 후회를 느끼는 심리적 현상(인지 부조화)이 발생하는 경우, 이런 불안감을 해소하기 위해 소비자는 자신이 구매한 제품이 올바른 선택이었다고 확신하고자 한다(부조화 감소 구매 행동).

② 저관여

- 소비자가 별다른 고민 없이 빠르게 구매하는 경우를 말한다.
- 일상적으로 빈번하게 구매하는 제품에 해당한다.
- 수동적으로 획득한 지식으로 형성된 상표 신념에 따라 구매한다.
- 구매하려는 제품군의 상표 간 차이가 크지 않을 경우, 소비자는 습관적으로 제품을 선택하는 경향이 있다.
- 제품의 개별 상표 간 차이가 뚜렷한 경우 다양성을 추구하는 구매 행동이 나타난다.

3) 제품(상품)과 상표(브랜드) 관여도의 개념

① 소비자는 상품이나 서비스를 구매할 때 각각의 제품과 브랜드에 대해 다양한 방식으로 반응하며, 이러한 반응은 구매의사결정 과정에 중요한 영향을 미친다. 특히 구매 과정에서 소비자가 가지는 '관여도'와 '브랜드 차이 인식 정도'는 소비자가 어떤 방식으로 구매를 결정하는지에 큰 영향을 준다.
② '브랜드 차이 인식 정도'는 소비자가 각 브랜드 간의 차이를 얼마나 명확히 인식하는지에 따라 결정되며, 이는 구매 선택에 있어 중요한 기준이 된다.
③ 제품에 대한 관여도와 브랜드 간 차이의 인식 정도에 따라 소비자는 크게 네 가지 유형으로 분류할 수 있다.

4) 제품과 브랜드에 대한 관여도에 따른 소비자 분류 ★

① 상표 충성자

- 특정 브랜드에 높은 애착과 충성도를 가지고 지속적으로 동일한 상표를 구매하는 소비자이다.
- 브랜드에 대한 만족감과 신뢰도가 높아, 가격이 오르거나 경쟁 브랜드가 등장해도 쉽게 브랜드를 바꾸지 않는다.

② 일상적인 상표 구매자

- 제품 자체에 대한 관여도는 낮지만, 상표에 대한 관여도가 높아 습관적으로 동일한 브랜드의 제품을 계속 구매하는 소비자이다.
- 제품 간의 차이를 크게 중요하게 여기지 않지만, 익숙한 브랜드의 신뢰성이나 친숙함 때문에 구매 결정을 반복한다.

③ 정보 탐색자

- 제품 관여도가 매우 높지만 특정 상표에 대한 충성도는 낮은 소비자이다.
- 제품 구매 전 관련 정보를 적극적으로 수집하고 분석하여 최적의 제품을 선택하려고 노력한다.
- 브랜드보다는 성능이나 품질과 같은 제품 속성에 집중하는 소비자이다.

④ 상표 전환자

- 브랜드 충성도가 낮고, 가격이나 프로모션, 새로운 제품의 출시 등에 민감하게 반응하여 자주 상표를 바꾸는 소비자이다.
- 할인 행사, 쿠폰 제공 등 즉각적인 이익을 중시하는 경향이 있다.

구분		제품(상품)에 대한 관여도	
		고관여	저관여
상표 (브랜드)에 대한 관여도	고관여	상표 충성자 • 제품과 상표 모두 관심을 가짐 • 선호하는 상표가 명확함 • 제품의 관심과 중요도가 높음 　예) 가전제품, 자동차	일상적인 상표 구매자 • 상표에만 관심을 가짐 • 선호하는 상표가 명확함 • 제품에는 무관심함
	저관여	정보 탐색자 • 제품에만 관심을 가짐 • 상표에 의미를 부여하지 않음 • 상표 간 차이를 느끼지 못함 • 상표 탐색과 다양한 상표 선택이 가능함	상표 전환자 • 제품과 상표 모두에 무관심함 • 가격에 민감함 • 구매의 편리성을 중시함 　예) 치약, 휴지

03 사회 계층에 따른 고객 분류

1) 이동 가능성에 따른 분류

개인이 자신의 노력이나 외부 환경에 의해 계층을 이동할 수 있는지 여부에 따라 분류할 수 있는데, 이동 가능성이 크면 개인의 노력에 따라 사회적 지위를 상승시킬 수 있고, 이동 가능성이 낮으면 기존 계층을 바꾸기 어렵다.

개방형 계층	• 개인의 노력, 능력, 경제적 성취에 따라 사회적 이동이 가능한 계층이다. • 성취와 지위를 중요하게 여긴다. • 근대 이후의 대표적인 계층 구조이다.
폐쇄형 계층	태생적으로 계층이 정해져 있으며, 사회적 이동이 어렵고 계층이 고정된 사회이다. 예) 인도의 카스트 제도, 노예 제도, 신분 제도 등

2) 계층 구성원의 비율에 따른 분류

사회 계층을 구성하는 인구의 비율과 분포 형태에 따라 계층 구조를 분류하는 방법이다. 이는 한 사회에서 어떤 계층이 가장 많고, 계층 간 비율이 어떻게 형성되는지를 분석하는 방식이다.

피라미드형 계층	• 상층의 비율보다 하층의 비율이 훨씬 높다. • 전통사회나 후진국형 계층 구조(전근대적 봉건사회)이다.
다이아몬드형 계층	• 중간층의 비율이 상층이나 하층에 비해 높은 구조이다. • 전문직, 사무직, 관료 등과 같은 직종이 늘어나면서 중간 계층의 비율이 증가하고 있다. • 현대 복지 국가의 계층 구조를 말한다.
타원형 계층	• 선진국과 후진국, 상층과 하층의 소득 격차가 줄어 중간층의 비율이 증가하는 구조이다. • 낙관론을 옹호하고 세계화를 선호하는 사람들이 많은 구조이다. • 가장 안정적인 계층 구조이다.
모래시계형 계층	• 20%의 부유층과 80%의 빈곤층으로 구성된다. • 비관론적이며 세계화를 반대하는 사람들이 많은 구조이다. • 디지털 정보화 시대에 나타나는 구조이다. 　예) IT 정보를 잘 활용하여 소득이 증가한 사람과 그렇지 못한 사람

고객의 구매의사결정 과정

01 고객의 심리

1) 고객의 심리적 욕구

① 고객의 구매 행동은 특정한 동기 없이 일어나지 않는다.
② 고객의 심리적 욕구가 반드시 이성적이고 논리적이지는 않으며, 감성과 비논리적 접근으로도 발생한다.
③ 소비 욕구는 나이, 성별, 개성, 소득수준, 직업, 가치관 등으로 발생한다.
④ 고객의 심리적 욕구를 잘 이해하기 위해서는 새로운 욕구를 불러일으키는 상황에 대한 분석과 통찰력이 필요하다.

2) 매슬로우(Maslow)의 욕구 5단계 ★★★

미국의 심리학자 매슬로우가 제시한 욕구 5단계는 인간의 동기를 설명하는 이론으로 낮은 단계의 욕구가 충족되어야 더 높은 단계가 욕구를 충족될 수 있다고 본다.

수준	단계	욕구	의의	서비스
높음	5단계	자아실현의 욕구	잠재력을 극대화하여 자아를 완성하고자 하는 욕구	• 차별화된 서비스를 제공하는가? • 질적으로 우수한 서비스를 제공하는가? • 종업원이 나를 알아봐 주는가?
	4단계	존경의 욕구	인정과 존중, 환영을 받고자 하는 욕구	• 종업원은 나를 존중하는가? • 나에게 관심을 갖고 응대하는가?
	3단계	사회적 욕구	사회적 존재로서 친화적이고 소속감을 느낄 수 있는 애정의 욕구	• 나에게 친절한가? • 나의 요구에 반응하는가?
	2단계	안전의 욕구	위험으로부터 신체적, 감정적으로 안전하고자 하는 욕구	• 안전한 식자재인가? • 주차장은 편리한가?
낮음	1단계	생리적 욕구	생존을 위한 욕구	• 양적으로 충분한가? • 가격이 적당한가?

➕ **더 알기** TIP

서비스 욕구를 보고 어느 단계의 욕구인지 이해하는 것이 중요합니다.

3) 허츠버그의 동기 위생 이론

개인의 동기를 자극하는 요인에는 서로 다른 동기요인과 위생요인이 있다.

동기요인	만족요인이라 불리며 개인의 만족을 증가시키는 요인이다. 예 성취, 인정, 책임, 승진, 성장 가능성 등
위생요인	불만족요인이라 불리며 부족할 경우 불만족이 심화되는 요인이다. 예 감독, 임금, 대인관계, 작업조건, 안전 등

4) 알더퍼(Alderfer)의 ERG 이론 ★

① ERG이론은 매슬로우와 허츠버그의 이론을 확장한 개념으로, 알더퍼는 매슬로우의 욕구 단계설이 직면한 문제점들을 극복하고자 실증적인 연구에 기반하여 ERG 이론을 주장하였다. 즉, 매슬로우 욕구 체계론에 대한 설명력과 경험적 타당성을 개선하기 위하여 제안되었다.
② 인간은 욕구를 가지고 있으며, 이 욕구는 체계적으로 정리된다.
③ 낮은 수준의 욕구와 높은 수준의 욕구 간에는 근본적인 차이가 있으며, 욕구가 조직에서 피고용자의 동기를 결정하는 중요한 요인이라고 보았다.

알더퍼의 ERG 이론	매슬로우의 욕구 5단계 이론
생존(존재)욕구(Existence Needs)	생리적 욕구, 안전의 욕구
관계욕구(Relatedness Needs)	소속과 애정의 욕구, 존경의 욕구 일부
성장욕구(Growth Needs)	존경의 욕구, 자아실현의 욕구

02 구매의사결정 과정 ★★★

1) 전체 프로세스

단계	과정	설명
1단계	문제 인식	고객의 현재 상황과 이상적인 상황의 차이에서 비롯된 문제를 해결하고자 하는 욕구가 생긴다.
2단계	정보 탐색	구매와 관련된 다양한 경로를 통해 정보를 탐색하는 과정이다.
3단계	대안의 평가	평가 기준을 가지고 부적절한 대안은 제거하고 다른 대안을 검토하여 평가한다.
4단계	구매의사결정	구매를 결정한다.
5단계	구매 후 행동	고객이 지각하는 관심도를 '관여도'라 하며, 이는 기대치에 따라 구매 후의 행동에 영향을 미친다.

2) 문제 인식(1단계)

① 문제의 인식

- 서비스를 구매하는 과정은 구체적인 고객의 요구에서 시작한다.
- 고객이 현재 처한 상태와 이상적인 상태의 차이(Gap)에서 발생하는 문제를 해결하기 위해 욕구를 갖게 된다. 즉 불일치를 제거하거나 줄이기 위해 어떤 제품이나 서비스에 대한 욕구가 생기는 단계이다.
- 고객의 욕구가 생기면 이를 충족시키려는 동인(Drive)이 발생한다. 동인은 욕구를 행동으로 전환시키는 추진력으로 작용한다.

② 문제 인식에 투입되는 변수

내부요인	• 욕구 단계의 변화에 따라 욕구 수준이 변해서 문제 인식이 발생한다. • 고객의 과거 경험, 고객의 특성(인구 통계적 특성, 개성, 라이프스타일), 고객의 동기, 생리적 요인(배고픔이나 목마름) 등 고객의 내부에서 생기는 요인이다.
외부요인	• 타인과의 관계, 시각이나 후각의 자극 등 고객의 외부에서 발생하는 요인이다. • 환경적 영향, 판매사원의 촉진활동, 신상품 광고와 같은 기업의 마케팅 활동 등 외부에서 발생하는 요인이다.
고객 심리 세트	제품의 물리적 혜택 속성과 상표에 대한 신념, 평가, 행동 경향으로 나타나는 태도 등을 말한다.
자극 노출	광고를 우연히 접하거나 고객이 자발적으로 자극에 노출되어, 상표에 대한 태도나 인식을 강화하는 의도적인 노출을 의미한다.
문제의 인식	문제의 인식은 환경 여건이 변한 경우, 재정적 여건이 변한 경우, 기업 마케팅 활동(신제품 개발, 광고 등)이 발생하는 상황에서 문제의 인식이 발생한다. 예 노후된 가전제품의 고장 및 품질 저하로 새 가전제품이 필요한 경우 문제의 인식이 발생한다.

③ 지각의 특징

소비자 개인의 욕구나 가치, 경험, 기대를 바탕으로 다양한 경로를 통해 들어오는 자극을 해석하고 조직화하는 과정을 말한다.

선택성	• 모든 자극을 수용할 수 없기 때문에 관심이 있는 자극만을 수용하려고 한다. • 지각적 방어 작용, 지각의 과부하, 선택적 감지가 지각의 선택성을 결정한다.
주관성	• 같은 상품을 개인의 사고체계의 차이로 인해 다르게 지각한다. • 소비자는 자신의 사고체계, 신념, 감정에 부합하는 정보를 더 잘 수용한다.
일시성	• 자극의 대부분은 기억 속에 오래 남아 있지 않는다. • 장시간의 광고를 일시적으로 하는 것보다 일정 간격으로 반복되는 광고가 더 오래 지각된다.
총합성	• 감각기관으로 들어오는 자극을 총합하여 지각한다. • 기업의 광고, 디자인, 로고 등 개별적 자극을 통합하여 기업 전체의 이미지로 지각한다.

3) 정보 탐색(2단계)

① 내 · 외부 정보 탐색

내부탐색	과거의 경험, 광고 등을 통해 이미 자신이 인지하고 있는 정보를 회상하는 것이다.
외부탐색	준거집단, 광고, 판매원 등 다양한 정보원을 통해 적극적으로 외적 정보를 탐색하는 것이다.

② 정보의 원천

고객은 자신이 경험한 정보를 가장 신뢰하며, 기업에서 제공하는 정보보다 오히려 언론매체를 통한 보도자료, 정부간행물 등 중립적 원천의 정보를 더 신뢰하는 경향이 있다.

경험적 원천	• 직접 서비스를 경험하여 얻은 정보 • 가장 확실하고 신뢰할 수 있는 정보 예 본인이 직접 서비스를 경험함으로써 얻은 정보
개인적 원천	가족이나 친지, 동료 등으로부터 얻은 정보
기업정보 원천	광고, 기업 홈페이지 등 기업이 제공하는 정보
중립적 원천	소비자원이나 정부 기관의 발행물을 통해 얻은 정보 예 각종 신문, 방송, 인터넷 등 언론매체를 통한 보도자료

4) 대안의 평가(3단계)

① 대안 평가의 개념

- 수집된 정보를 기반으로 자신이 가지고 있는 지식, 믿음, 상황, 조건, 선호도 등을 기준으로 평가한다.
- 고객은 여러 대안들을 평가하기 위해 다양한 기준을 사용한다. 평가 기준으로는 가격, 품질, 브랜드 가치, 이미지 등의 속성이 있으며, 제품에 따라 평가 기준은 달라진다.
- 다른 대안들이 자신에게 얼마나 가치가 있는지와 다양한 기회비용까지 고려하여 평가한다.
- 어느 정도 정리된 각각의 대안들을 비교하고, 수집된 정보를 바탕으로 '고려 상품군(자신의 기억이나 외부 정보를 통해 형성됨)'을 정리해 본다.
- 평가 기준과 평가 방식을 고려하여 비교하고 평가한다.

② 대안 평가의 방법

보완적 평가	• 대안 평가 시 몇 개의 속성을 선택하여 각 대안을 비교·평가하여 최종적으로 가장 높은 점수를 받은 제품을 선택(낮은 점수는 높은 점수로 보완됨) • 항목별 평가: 브랜드명을 기준으로 하여 명성 등을 평가 • 속성별 평가: 친절도, 인테리어, 위치, 접근성, 품질 등
비보완적 평가	• 다른 기준의 장점과 단점이 보완되지 않음 • 결합식 평가: 모든 속성에 최소 기준을 마련하여 만족 여부로 평가 • 분리식 평가: 고객이 정한 허용 기준을 초과하는 항목이 하나라도 있으면 선택 • 사전 편집식 평가: 가장 중요한 평가 기준부터 차례대로 대안들을 비교·평가 • 순차적 제거식 평가: 중요한 속성부터 허용 수준을 설정하여 그 기준에 미치지 않는 것을 차례대로 제거하며 평가하고, 마지막 남은 상표 대안을 선택

③ 대안 평가 및 상품 선택에 영향을 주는 요인들

유사성 효과	사람들이 자신과 비슷한 특성을 가진 사람이나 제품, 브랜드, 서비스를 더 긍정적으로 평가하고 선호하는 현상
후광 효과	어떤 대상의 긍정적 혹은 부정적 특징이 전체적인 평가에 영향을 미치는 현상
유인 효과	기존 대안보다 열등한 대안이 새롭게 도입됨으로써 기존 대안을 선택할 확률이 증가하는 현상 ⑩ 소형은 5,000원, 대형은 9,000원인데, 중형(8,000원)을 새롭게 도입함으로써 상대적으로 더 가성비가 좋아 보이는 대형을 선택할 확률이 높아짐
프레이밍 효과	동일한 상품이라도 질문이나 문제 제시 방법에 따라 사람들의 선택이나 판단이 달라지는 현상으로, 특정 사안을 어떤 시각으로 바라보느냐에 따라 해석이 달라지는 효과 ⑩ 병원에서 환자의 수술 생존율이 70%인 경우와 사망률이 30%인 경우
손실 회피	• 같은 크기의 이득보다 손실을 더 크게 느끼고, 손실을 피하려는 경향이 강한 심리적 성향 • 무언가를 얻는 기쁨보다 잃는 고통이 더 크게 작용하는 현상
대비 효과	어떤 제품을 먼저 보여주는지에 따라 평가가 달라지는 효과 ⑩ 고가의 상품을 먼저 보여주고 저렴한 상품을 권하면 상대적으로 저렴한 상품을 구매함

5) 구매의사결정(4단계)

평가된 상품 중에서 가장 선호하는 상품을 구매하고자 하는 '구매 의도'가 형성된 후 '구매'까지 이어진다.

① 구매 행동 유형

복합 구매 행동	관여도가 높으며, 사전 구매 경험 없이 최초로 구매하는 행동
충성 구매 행동	고관여 상품을 구매하여 만족하면 그 상표에 대한 충성도가 생겨 반복적으로 구매하는 행동
다양성 추구 행동	저관여 제품을 여러 가지 브랜드로 구매하려는 행동
관성적 구매 행동	저관여 제품 중 동일 제품을 습관적으로 반복 구매하는 행동

② 구매 행동의 영향 요인

사회적 환경	• 직접적/사회적 상호작용: 판매원이나 주변인에게 질문하는 등의 행위 • 간접적 상호작용: 타인의 관찰
물리적 환경	상표, 제품, 실내디자인, 조명, 소음 등
소비 상황	제품을 사용하는 과정에서 발생하는 여러 상황적 요인
구매 상황	제품을 구매하는 과정에서 발생하는 여러 상황적 요인 예 가격 변화, 제품 구매 가능성, 경쟁 브랜드 제품 판매 · 촉진 등
커뮤니케이션 상황	제품 정보에 노출될 때 주변의 상황 예 광고, 구전, 점포 내 전시 등

③ 지각적 위험에 의한 영향 요인

소비자가 구매 결정을 내릴 때 느끼는 불확실성이나 부정적인 결과에 대한 우려가 구매 행동에 미치는 영향을 의미한다.

재정적 위험	제품 구매 후 예상 밖의 비용 발생, 지불한 가격만큼의 가치가 없다고 느껴져 두려움을 느끼는 경우 예 수입차를 구매했는데, 유지보수 비용이 예상보다 훨씬 많이 드는 경우 예 비싼 노트북을 구매했으나 성능이 기대 이하라 후회하는 경우
신체적 위험	제품이 신체나 건강상의 위험을 초래할 경우
사회적 위험	자신이 속한 집단의 기준과 부합하지 않다고 느끼는 경우
심리적 위험	구매한 상품이 자신의 이미지와 일치하지 않다고 느끼는 경우 예 비윤리적인 기업의 불매 운동
시간적 위험	구매한 제품을 반품하거나 수리받을 때 시간이나 노력이 드는 경우
기능적 위험	제품이 소비자가 기대한 성능을 발휘하지 못한 경우

6) 구매 후 행동(5단계)

① 구매 후 발생하는 행동

만족 행동	• 재구매 • 긍정적 구전
불만 행동	• 무(無)행동 • 사적 행동: 재구매 거절, 부정적 구전 등 • 공적 행동: 소비자원 고발, 법적 조치, 제품 교환 및 환불 요구 등

② 구매 후 인지 부조화 발생 상황

- 구매 결정을 취소할 수 없을 때
- 마음에 드는 대안이 여러 개일 때(2개 이상의 대안이 선호도가 유사하게 평가될 때)
- 관여도가 높을 때
- 모든 의사결정을 혼자 했을 때
- 선택한 제품에 없는 장점이 다른 제품에 있을 때

③ 구매 후 인지 부조화 감소 방법

고객 측면	기업 측면
• 자신의 선택을 지지하는 정보를 탐색한다. • 자신이 선택한 대안의 장점을 의식적으로 강화한다. • 의사결정 자체를 중요하지 않은 것으로 생각한다. • 자신이 선택하지 않은 대안의 장점을 의식적으로 약화시킨다.	• 판매 이후 고객과의 접점을 유지하거나 관계를 강화하는 광고를 진행한다. • 판매하는 제품과 제품 보증에 대한 편지를 전달한다. • 안내 책자, 전화 등으로 고객의 의사결정을 재확신시킨다. • 수리, 보수, 반품 등의 요구가 없을 정도로 품질을 향상시킨다. • 구매 후 친절한 A/S를 통해 불만을 관리한다.

④ 기대 불일치 이론 ★

고객의 기대수준과 실제 성과 사이의 불일치로 만족이나 불만족이 발생한다는 이론으로 성과가 기대보다 높으면 긍정적 불일치로 만족이 발생하고, 성과가 기대보다 낮으면 부정적 불일치로 불만족이 발생한다.

긍정적 불일치	실제 성과가 기대보다 높은 경우(성과 〉 기대)
부정적 불일치	실제 성과가 기대보다 낮은 경우(성과 〈 기대)
단순 일치	실제 성과와 기대가 같은 경우(성과 = 기대)

성격유형의 이해

01 MBTI

1) MBTI의 개념 ★

① 마이어스(Myers)와 브릭스(Briggs)가 스위스의 정신분석학자인 칼융(Carl Jung)의 심리유형론을 토대로 고안한 자기 보고식 성격유형 검사 도구이다.
② 성격유형은 모두 16가지이며, 4가지 선호경향으로 구성된다. 선호경향이란 교육이나 환경의 영향을 받기 이전에 잠재되어 있는 선천적 심리경향으로, 개인은 자신의 기질과 성향에 따라 한쪽 성향을 띤다.
③ 선호경향은 주로 장점을 중심으로 구분하는 것이 가장 큰 특징이다.

2) MBTI의 목적

① 타인의 성향을 이해하고 원활한 의사소통 및 협업을 촉진하여 대인관계를 개선할 수 있다.
② 고객의 선호경향을 파악함으로써 각 고객의 성격을 미리 예측하고 이해할 수 있다.
③ 개인과 타인의 성격을 단정짓기보다는, 고유의 특성을 이해하고 업무 처리 방식 등에 대한 상호 이해도를 높이는 데 목적이 있다.

3) 4가지 선호경향 ★★★

① 에너지 방향에 따른 경향

외향형(Extroversion)	내향형(Introversion)
• 외부 세계의 일과 사람에 집중 • 경험한 후 이해	• 내부 세계의 아이디어에 집중 • 이해한 후 경험

② 인식 방향에 따른 경향

감각형(Sensing)	직관형(iNtuition)
• 오감을 통해 정보를 받아들이는 것을 선호함 • 현재에 초점을 맞춤	• 내면의 상태를 간접적으로 인식하는 데 의존함 • 미래 가능성에 초점을 맞춤

③ 판단 경향에 따른 경향

사고형(Thinking)	감정형(Feeling)
객관적, 논리적, 비개인적 접근으로 결론을 이끌어냄	타인의 주관적 감정을 고려하여 개인적 또는 사회적인 기준에 따라 결정함

④ 생활 양식에 따른 경향

판단형(Judging)	인식형(Perceiving)
생활을 조절하고 통제하기를 원하면서 계획적이고 질서 있게 살아감	• 융통성이 있고 자율적으로 살아가는 것을 원함 • 삶을 통제하기보다는 이해하려고 노력함

4) 4가지 선호지표의 특징

외향형(Extroversion)	내향형(Introversion)
• 자신의 외부 세계에 집중 • 외부 활동에 적극적임 • 정열적이고 활동적이며 사교적임 • 말로 표현함 • 경험한 후 이해함 • 쉽게 알려짐 • 폭넓은 대인관계 유지	• 자신의 내부 세계에 집중 • 내부 활동에 집중함 • 조용하고 신중함 • 글로 표현함 • 이해한 후 경험함 • 서서히 알려짐 • 깊이 있는 대인관계 유지

감각형(Sensing)	직관형(iNtuition)
• 현재에 초점 • 실제 경험 • 정확하고 철저한 일 처리 • 나무를 보려는 경향 • 가꾸고 추수함 • 오감에 의존 • 실제 경험 중시, 현재에 초점을 맞춤	• 미래 가능성에 초점 • 아이디어 • 신속하고 과감한 일 처리 • 숲을 보려는 경향 • 씨를 뿌림 • 육감과 영감에 의존 • 미래지향적, 가능성과 의미를 추구

사고형(Thinking)	감정형(Feeling)
• 진실, 사실 • 원리와 원칙 • 논리적, 분석적 • 맞다, 틀리다 • 규범, 기준, 공정성 중시 • 지적 논평 • 진실과 사실에 관심을 가짐, 논리적, 분석적, 객관적	• 사람, 인간관계 • 의미와 영향 • 상황적, 포괄적 • 좋다, 나쁘다 • 나에게 주는 의미 중시, 정서적 측면 집중 • 우호적 협조 • 사람과 관계에 관심을 가짐, 상황과 사정을 고려한 설명

판단형(Judging)	인식형(Perceiving)
• 정리정돈과 계획 • 의지적 추진 • 신속한 결론 • 통제와 조정 • 분명한 목적의식과 방향감각 • 뚜렷한 기준과 자기 의사 • 분명한 목적과 방향, 기한 엄수, 사전에 계획하고 체계적임	• 상황에 유연하게 대응하는 개방성 • 이해로 수용 • 여유롭고 평온한 과정 • 융통성과 적응력 • 목적과 방향의 변화를 수용하는 유연한 태도 • 재량에 따라 처리하고자 하는 포용성 • 모험, 변화에 대한 열망, 자율적, 호기심이 강함

02 교류분석(TA; Transational Analysis)

1) 교류분석의 개념 ★

① 교류분석은 사람들이 어떻게 소통하고, 관계를 맺으며, 행동하는지를 분석하는 심리학 이론으로, 인본주의적 가치를 지닌 긍정심리이론이다.

② 심리학자 에릭 번(Eric Berne)이 개발했으며, 대화 방식과 인간관계를 분석하여 긍정적인 소통을 유도하는 데 초점을 맞추고 있다.

③ 초기에는 집단 치료에 사용되었다가 점차 개인 상담 및 치료 목적으로 사용되었다.

④ 교류분석의 기본적인 사상은 자기 이해와 타인 이해이다.

⑤ 프로이트(S. Freud)의 정신분석과 왓슨(G. B. Watson)의 행동주의에 기초하고 있다.

⑥ 교류분석의 구조는 3가지 욕구 이론인 스트로크, 시간의 구조화, 대인관계와 4가지 분석 이론인 구조분석, 교류(대화)분석, 게임분석, 각본분석으로 구성되어 있다.

⑦ 교류분석에서는 인간의 마음이 서로 다른 성질의 3가지 상태로 구성되어 있다고 하며, 이것을 '자아 상태'라고 말한다.

⑧ 3가지 상태는 '부모의 자아 상태', '성인의 자아 상태', '어린이의 자아 상태'이며, 각 자아 상태는 몸짓이나 태도 등으로 관찰할 수 있다.

> → 한 마디로 교류분석은 인간의 자아 상태와 대화 패턴을 분석하여, 더 효과적으로 소통하고 긍정적인 관계를 형성하기 위한 심리학 이론이라 할 수 있다.

2) 교류분석의 기본 인간관(철학) ★★

① 인간은 누구나 긍정적이다. 즉, 모든 사람은 본질적으로 가치 있고 존중받을 자격이 있다.

② 인간은 스스로 사고할 능력이 있는 합리적인 존재이다.

③ 인간은 자신의 운명을 스스로 결정하는 자율적인 존재이며, 그 결정을 바꿀 수 있다.

④ '지금 여기'에 집중하며 자신과 타인의 자아 상태 및 대화(교류)의 분석을 한다.

3) 교류분석의 3가지 자아 상태 ★★

자아 상태	설명
부모의 자아 상태 (P, Parents ego state)	비판적인 나(CP; Critical Parents) • 자신의 가치관이나 사고방식이 옳다고 생각 • 이상, 규율, 도덕, 지시, 비판, 책임 • 지나치면 지배적이고 명령적인 말투를 구사함 양육적인 나(NP; Nuturing Parents) • 관용적이고 친절함 • 양육, 보호, 타협, 칭찬, 공감, 동정, 수용 • 지나치면 간섭, 과보호가 나타남
성인의 자아 상태 (A, Adult ego state)	• 논리적, 합리적, 타산적이며 객관적인 사실과 정보에 기초하여 이성적으로 문제를 해결함 • 부모로부터 '배운 개념'과 아동의 '느낌 개념'으로부터 인생에 대해 '터득한 능력' • 감정보다는 이성적, 합리성, 생산성, 적응성을 가지며 냉정한 계산에 따라 그 기능을 발휘함 • 지나치면 자기중심적이고 기계적인 모습을 보임

| 어린이의 자아상태
(C, Child ego state) | 순응하는 나(AC; Adapted Child)
• 순종적이고 겸손함, 감정을 억제하고 타협함
• 지나치면 우울, 원한, 자기혐오, 죄악감의 모습이 나타남 |
| | 자유로운 나(FC; Free Child)
• 자발적, 솔직한 감정 표현
• 자유, 유연성, 무계획, 충동, 창조적, 호기심
• 지나치면 무책임한 행동을 함 |

4) 교류분석의 3가지 욕구이론

① 스트로크(Stroke)

스트로크란 교류분석의 최소 분석 단위로 타인에게 받는 관심, 인정, 칭찬, 애정 표현 등 심리적인 자극을 의미한다.

종류	설명	예시
긍정적 스트로크	기분을 좋게 만드는 스트로크	• "당신 덕분에 일이 정말 잘 풀렸어요!"(능력 인정) • "항상 친절하게 대해줘서 고마워요!"(태도 칭찬)
부정적 스트로크	기분을 나쁘게 만드는 스트로크	• "너는 왜 그렇게 실수가 많아?"(능력 비난) • "넌 항상 늦어. 제대로 좀 해!"(습관 비판)
무조건적 스트로크	있는 그대로 인정해 주는 스트로크	• "넌 소중한 사람이야." • "네가 곁에 있어 줘서 고마워."
조건적 스트로크	특정 행동에 대한 스트로크	• "이번 프로젝트 정말 잘했어!"(조건적 긍정 스트로크) • "이 부분은 좀 더 신경 써야겠어."(조건적 부정 스트로크)

② 시간의 구조화

혼자 또는 둘 이상의 사람들이 모여있을 때, 상대방이나 환경으로부터 자신이 원하는 스트로크를 최대한 획득하기 위해 시간을 활용하는 행위이다.

③ 대인관계(인생 태도)

어릴 때 부모와 주고받은 스트로크를 기초로 형성된 본인이나 상대방 또는 세상에 대한 기본적인 태도를 의미한다.

5) 교류분석의 4가지 분석이론

① 구조분석 → ② 교류분석(대화분석) → ③ 게임분석 → ④ 각본분석

① 구조분석

개인이 사용하는 자아 상태(부모 자아, 성인 자아, 어린이 자아)를 분석하여 행동, 감정, 사고방식을 이해하는 것이다.

② 교류분석(대화분석)

타인과의 대화 속에서 나타나는 교류 방식을 분석하는 것이다.

③ 게임분석

교류분석에서 말하는 게임(Game)이란, 사람들이 무의식적으로 반복하는 부정적인 상호작용 패턴을 의미하는데, 이러한 게임은 겉으로 보기에는 일상적인 대화처럼 보이지만, 결국 부정적인 감정(분노, 실망, 좌절 등)이 남는 결과를 초래한다. 따라서 게임분석을 통해 원인, 결과, 속성을 이해한다.

④ 각본분석

개인이 어린 시절부터 형성해온 인생 각본(삶의 패턴, 무의식적 신념)을 분석하고, 부정적인 사고방식을 긍정적으로 변화시키는 전략을 세우는 것이다.

6) 교류분석의 목적

① 자신에 대해 인지하고 지각함으로써 자기 이해와 감정 조절이 가능하다.
② 스스로의 자율성을 높여서 자신의 사고와 행동에 책임을 갖고 성장할 수 있다.
③ 왜곡된 인간관계에 몰입되지 않도록 자아 상태를 점검하고 인간관계를 상대방에게 맞추어 교류할 수 있다.
④ 개인의 변화에서 시작하여 사회의 변화로 이어지는 개인의 감정을 잘 활용할 수 있는 도구이다.

> → 교류분석의 최종 목적은 자기 이해를 통해 더 건강한 인간관계를 형성하고, 긍정적인 행동 변화를 이끌어내며, 개인과 조직의 성장을 돕는 것이다.

7) 교류분석의 기본적 인생 태도

본래는 토머스 해리스(T.A. Harris)의 1969년 저서 《I'm OK, You're OK》에 담긴 내용이었으나, 이후 교류분석의 이론 체계 안에 수용되었다.

종류	내용
자기긍정-타인긍정 I'm OK-You're OK	• 대체로 자신이나 타인에게 만족하며 모든 느낌을 인식하고 표현하는 데 문제가 없다. • 건강하고 행복한 삶의 방식과 태도를 가진다.
자기긍정-타인부정 I'm OK-You're not OK	• 다른 사람을 부족하고 가치 없는 존재로 생각한다. • 타인과 거리를 두고 불신과 경계심을 가진다.
자기부정-타인긍정 I'm not OK-You're OK	• 자신은 무능하여 타인의 도움 없이는 살아갈 수 없다는 좌절감을 경험한다. • 쉽게 의기소침하며 우울감과 열등감, 자살 충동을 느낀다.
자기부정-타인부정 I'm not OK-You're not OK	상황이나 문제를 극복할 능력이 없다고 지각하며, 체념적이고 반항적인 태도를 가진다.

1) DISC의 개념

① DISC는 윌리엄 몰턴 마스턴(William Moulton Marston) 박사에 의해 제시된 행동유형 모델로, 사고 개방도와 감정 개방도에 따라 인간의 행동유형을 네 가지로 분류한 검사이다.

② 네 가지 행동유형은 D형(주도형), I형(사교형), S형(안정형), C형(신중형)으로 분류된다.

2) DISC 행동유형별 특징 ★

유형	특징	행동전략
주도형 (Dominance)	• 빠르게 행동한다. • 도전을 받아들인다. • 뚜렷한 성과를 낸다. • 지도력, 행동력이 있다. • 어려운 문제를 처리한다. • 문제를 해결한다.	• 실제 경험에 근거한 기술 이용 • 다른 사람의 도움이 필요하다는 것을 이해함 • 결정에 대해 먼저 말로 표현함 • 일의 속도를 조절하고 여유를 가짐
사교형 (Influence)	• 호의적인 인상을 준다. • 사람을 즐겁게 한다. • 즐거운 분위기를 만든다. • 외향적이고 그룹에 참여한다.	• 객관적 의사결정 유지 • 우선순위와 마감일을 명확히 함 • 타인을 현실적으로 평가함 • D형이나 S형이 중간선(기본선) 아래에 위치한다면 시간관리에 신경써야 함
안정형 (Steadiness)	• 안정적인 상황을 선호한다. • 타인을 배려하고 협력한다. • 인내심이 있다. • 타인의 말에 경청한다. • 타인에게 친절하고 따뜻하다.	• 자신의 가치를 지각함 • 창의적인 면을 장려함 • 우선적으로 변화를 고려함 • 자신과 유사한 능력과 성실함을 갖춘 사람과 협업함
신중형 (Conscientiousness)	• 세밀하고 치밀하다. • 일을 정확히 처리한다. • 익숙한 환경을 선호한다. • 분석하고 위험 요인을 파악한다.	• 갈등 상황에 인내심을 키움 • 주의 깊은 계획이 필요한 업무를 맡음 • 업적 성취만큼이나 타인의 개인적 가치를 존중함 • 직무기술과 수행 목표가 명확한 일을 수행

일반형

01 다음 중 고객의 기본 심리에 해당하지 <u>않는</u> 것은?

① 존중 기대 심리
② 보상 심리
③ 타인 배려 심리
④ 우월 심리
⑤ 환영 기대 심리

02 상품이나 서비스를 구매하지 않으면서 기업의 약점을 이용해 자신의 실속만을 차리려는 고객을 무엇이라고 하는가?

① 한계고객
② 미스터리 쇼퍼
③ 간접고객
④ 체리피커
⑤ 의견선도고객

03 다음 중 고객에 대한 설명으로 거리가 <u>먼</u> 것은?

① 고객은 소비자나 구매자라고도 한다.
② 한계고객이란 기업의 이익 실현에 방해가 되는 고객으로 고객 명단에서 제외하거나 해약 유도를 통해 고객의 활동을 중지시키는 고객이다.
③ 단골고객이란 자사의 제품이나 서비스를 반복적이고 지속적으로 구매하는 고객이지만, 타인에게는 추천할 정도의 충성도를 가지고 있지는 않은 고객이다.
④ 의견선도고객이란 제품이나 서비스를 구매하기보다 평판, 심사, 모니터링 등에 영향을 미치는 집단이다.
⑤ 잠재고객이란 기업의 상품을 인지하고 있고 관심을 보이는 고객으로 신규고객이 될 가능성이 있는 고객이다.

04 그레고리 스톤의 고객 유형으로 옳지 <u>않은</u> 것은?

① 편의적 고객
② 개인적 고객
③ 윤리적 고객
④ 경제적 고객
⑤ 폐쇄형 고객

05 참여 관점에 따른 고객 분류 중 직접적으로 제품이나 서비스를 구매하거나 사용하지는 않지만, 1차 고객이 선택하는 데 큰 영향을 주는 고객은?

① 의견선도고객
② 경쟁자
③ 간접고객
④ 의사결정고객
⑤ 직접고객

06 고객 유형을 관계 진화 과정에 따라 5단계로 분류하는 순서는?

① 잠재고객 – 가망고객 – 신규고객 – 기존고객 – 충성고객
② 가망고객 – 잠재고객 – 신규고객 – 기존고객 – 충성고객
③ 가망고객 – 잠재고객 – 기존고객 – 신규고객 – 충성고객
④ 잠재고객 – 가망고객 – 기존고객 – 신규고객 – 충성고객
⑤ 신규고객 – 잠재고객 – 가망고객 – 기존고객 – 충성고객

07 매슬로우의 욕구 5단계 중 자아실현의 욕구에 해당하는 것은?

① 차별화된 서비스를 제공하는가
② 가격이 적당한가
③ 나에게 친절한가
④ 종업원은 나를 존중하는가
⑤ 나에게 관심을 갖고 응대하는가

08 다음은 구매 의사 결정 과정 중 어느 단계에 해당하는 내용인가?

> 소비자 각 개인의 욕구나 가치, 경험, 기대를 바탕으로 다양한 경로로 들어오는 자극을 해석하고 조직화하는 과정을 말한다.

① 문제 인식
② 정보 탐색
③ 대안의 평가
④ 구매의사결정
⑤ 구매 후 행동

09 그레고리 스톤이 분류한 고객 유형 중 편의적 추구 고객의 특징으로 옳은 것은?

① 고객가치를 극대화하려는 고객이다.
② 정형화된 서비스보다 나만을 위한 서비스를 받는 것을 선호하는 고객이다.
③ 고객관계관리(CRM) 등을 통한 고객의 정보를 활용하는 마케팅이 필요한 고객이다.
④ 별도로 비용이 들더라도 식료품을 배달시키는 고객이다.
⑤ 매장에서 신발을 신어본 후 인터넷으로 저렴하게 구매하는 고객이다.

10 고객의 성격유형 분석에 대한 설명으로 옳지 <u>않은</u> 것은?

① 성격유형은 모두 16가지이며 4가지 선호경향으로 구성되었다.

② 선호경향이란 교육이나 환경의 영향을 받기 이전에 잠재되어 있는 선천적 심리경향으로 자신의
　기질과 성향에 따라 각각 4가지 중 한쪽 성향을 띤다.

③ 선호경향은 주로 장점과 단점을 위주로 구분하는 것이 가장 큰 특징이다.

④ 인식 방향에 따라 감각형과 직관형으로 구분할 수 있다.

⑤ 생활 양식에 따라 판단형과 인식형으로 구분할 수 있다.

11 다음 고객의 성격유형 중 내향형에 해당하는 특성은?

① 이해한 후 경험한다.

② 지금, 현재에 초점을 맞춘다.

③ 미래 가능성에 초점을 맞춘다.

④ 나무를 보려는 경향이 있다.

⑤ 상황에 적합하며 포괄적이다.

12 다음 중 개인적 고객에 대한 설명으로 옳은 것은?

① 정형화된 서비스보다 나만을 위한 서비스를 받는 것을 선호하는 고객이다.

② 자신이 투자한 시간, 노력, 돈에 대해 최대의 효용을 얻으려는 고객이다.

③ 기업의 윤리적 기준과 사회적 이미지를 요구하는 고객이다.

④ 고객가치를 극대화하려는 고객이다.

⑤ 편리성 추구 고객이라고도 한다.

13 AIDMA 모델에 대한 설명으로 옳지 <u>않은</u> 것은?

① 주의: 고객의 주의를 끌어 제품을 인지시키는 단계

② 관심: 제품에 관심을 가지고 장점과 단점을 인지하는 단계

③ 욕구: 판매촉진 활동으로 상품을 인지하고 구매 욕구를 불러일으키는 단계

④ 결정: 구매 욕구가 지속되어 행동 전에 결정하는 단계

⑤ 행동: 실제 구매로 실행에 옮기는 단계

14 매슬로우의 욕구 5단계에 대한 설명으로 옳지 <u>않은</u> 것은?

① 인간의 동기가 작용하는 양상을 기본적이고 보편적으로 제시한 점에서 큰 의의가 있다.

② 각 욕구는 숫자가 낮은 하위 욕구가 충족되어야만 상위 욕구가 나타난다고 설명한다.

③ 2단계는 안전의 욕구로 '주차장은 편리한가?'를 예시로 들 수 있다.

④ 3단계는 사회적 욕구로 소속감을 느낄 수 있는 애정의 욕구이다.

⑤ '종업원이 나에게 관심을 갖고 응대하는가?'는 5단계 서비스이다.

15 ERG 이론에 대한 설명으로 옳지 <u>않은</u> 것은?

① 매슬로우와 허츠버그의 이론을 확장한 개념이다.
② 알더퍼가 제안한 이론이다.
③ 인간은 욕구를 가지고 있으며, 이 욕구는 체계적으로 정돈될 수 있다.
④ 낮은 수준의 욕구와 높은 수준의 욕구 간에는 근본적인 차이가 있다.
⑤ 존중의 욕구와 자아실현의 욕구가 있다.

16 제품 관여도에 따른 4가지 소비자 유형으로 옳지 <u>않은</u> 것은?

① 상표 충성자
② 상표 전환자
③ 일상적인 상표 구매자
④ 대안 평가자
⑤ 정보 탐색자

17 구매의사결정 과정에서 지각의 특징으로 옳지 <u>않은</u> 것은?

① 선택성
② 주관성
③ 일시성
④ 총합성
⑤ 지속성

18 구매의사결정 과정에서 정보의 원천에 대한 설명으로 옳지 <u>않은</u> 것은?

① 가장 확실하고 신뢰할 수 있는 정보는 개인적 원천이다.
② 가족이나 친지, 동료 등으로부터 얻은 정보는 개인적 원천이다.
③ 광고, 기업 홈페이지 등 기업이 제공하는 정보는 기업정보 원천이다.
④ 소비자원이나 정부 기관의 발행물을 통해 얻은 정보는 중립적 원천이다.
⑤ 직접 서비스를 경험하여 얻은 정보는 경험적 원천이다.

19 다음에서 설명하는 효과란 무엇인가?

> 10,000원인 제품을 10% 할인하는 것과 10,000원인 제품에서 1,000원을 할인해 주는 경우

① 프레이밍 효과
② 후광 효과
③ 유인 효과
④ 대비 효과
⑤ 유사성 효과

20 제품 구매 시 지각 위험 요인으로 옳지 <u>않은</u> 것은?

① 재정적 위험
② 신체적 위험
③ 사회적 위험
④ 기능적 위험
⑤ 상황적 위험

21 구매 후 인지 부조화가 발생할 수 있는 상황으로 옳은 것은?

① 구매 결정을 취소할 수 있을 때
② 마음에 드는 대안이 한 가지 일 때
③ 관여도가 낮을 때
④ 전적으로 의사결정을 혼자 했을 때
⑤ 선택한 제품에 없는 단점이 다른 제품에 있을 때

22 구매 후 인지 부조화를 감소시키는 기업의 전략으로 옳지 <u>않은</u> 것은?

① 판매하는 제품과 제품 보증에 대한 편지를 전달한다.
② 판매 이후 고객과의 접점을 유지하거나 관계를 강화하는 광고를 진행한다.
③ 안내 책자, 전화 등으로 고객의 의사결정을 재확신시킨다.
④ 수리, 반품 등의 요구가 없을 정도로 품질을 향상시킨다.
⑤ 경쟁사의 단점을 보여주는 광고를 한다.

23 다음에서 설명하는 것은 무엇인가?

> 고객의 기대 수준과 실제 결과가 일치하지 않을 때 만족 또는 불만족이 발생하는 것

① 인지 부조화
② 대비 효과
③ ERG 이론
④ 기대 불일치
⑤ 동기위생 이론

24 다음 중 TA에 대한 설명으로 옳지 <u>않은</u> 것은?

① 초기에는 집단 치료에 사용되었다가 점차 개인 상담이나 개인 치료로 사용되었다.
② 인간은 합리성을 지닌 존재라고 주장한다.
③ 자신에 대해 지각함으로써 자기 통제가 가능하다고 설명한다.
④ 인본주의적 가치를 지닌 긍정심리이론이다.
⑤ '내일, 미래'에 집중하기 위해서 자신의 자아 상태를 분석하는 것이 필요하다고 주장한다.

OX형

01 일반적으로 소비 활동을 하는 모든 주체를 소비자라 한다.
(① O   ② X)

02 전통적 고객 구매의사결정 과정은 '주의 – 관심 – 욕구 – 기억 – 행동'의 단계로 이루어진다.
(① O   ② X)

03 의견선도고객이란 직접적으로 제품이나 서비스를 구매하거나 사용하지는 않지만 1차 고객의 선택에 큰 영향을 주는 고객이다.
(① O   ② X)

04 제품과 브랜드에 대한 관여도가 높은 고객을 상표 충성자라고 한다.
(① O   ② X)

05 교류분석이란 자아를 이해하고 내면의 교류를 분석하는 것이다.
(① O   ② X)

연결형

〈보기〉

① 대비 효과   ② 유사성 효과   ③ MBTI   ④ DISC   ⑤ 부정적 불일치

01 (   )(이)란 어떤 제품을 먼저 보여주는지에 따라 평가가 달라지는 것이다.

02 (   )은/는 개인의 행동 스타일과 대인관계 패턴을 이해하기 위한 도구로 4가지 행동유형으로 분류한 것이다.

03 새로운 상품이 출시되었을 때, 그와 유사한 기존의 상품을 잠식할 확률이 높은 현상은 (   )이다.

04 성과가 기대보다 낮은 경우 (   )(이)라 한다.

05 (   )(이)란 개인의 성격유형이 기질과 성향에 따라 4가지 선호경향을 띠는 것이다.

일반형

01 ③	02 ④	03 ⑤	04 ⑤	05 ④
06 ①	07 ①	08 ①	09 ④	10 ③
11 ①	12 ①	13 ④	14 ⑤	15 ⑤
16 ④	17 ⑤	18 ①	19 ①	20 ⑤
21 ④	22 ⑤	23 ④	24 ⑤	

OX형

01 ①	02 ①	03 ②	04 ①	05 ②

연결형

01 ①	02 ④	03 ②	04 ⑤	05 ③

일반형

01 ③

고객은 각자 자신의 가치 기준을 가지고 항상 자기 위주로 모든 상황을 판단하는 자기 본위 심리가 있다.

02 ④

오답 피하기

- ① 한계고객: 기업의 수익 창출에 방해가 되는 고객으로 고객 명단에서 제외하거나 해약 유도를 통해 고객의 활동성이나 가치를 떨어뜨린다.
- ② 미스터리 쇼퍼: 고객으로 가장하고 매장을 방문하여 물건을 구매하면서 직원의 서비스 따위를 평가하는 사람이다.
- ③ 간접고객: 최종 소비자 또는 2차 소비자이다.
- ⑤ 의견선도고객: 제품이나 서비스를 구매하기보다 평판, 심사, 모니터링 등에 영향을 미치는 집단이다.

03 ⑤

가망고객에 대한 설명에 해당한다.

04 ⑤

폐쇄형 고객은 해당되지 않는다.

05 ④

오답 피하기

- ① 의견선도고객: 제품이나 서비스를 구매하기보다 평판, 심사, 모니터링 등에 영향을 미치는 집단이다.
- ② 경쟁자: 전략이나 고객관리 등에 중요한 인식을 심어주는 고객이다.
- ③ 간접고객: 최종 소비자 또는 2차 소비자이다.
- ⑤ 직접고객: 제품 또는 서비스를 직접 구매하는 사람이다.

06 ①

- 잠재고객: 구매 경험은 없지만 향후 고객이 될 잠재력을 가진 집단 또는 아직 기업에 관심이 없는 고객
- 가망고객: 기업의 상품을 인지하고 있고 관심을 보이는 고객으로 신규 고객이 될 가능성이 있는 고객
- 신규고객: 기업의 상품과 서비스를 처음 거래한 고객
- 기존고객: 2회 이상 반복적으로 구매를 한 고객으로 안정화 단계에 진입한 고객
- 충성고객: 제품이나 서비스를 반복적으로 구매하며 기업과 강한 유대관계를 형성하고 입소문을 내는 고객

07 ①

자아실현의 욕구는 5단계로 차별화된 서비스 외에도 '질적으로 우수한 서비스를 제공하는지', '종업원이 나를 알아봐 주는지'와 관련이 있다.

오답 피하기

- ② 가격이 적당한가: 생리적 욕구(1단계)
- ③ 나에게 친절한가: 사회적 욕구(3단계)
- ④ 종업원은 나를 존중하는가: 존경의 욕구(4단계)
- ⑤ 나에게 관심을 갖고 응대하는가: 존경의 욕구(4단계)

08 ①

고객이 구매하는 의사결정 과정은 다음과 같다.

- 문제 인식(1단계): 고객의 현재 상황과 이상적인 상황의 차이에서 발생하는 문제를 해결하고자 하는 욕구를 갖게 되는 것이다.
- 정보 탐색(2단계): 구매와 관련하여 다양한 경로를 통해 정보를 탐색하는 과정이다.
- 대안의 평가(3단계): 평가 기준을 고려하며 부적절한 대안은 제거하고 다른 대안을 검토하여 평가한다.
- 구매의사결정(4단계): 구매를 결정한다.
- 구매 후 행동(5단계): 고객이 지각하는 관심도를 관여도라 하며, 기대치에 따라 구매 후의 행동에 영향을 미친다.

09 ④

오답 피하기

- ①, ⑤ 경제적(절약형) 고객
- ②, ③ 개인적(개별화 추구) 고객

10 ③

선호경향은 주로 장점을 위주로 구분하는 것이 가장 큰 특징이다.

11 ①

오답 피하기

- ②, ④ 감각형(Sensing)
- ③ 직관형(iNtuition)
- ⑤ 감정형(Feeling)

12 ①

- ② 경제적 고객(절약형 고객)
- ③ 윤리적 고객(도덕적 고객)
- ④ 경제적 고객(절약형 고객)
- ⑤ 편리성 추구 고객은 편의적 고객이다.

13 ④

AIDMA란 전통적 구매의사결정 프로세스로 주의(Attention), 관심(Interest), 욕구(Desire), 기억(Memory), 행동(Action)의 단계를 말한다.

14 ⑤

종업원이 '나에게 관심을 갖고 응대하는가?'는 4단계인 존경의 욕구에 대한 설명에 해당한다.

15 ⑤

알더퍼의 ERG 이론에 대한 문제이며 존중의 욕구와 자아실현의 욕구는 매슬로우의 5단계 욕구이다.

16 ④

제품 관여도에 따른 4가지 소비자 유형은 상표 충성자, 상표 전환자, 일상적인 상표 구매자, 정보 탐색자이다.

17 ⑤

지각의 특징에는 선택성, 주관성, 일시성, 종합성이 있다.

18 ①

가장 확실하고 신뢰할 수 있는 정보는 경험적 원천이다.

19 ①

프레이밍 효과란 동일한 상품일지라도 질문이나 문제 제시 방법에 따라 사람들의 선택이나 판단이 달라지는 현상으로 특정 사안을 어떤 시각으로 바라보느냐에 따라 해석이 달라지는 효과이다.

- ② 후광 효과: 상품의 평가 시 일부 항목에 의해 형성된 전반적 평가가 그 속성과 직접적으로 관련이 없는 다른 항목의 평가에도 영향을 미친다.
- ③ 유인 효과: 기존 대안을 우월하게 평가하도록 기존 대안보다 열등한 대안을 내놓음으로써 기존 대안을 상대적으로 돋보이게 하는 방법이다.
- ④ 대비 효과: 어떤 제품을 먼저 보여주는지에 따라 평가가 달라진다.
- ⑤ 유사성 효과: 새로운 상품이 출시되었을 때 그와 유사한 기존 상품의 시장을 잠식할 가능성이 높은 현상이다.

20 ⑤

제품 구매 시 지각 위험 요인에는 재정적 위험, 신체적 위험, 사회적 위험, 심리적 위험, 시간적 위험, 기능적 위험이 있다.

21 ④

- ① 구매 결정을 취소할 수 없을 때
- ② 마음에 드는 대안이 여러 개 일 때
- ③ 관여도가 높을 때
- ⑤ 선택한 제품에 없는 장점이 다른 제품에 있을 때

22 ⑤

경쟁사의 단점을 강화하는 광고는 해당되지 않는다.

23 ④

- ① 인지 부조화: 두 가지 이상의 반대되는 믿음, 생각, 가치를 동시에 지닐 때 또는 기존에 가지고 있던 것과 반대되는 새로운 정보를 접했을 때 개인이 받는 정신적 스트레스나 불편한 경험 등을 말한다.
- ② 대비 효과: 어떤 제품을 먼저 보여주는지에 따라 평가가 달라지는 효과이다.
- ③ ERG 이론: 알더퍼는 매슬로우의 욕구 단계설이 직면한 문제점들을 극복하고자 실증적인 연구에 기반한 이론이다.
- ⑤ 동기위생 이론: 개인의 동기를 자극하는 요인에는 서로 다른 개인의 행동 스타일과 대인관계 패턴을 이해하기 위한 도구로, 4가지 행동유형으로 분류한 것이다.

24 ⑤

'지금 여기'에 집중하기 위해서 자기 자신과 타인의 자아 상태 및 대화(교류)의 분석이 필요하다.

OX형

01 ①

일반적으로 소비 활동을 하는 모든 주체를 소비자라 하며, 소비자는 구매자, 사용자, 구매 결정자의 역할을 각각 다르게 하는 경우와 1인 2역, 1인 3역의 역할을 수행하는 경우가 있다.

02 ①

전통적 고객 구매의사결정 과정(AIDMA)은 '주의(Attention) − 관심(Interest) − 욕구(Desire) − 기억(Memory) − 행동(Action)'의 단계로 이루어져 있다.

03 ②

의사결정고객에 대한 설명이다. 의견선도고객은 제품이나 서비스를 구매하기보다 평판, 심사, 모니터링 등에 영향을 미치는 집단(소비자 보호 단체, 기자, 평론가, 전문가)을 말한다.

04 ①

관여도란 소비자가 특정 제품, 서비스, 브랜드, 또는 구매결정 과정에 대해 느끼는 관심과 중요도의 정도이다. 고관여 제품은 소비자가 구매할 때 더 많은 시간을 할애하고 구매 결정을 신중하게 내린다. 제품 및 상표에 대한 관여도에 따른 고객 분류는 다음과 같다.

구분	제품(상품)에 대한 관여도	
	고관여	저관여
상표 (브랜드)에 대한 관여도 — 고관여	상표 충성자	일상적인 상표 구매자
	• 제품과 상표 모두 관심을 가짐 • 선호 상표가 명확함 • 제품의 관심과 중요도가 높음 예 가전제품, 자동차	• 상표에만 관심을 가짐 • 선호 상표가 명확함 • 제품에는 무관심함
상표 (브랜드)에 대한 관여도 — 저관여	정보 탐색자	상표 전환자
	• 제품에만 관심을 가짐 • 상표에 의미를 부여하지 않음 • 상표 간 차이를 느끼지 못함 • 상표 탐색과 다양한 상표 선택이 가능함	• 제품과 상표 모두에 무관심함 • 가격에 민감함 • 구매의 편리성을 중시함 예 치약, 휴지

05 ②

교류분석이란 상호작용하는 사람들 사이의 교류를 분석하는 심리학적 접근이다.

연결형

01 ①

대비효과란 어떤 제품을 먼저 보여주는지에 따라 평가가 달라지는 효과로 예를 들어, 고가의 상품을 먼저 보여주고 저렴한 상품을 권하면 상대적으로 저렴한 상품을 구매하게 되는 것이다.

02 ④

DISC는 주도형(Dominance), 사교형(Influence), 안정형(Steadiness), 신중형(Conscientiousness)의 영문 앞글자를 딴 명칭이다.

03 ②

유사성 효과란 사람들이 자신과 비슷한 특성을 가진 사람이나 제품, 브랜드, 서비스를 더 긍정적으로 평가하고 선호하는 현상으로 새로운 상품이 시장에 출시되었을 때, 소비자가 이미 존재하는 비슷한 상품 대신 새로운 상품을 선택함으로써 결과적으로 자사 내 기존 상품의 매출을 잠식할 가능성이 높아지는 현상이다.

04 ⑤

기대 불일치 이론이란 고객의 기대수준과 실제 성과 사이의 불일치로 '만족'이나 '불만족'이 발생한다는 이론으로 성과가 기대보다 높으면 긍정적 불일치로 만족이 발생하고, 성과가 기대보다 낮으면 부정적 불일치로 불만족이 발생한다고 설명한다.

05 ③

MBTI란 마이어스와 브릭스가 스위스의 정신분석학자인 칼융의 심리유형론을 토대로 고안한 자기 보고식 성격유형 검사 도구로 성격유형은 모두 16가지이며 4가지 선호경향으로 구성된다. 4가지 선호경향은 에너지 방향, 인식 방향, 판단 경향, 생활 양식에 따른 경향을 말한다.

고객 커뮤니케이션

파트 소개

효과적인 의사소통 기술을 익혀 고객과의 원활한 관계를 구축하는 방법을 다룹니다. 개인 및 조직 차원의 커뮤니케이션 방식, 감성적 접근을 통한 고객 응대, 설득과 협상 전략 등을 학습합니다. 이를 통해 고객과의 신뢰를 강화하고, 만족도를 높이는 전문적인 커뮤니케이션 역량을 배양하는 것이 목표입니다.

감성적 공감과 논리적 설득을 조화롭게 활용하고 효과적으로 경청할 수 있는 방법을 익혀 고객과의 긍정적인 상호작용을 극대화할 수 있는 방법들을 알아두세요. 특히 관련 이론은 매 시험에 빠짐없이 출제되는 내용이니 꼭 외우세요.

출제빈도

커뮤니케이션의 이해

빈출 태그 ▶ 커뮤니케이션, SMCREF, 낙인(스티그마) 효과, 바넘 효과

01 커뮤니케이션

1) 커뮤니케이션의 개념
① 커뮤니케이션의 어원은 라틴어인 'Communis'에서 유래하였으며, '공유, 공통'이라는 뜻이다.
② 하나 혹은 그 이상의 유기체 간에 서로 상징을 통해 의미를 주고받는 과정이다.
③ 두 사람 이상의 서로 다른 경험, 선호도, 사고방식, 교육적 배경을 바탕으로, 상호 간에 유사한 의미와 이해를 형성해 가는 과정이다.

2) 커뮤니케이션의 의미
① 커뮤니케이션은 혼자서는 할 수 없으며 인간관계를 형성하는 근본 요소이다.
② 개인이 사회생활을 영위하는 데 사용하는 기본적인 수단이자 도구이다.
③ 서비스 환경에서 접점 직원이 커뮤니케이션을 어떻게 하느냐는 서비스 품질과 고객 만족도에 중요한 영향을 미친다.

3) 효과적인 커뮤니케이션의 기본 내용
① 전달하고자 하는 내용, 도달하고자 하는 목표를 명확히 설정한다.
② 적절한 커뮤니케이션 수단을 활용한다.
③ 공감적 관계를 형성한다.
④ 부드럽고 명확하게 전달한다.
⑤ 피드백을 활용한다.

4) 커뮤니케이션의 특징 ★
① 상징적 과정이다.
- 언어는 여러 가지 상징들이 일정하게 체계화되어 나타난 형태이다.
- 상징 체계를 사용하는 것은 인간만이 지닌 고유한 특성이다.
- 오랫동안 공통의 약속을 만들어 사용해왔다.
- 서로 약속한 기호를 이용하여 의사소통하는 것이다.

② 서로의 존재를 확인하는 과정이다.
커뮤니케이션은 사람들 간 존재를 확인하는 것부터 시작한다.

③ 개인별 해석이 가능하다.
- 교환되는 메시지는 각자 다르게 해석될 수 있다.
- 메시지의 의미를 모두가 동일하게 받아들이는 경우는 많지 않다.

④ 상황의 영향을 받는다.
같은 주제의 내용도 어떤 상황에서 전달되느냐에 따라 다른 결과가 나타날 수 있다.

5) 커뮤니케이션 관련 이론 ★★★

피그말리온 효과	• 그리스신화에서 유래된 것으로, 누군가에 대한 믿음이나 기대, 예측이 그 대상에게 그대로 실현되는 현상이다. • 긍정적으로 기대하면 상대방은 기대에 부응하는 행동을 하면서 기대에 충족되는 결과가 나오게 되는 현상이다.
낙인 효과 (Stigma Effect)	• 스티그마(Stigma)는 빨갛게 달군 인두를 가축의 몸에 찍어 소유권을 표시하는 낙인을 가리킨다. 따라서 스티그마 효과를 '낙인 효과'라고도 부른다. • 피그말리온 효과와는 반대로 다른 사람으로부터 부정적인 평가를 받으면 실제로 그렇게 되는 현상이다.
로젠탈 효과	• 학생들을 능력 있는 학생으로 기대하고 인정해주면 그 학생의 능력은 더욱 향상되고, 반대로 능력이 없는 학생으로 기대하면 학생의 능력이 향상하지 않는 현상이다. • 교사가 학생 개개인을 어떤 관점으로 대해주느냐에 따라 학생의 학업 성취도가 달라진다.
플라시보 효과	• 의사가 효과 없는 가짜 약 혹은 꾸며낸 치료법을 환자에게 제안했는데, 환자의 긍정적인 믿음으로 병세가 호전되는 현상이다. • 심리적 요인에 의해 병세가 호전되는 현상으로 위약 효과, 가짜 약 효과라고도 한다. • 긍정적인 믿음이 긍정적인 결과를 가져오는 것을 의미한다.
노시보 효과	• 플라시보 효과의 반대로, 진짜 약을 줘도 효과가 없다고 의심한다면 약효가 나타나지 않는 현상을 말한다. • 부정적인 믿음은 부정적인 결과를 가져오는 것을 의미한다. • 플라시보 효과가 '이루어질 것이라는 기대'의 '긍정적인 효과'를 반영한다면, 노시보 효과는 '부정적인 암시'가 초래하는 '부정적인 결과'를 의미한다.
호손 효과 (Hawthorne Effect)	• 호손 공장에서 하버드 대학교의 심리학자 엘튼 메이요 교수가 중심이 되어 행해진 실험이다. • 누군가가 관심을 가지고 지켜보고 있다는 사실을 의식함으로써 본성과는 다르게 행동하는 현상을 의미한다. • 근로자의 행동을 관찰할 때 생산성이 일시적으로 변하며, 이들에게 관심을 쏟으면 행동과 능률에 변화가 일어난다.
넛지 효과	• 넛지(Nudge)란 '옆구리를 슬쩍 찌른다'는 뜻으로 강요에 의하지 않고 유연하게 개입함으로써 선택을 유도하는 방법이다. • 경제적 인센티브나 법적 강제가 아닌, 작은 변화(넛지)를 통해 자연스럽게 바람직한 행동을 유도하는 전략이다.
잔물결 효과 (Ripple effect)	• 일부 조직 구성원이 혼났을 때 다른 구성원들까지 부정적인 영향을 받는 현상이다. • 하나의 사건이 잔물결처럼 연쇄적으로 영향을 미치는 것을 말한다.
바넘 효과	사람들이 모호하고 보편적인 진술을 자신에게 정확히 들어맞는 것처럼 받아들이는 심리 현상을 말한다. 예 '당신은 다른 사람들에게 친절하지만, 가끔은 혼자만의 시간이 필요합니다.' → 이는 거의 모든 사람에게 해당되지만, 마치 개인에게 맞춘 설명처럼 느껴진다.

1) 커뮤니케이션 과정의 기본 요소(SMCREF) ★★★

Sender(전달자)	메시지를 전달하는 사람
Message(메시지)	전달하고자 하는 내용을 언어, 문자, 몸짓 등의 기호로 바꾼 것
Channel(채널)	메시지 전달의 통로나 매체
Receiver(수신자)	메시지를 받는 사람
Effect(효과)	커뮤니케이션의 결과
Feedback(피드백)	수용자의 반응(맞장구, 호응, 고개 끄덕임 등)으로 커뮤니케이션의 과정을 지속적으로 반복, 순환하게 하는 요소

2) 커뮤니케이션 과정의 특징 ★

① 비선형성: 커뮤니케이션은 이야기가 선처럼 연결되어 있어 시작과 끝이 명백한 선형적인 것이 아니라 시작과 끝이 연결되어 있지 않고 열린 결말이기 때문에 비선형적이다.
② 순환성: 커뮤니케이션은 지속적으로 반복함으로써 순환적이다.
③ 역동성: 커뮤니케이션은 예측이 불가하여 역동적이다.
④ 계속성: 커뮤니케이션은 계속 이어지는 계속성이 있다.
⑤ 쌍방성: 커뮤니케이션은 두 사람 이상이 상호작용하는 것이다.

1) 언어적 커뮤니케이션

① 개념
- 커뮤니케이션의 기본이 되는 것으로, 언어를 통해 정보와 의사를 전달하는 데 있어 가장 많이 사용되는 방식이다.
- 언어는 사람의 생각이나 느낌을 소리나 글자로 나타내는 것으로 타인의 의사를 수신하여 이해한다.
- 지역적, 사회적, 국가적으로 제정된 기호체계이다.
- 기업이 마케팅 활동을 통해 신뢰를 형성하는 데 중요한 역할을 한다.
- 고객과 직접 대면하여 다양한 정보를 주고받는 경우 언어가 활용되므로 직원과 고객의 언어적 교환은 매우 중요하다.

② 전략
- 수신자가 정확히 이해할 수 있도록 언어적 메시지를 전달한다.
- 긍정적이며 동조의 의미를 전달한다.
- 쉬운 어휘로 명확하게 설명한다.
- 질문과 요약을 통해 요점을 명확히 주고받는다.

2) 비언어적 커뮤니케이션 ★★★

① 개념

- 언어 또는 문서화된 언어를 제외한 비언어적 신호로 소통하는 의도적 또는 비의도적인 정보의 교환이다.
- 자세, 시각 또는 공간을 상징적으로 활용해 의사를 표현하는 커뮤니케이션을 말한다.
- 언어의 사용 없이 이루어지는 것으로 생각이나 감정을 교환하는 상태이다.

② 특징

- 커뮤니케이션의 93%가 시각적 요소(55%)와 청각적 요소(38%)인 비언어적 요소로 전달된다.
- 정보가 전달되는 상황과 해석에 중요한 단서를 제공한다.
- 언어와 더불어 여러 가지 기능을 함께 수행한다.
- 대부분 무의식적으로 일어나는 행동으로 신뢰성이 높은 의사전달 수단이다.
- 감정적, 정서적, 심리적 정보를 전달한다.

③ 유형

- 신체언어

표정	인상을 결정하는데 중요한 요소
눈맞춤	대인관계의 질에 가장 중요한 역할
고개 끄덕이기	집중해서 경청하고 있음을 전달하는 수단
자세	사람의 상태를 알 수 있는 단서
제스처	말의 진실성을 효과적으로 전달하는 역할
몸의 움직임	커뮤니케이션의 표현을 도와주는 역할

- 신체적 외향

복장	단정한 복장은 신뢰감을 전달함
두발	사람의 태도와 마음가짐, 업무 수행 시 개성 등을 표현함
신체적 매력	우호적인 이미지 전달과 고객의 태도 변화에 영향을 끼침

- 의사언어 ★★

말투	의미 전달에 중요한 역할을 하며, 신뢰를 형성하는데 도움을 줌
말의 속도	느리거나 빠르게 말함으로써 감정과 태도를 반영함
발음	정확한 의사전달에 중요한 역할을 함
음고	음의 높낮이를 통해 의사 표현에 도움을 줌
음량	소리의 크기를 적절히 조절하면 의사 표현에 도움을 줌
음조의 변화	음조는 소리의 높낮이, 강약, 속도(빠르기와 느리기) 등의 요소로 구성되며, 다양한 메시지의 의미, 중요도, 감정 등을 전달하는 데 도움을 줌

④ 공간적 커뮤니케이션

거리	의미
0~45cm (친밀한 거리)	가족, 연인, 친척, 가까운 지인 등 정서적으로 아주 가까운 사람 간의 거리
46~80cm (개인적 거리)	• 손을 뻗으면 닿을 수 있는 정도의 거리로, 격식과 비격식의 관계를 넘나드는 공간 • 동아리, 사교 모임, 파티, 친목 모임 등과 같이 제한적인 관계의 사람들에게 허락하는 거리
80~120cm (사회적 거리)	• 공식적인 상호작용이나 업무상 미팅의 거리로, 제3자가 개입하더라도 부담스럽지 않은 거리 • 상점 주인, 택배기사 등 낯선 사람들과의 거리로, 안정감을 주는 거리
120~370cm초과 (공적인 거리)	• 대중 앞에서 편하게 연설할 수 있는 거리 • 강사의 입장에서 청중 모두를 한눈에 파악하기 좋은 거리이며, 청중의 입장에서도 편안히 강의를 들을 수 있는 거리

04 커뮤니케이션 오류의 원인 ★★

1) 전달자(Sender)의 문제

목적의식 부족	전달자가 타인과 인간 관계적 상호작용을 충분히 경험하지 못했을 때 상대방의 질문에 동문서답을 하거나 자신의 말을 반복하는 등의 문제가 발생함
미숙한 메시지 전달능력	명확하지 않은 발음이나 말투, 화술의 부족으로 말하는 의도나 메시지를 수신자가 제대로 파악하지 못하여 왜곡이 발생함
혼합 메시지 사용	언어적, 비언어적 불일치의 메시지인 '이중 메시지'를 사용하여 내용과 의도가 일치하지 않아 생기는 문제
오해와 편견	전달자의 심리 상태와 개인적 견해가 메시지의 정확한 전달을 방해함
대인 감수성 부족 (미숙한 대인관계)	다른 사람의 감정이나 입장을 민감하게 읽지 못하고 둔감한 태도를 보임
정보의 여과	전달자가 의도적으로 수신자가 듣고 싶어 할 정보만 전달하고 듣기 싫은 정보는 여과하여 원활한 의사소통을 방해함

2) 수신자(Receiver)의 문제

수신자는 발신자의 전달 내용에 대해 적절한 피드백을 하는 것이 좋다.

경청의 문제	건성으로 듣거나 무성의한 태도를 보이는 것
평가적 경향	수신자가 전달자로부터 메시지를 전달받기 전에 메시지의 가치를 평가하여 실제 의미를 왜곡시킴
신뢰도의 결핍	수신자가 전달자를 신뢰하지 않을 경우 메시지를 전적으로 신뢰하지 않음
선입견	메시지의 수용과 해석에 영향을 미침
선택적 청취	자신의 신념과 일치하는 메시지는 받아들이고, 기존의 신념과 갈등을 일으키는 메시지는 부정하거나 왜곡하여 정보를 거부하는 경향
부정확한 피드백	전달자의 의도를 정확히 파악하지 못하고 임의로 해석하여 반응함
왜곡된 인지와 감정적 반응	• 수신자의 과거 경험에 따른 왜곡된 인지를 가지게 됨 • 그릇된 지각으로 전달자의 메시지를 잘못 이해하고 수용함

커뮤니케이션의 기법

빈출 태그 ▶ 1,2,3 기법, BMW, 경청, I-message

01 경청

1) 경청 기법 ★★★

① 1, 2, 3 기법

자신은 1번 말하고, 상대의 말은 2번 들어주며, 3번 맞장구친다.

② BMW 경청

- Body(자세): 눈빛, 표정, 자세, 움직임을 상대에게 집중한다.
- Mood(분위기): 말투, 음정, 음색, 높낮이, 말의 속도를 고려한다.
- Word(말의 내용): 상대가 원하는 것이 무엇인지 집중하여 듣는다.

③ 적극적 경청

감각, 태도, 신념, 감정, 직관 등을 말하는 사람 중심으로 경청한다.

④ 질문 활용 경청

오해하고 왜곡될 수 있는 내용은 질문을 통해 명확히 하여 상호 간에 신뢰를 쌓을 수 있다.

2) 경청의 장애 요인 ★★

무관심	다른 생각을 하거나 메시지 내용에 관심이 없는 경우
말하기 선호	듣기보다 말하기에 더 관심이 있거나 자신이 할 말을 생각하는 경우
평가적인 태도	상대의 말에서 잘못된 점을 지적하고 판단하는 데 몰두하는 경우
편견과 선입견	전달자에 대한 평판이나 근거 없는 편견
편파적인 지식	전달자와 수신자 모두 편파적인 지식을 갖고 있을 경우
문제의 유사성과 해석 방식의 차이	• 전달되는 내용이 자신의 경험과 매우 유사한 경우 • 자신의 문제를 토대로 해석하고 판단하는 경우
문화의 차이	나라별 관습이나 경제적 격차 등으로 인한 문화적 차이
동정심	동정심이 생기면 정확한 판단을 하지 못해 올바른 문제 해결이 어려워짐

3) 효과적인 경청 방법 ★★

① 말하는 사람과 동화되도록 노력한다.
② 이해하지 못한 부분은 질문을 통해 이해하려고 노력한다.
③ 전달하는 메시지의 요점에 관심을 둔다.
④ 상대의 말을 비판하거나 분석하지 않는다.
⑤ 상대의 이야기를 자신의 경험과 비교하며 듣지 않는다.
⑥ 온몸으로 맞장구를 친다.

⑦ 상대의 말을 우선 수용하고 그다음에 자신의 생각을 전달한다.
⑧ 전달하는 메시지의 요점에 관심을 둔다.
⑨ 상대의 표정, 태도, 제스처, 행동 등의 비언어적 의미를 파악하려고 노력한다.
⑩ 상대방의 이야기를 들으면서 짐작하거나 주관적인 판단을 하지 않는다.
⑪ 메시지 내용 중 공감할 수 있는 부분을 찾는다.

02 질문

1) 질문 기법
① 질문은 상대방의 의견을 변화시키는 기능이 있다.
② 부정적인 질문보다 긍정적인 질문이 긍정의 답변을 듣기 쉽다.
③ 개방적 질문은 새로운 관점을 제시하면서 상대의 의견을 반영할 수 있다.

2) 질문의 4가지 유형 ★

개방형 질문	• 응답자가 '예', '아니오'의 대답이 아니라 자유롭게 응답할 수 있도록 상대의 이야기를 이끌어 내는 질문이다. • '무엇을', '어떻게'를 포함한 질문은 상대에게 많은 정보를 얻을 수 있다. 예 "서비스는 어떠셨어요?"
폐쇄형 질문	• '예', '아니오'처럼 단답형 대답을 요구하는 질문으로, '닫힌 질문'이라고도 한다. • 너무 자주 사용하면 질문자의 수준을 낮게 평가하거나 따지는 듯한 인상을 줄 수 있으므로 상대가 압박을 느낄 수 있다. 예 "서비스는 만족하셨어요?"
양자택일 질문	• 상대에게 선택권을 주어 의사를 파악하고 존중감을 주는 질문이다. • 결론을 내리지 못하고 고민하는 상대에게 약속을 얻어내거나 유도하는데 효과적이다. 예 "서비스 이용 시간은 오전이 더 좋으세요, 아니면 오후가 더 좋으세요?"
확인형 질문	고객의 응답을 통해 최종적으로 확인하고자 하는 경우 사용한다. 예 "고객님, 방문 시간이 내일 오후 2시가 맞습니까?"

3) 효과적인 질문의 구성 요소
① 고객에 대한 관심과 배려
② 상담을 효율적이고 신속하게 종결할 수 있도록 유도
③ 경청의 태도와 결합된 질문 사용
④ 상황에 따라 일회성 또는 연속적인 질문을 유연하게 활용

4) 질문의 효과 ★
① 질문으로 사람의 마음을 열고, 질문하는 사람의 말에 귀를 기울이게 한다.
② 질문은 상대가 스스로를 설득하게 만든다.
③ 질문은 질문자와 응답자의 사고를 자극한다.
④ 질문을 통해 답을 얻고, 필요한 정보를 수집할 수 있다.
⑤ 질문은 대답을 요구하므로 유리한 입장에서는 상황을 통제할 수 있게 한다.

1) 말하기 기법 ★★★

쿠션 화법	부정적인 표현을 직접적으로 전달하지 않고, 완곡한 표현이나 긍정적인 요소를 덧붙여 상대방이 거부감을 느끼지 않도록 하는 화법이다. 예 바쁘시겠지만~, 번거로우시겠지만~, 실례지만~, 죄송하지만~
나 전달법 (I-message)	주어를 '나'로 하여 타인의 행동이 자신에게 어떠한 영향을 주었는지에 대해 이야기하는 방법이다. 예 "직원 말투가 왜 그래요?"(X) → "직원이 xx단어를 사용해서 저는 당황했어요."(O)
의뢰형 화법 (레이어드 화법)	• 상대에게 부탁하는 방식의 표현으로 상대의 동의를 구하거나 허락을 요청하는 느낌이 강하다. • 레이어드(Layered)는 겹겹이 쌓인 구조를 의미하며, 직접적인 명령이나 요청이 아닌 완곡하고 부드러운 표현을 여러 단계로 조합하여 사용하므로 '레이어드 화법'이라고도 한다. 예 "이쪽으로 오세요."(X) → "이쪽으로 오시겠습니까?"(O) 예 "잠시만 기다리세요."(X) → "잠시만 기다려 주실 수 있나요?"(O)
청유형 화법	상대에게 어떤 행동을 하도록 권유, 제안하는 방식의 표현으로 명령형보다 부드러운 느낌을 주며 공감을 유도한다. 예 "이 상품을 사용해 보세요."(X) → "이 상품을 사용해 보는 건 어떠세요?"(O)
맞장구 화법	상대에게 호감을 살 수 있는 표현으로 상대의 이야기에 관심을 갖고 있다는 것을 보여준다. 예 '저런~', '그러셨군요.'
신뢰 화법	상대에게 신뢰를 주는 화법으로 보통 정중한 화법인 다까체를 70%로, 부드러운 화법인 요조체를 30% 정도 사용하여 표현한다. 예 다까체: ~했습니다, ~입니까? 예 요조체: ~했어요, ~죠?
긍정 화법	같은 내용이라도 긍정적으로 표현한다. 예 "기다리게 해서 죄송합니다."(X) → "기다려 주셔서 감사합니다."(O) 예 "이 약을 먹지 않으면 안 됩니다."(X) → "이 약을 드셔야 검사가 가능합니다."(O)
아론슨 화법	부정(-)과 긍정(+)의 내용을 혼합해서 전달해야 할 경우, 부정적인 내용을 먼저 말하고 긍정적인 내용으로 마무리하는 것이다. 예 비용은 비싸지만(-), 그만큼 내구성이 좋습니다.(+)
완곡한 표현	'안 됩니다.', '모릅니다.' 등의 직설적이고 강압적인 표현이 아니라 상대방의 감정이 상하지 않도록 부드러운 표현을 사용한다. 예 "모릅니다."(X) → "제가 알아봐 드릴게요."(O)

조직 커뮤니케이션

01 조직 커뮤니케이션의 개념

1) 조직 커뮤니케이션의 의미

① 조직 커뮤니케이션이란 조직 내에서 정보와 의견을 효과적으로 전달하고 공유하여 원활한 협업과 목표를 이루는 과정으로, 공식적 · 비공식적 커뮤니케이션을 포함한다.

② 조직 커뮤니케이션은 효율성을 높이기 위한 중요한 수단이며, 공식적인 커뮤니케이션의 특성을 지닌다.

2) 조직 커뮤니케이션의 기능 ★

① 의사결정에 필요한 정보를 제공한다.

② 조직 구성원 간의 신뢰감을 형성하고 업무의 시너지 효과를 창출한다.

③ 구성원 간 원활한 의사전달 시스템으로 조직의 목표를 효율적으로 수행한다.

④ 상사의 업무처리 방식, 행동 양식을 미리 알고 대응할 수 있다.

⑤ 예상치 못한 결과를 미리 방지하여 손실을 줄일 수 있다.

3) 조직 커뮤니케이션의 구조

상사와의 커뮤니케이션	• 상사의 명령을 잘 숙지하고, 보고 체계를 수행한다. • 상사를 어렵게 생각하지 않고, 배우려는 자세로 임한다. • 상사의 입장에서 어려움을 이해하려고 노력한다. • 상사의 행동 방식, 생활 태도, 가치관, 대화 스타일 등을 미리 알고 대응한다.
동료와의 커뮤니케이션	• 동료의 상황과 업무에 관심을 갖고 동료와 협력한다는 마음가짐을 갖는다. • 필요시 적극적으로 돕고 함께 성장한다는 것을 이해한다. • 동료가 없는 자리에서 험담하지 않는다.
후배와의 커뮤니케이션	• 후배를 지도하고 육성한다고 다짐한다. • 직무에 대한 고충이나 어려움을 들어주고 노하우를 공유하도록 한다. • 정서적 지지와 동기를 부여한다. • 모범적인 태도를 보이려고 노력한다.
타부서와의 커뮤니케이션	• 타 부서를 고객이라고 생각하고 업무를 공유한다. • 고객을 만족시킨다는 의미로 눈높이를 맞추어 응대하고 화합할 수 있도록 노력한다.

4) 조직 커뮤니케이션의 중요성 ★★

구성원의 행동 통제	조직은 직원들이 따라야 할 권력 구조와 공식 지침이 있어 이를 다양한 커뮤니케이션이 통제한다.
동기부여 강화	무엇을 해야 하는가를 명확하게 해줌으로써 구성원들의 동기부여를 강화한다.
정보 제공	대안을 확인하고 평가하기 위한 자료를 전달하여 의사결정에 필요한 정보를 제공한다.
감정 표현과 사회적 욕구 충족을 위한 표출구 제공	조직은 사회적 상호작용의 근원으로 조직 내에서 발생하는 커뮤니케이션은 구성원들이 좌절할 수도 있고 만족할 수도 있는 근본적인 메커니즘이다.

02 조직 커뮤니케이션의 유형

1) 공식적 커뮤니케이션

커뮤니케이션 유형	내용	장점	단점
하향적 커뮤니케이션 (상의하달)	조직의 위계나 명령에 따라 상급자에서 하급자로 전달되는 명령이나 지시 예 보고서, 게시판, 사보, 전자메일, 사규, 절차서 등	조직 내의 사정을 알리고 구성원의 사기를 높인다.	일방적이고 획일적이며, 극비사항의 경우 비밀의 노출 우려가 있다.
상향적 커뮤니케이션 (하의상달)	계층의 하부에서 상부로 정보와 의사가 전달되는 것 예 면접, 의견 제안, 고충 전달, 성과 보고 등	쌍방적 의사소통을 가능하게 한다.	보고 시 선택적 여과 현상이 발생하기도 한다.
수평적 커뮤니케이션	동일한 계층 또는 상·하 관계에 있지 않은 사람들끼리의 의사소통 예 사전심사제도, 회람, 통보, 위원회, 회의 등	업무 협조 증진 및 상사와 부하 간의 원활한 커뮤니케이션이 가능하다.	없음

2) 비공식적 커뮤니케이션 ★★

① 권위적인 관계를 파괴한 커뮤니케이션으로, 조직 구성원의 욕구에 근거하여 자생적으로 이루어지는 커뮤니케이션이다.

② 비공식적 커뮤니케이션을 '그레이프바인(Grapevine)'이라고도 칭하는데, 비공식적인 경로를 통해 이루어지는 커뮤니케이션으로 그 경로가 포도덩굴과 같이 얽혀 있다는 의미에서 부르게 되었다.

그레이프바인	• 주로 루머, 소문, 가십 등을 포함하며, 직원들 사이에서 자연스럽게 확산되는 정보 전달 경로를 의미한다. 예 "회사에서 구조 조정을 할 거래.", "새로운 프로젝트가 시작될 거라는데?" • 장점 　– 전달 속도가 빠르다. 　– 하급자의 태도나 성과, 아이디어 등 가치 있는 정보를 제공한다. 　– 공식적인 의사소통이 전달하지 못하는 유익한 정보를 제공한다. 　– 하급자들의 스트레스를 해소시킨다. • 단점 　– 정보가 전달 과정에서 왜곡되어 전달될 가능성이 있다. 　– 무책임한 정보가 전달될 경우 관리자가 통제하기 어렵다. 　– 증거 없는 부정확한 정보가 확산되면서 명예를 훼손하고 조직의 와해를 초래할 수 있다.

1) 쇠사슬(Chain)형

① 중앙 집중형 구조로 위계적 조직에서 주로 나타나는 형태이며, 정보가 일직선으로 위에서 아래로(하향식) 또는 아래에서 위로(상향식) 흐르는 방식이다.
② 권력의 집중도가 가장 높은 유형이다.
　　(예) 조직의 명령 체계, 관료적 기업

장점	• 단순 반복 업무에 적용되며, 신속성과 효율성이 높다. • 위계 질서를 유지하고 명확한 권한과 책임을 구분하는 데 유리하다.
단점	• 단방향 전달로 정보가 정확하게 전달되지 않거나 응답 속도가 느려진다. • 구성원들 간 커뮤니케이션이 단절되기 쉽다.

2) 수레바퀴(Wheel)형

① 중앙에 위치한 핵심 인물이 모든 정보를 통제한다.
② 나머지 구성원들과의 직접적인 소통 없이 핵심 인물하고만 커뮤니케이션하는 방식이다.
　　(예) 기업의 CEO구조: CEO → 부서장(부서원들 간에 직접적인 커뮤니케이션이 제한됨)
　　(예) 콜센터 운영: 상담사 → 팀장(상담사들 간에 직접적인 소통 없음)

장점	• 정보가 중앙에서 즉시 처리되므로 결정 속도가 빠르다. • 핵심 인물과 직접 소통하므로 정보가 왜곡될 위험이 낮다.
단점	• 구성원 간 정보 공유가 차단될 수 있어 창의적인 협업이 어렵다. • 개별 구성원은 중심 인물에게 의존하는 경향이 생긴다.

3) Y형

① 부분적인 중앙 집중형 구조로, 확고한 중심 인물이 존재하지 않아도 대다수의 구성원을 대표하는 리더가 존재하는 형태이다.
② 서로 다른 집단에 속한 사람들 간의 커뮤니케이션에 있어 조정이 필요할 때 사용한다.
　　(예) 기업의 중간 관리자 조직: CEO → 팀장(중간 관리자) → 팀원
　　(예) 학교 조직: 교장 → 부장 교사 → 일반 교사

장점	• 정보가 위계적으로 흐르기 때문에 혼선이 적고, 일관된 지시 전달이 가능하다. • 상위 관리자가 중간 관리자를 통해 하위 인원을 간접적으로 관리하므로, 효율적인 통제가 가능하다.
단점	• 정보가 여러 단계를 거쳐 전달되므로, 전달 과정에서 정보의 왜곡 및 지연이 일어난다. • 빠른 의사결정이나 피드백이 어려운 경우가 있다.

4) 원(Circle)형

① 조직 내에서 구성원들이 일정한 순서대로 정보를 주고받는 방식으로, 각 구성원이 양옆의 두 사람과만 직접 소통할 수 있는 구조를 가진다.
② 조직 내에서 뚜렷한 서열이 존재하지 않는 경우 나타나는 형태로 모든 구성원이 동등한 발언권을 가지므로, 의견 교환이 자유로워 가장 민주적이다.
③ 정보가 한 방향으로 흐르거나 경우에 따라 양방향으로 순환할 수도 있다.

예 위원회, Task Force

장점	• 민주적인 의사결정이 가능하다. • 커뮤니케이션의 목적이 확고하면 구성원의 만족도가 높다.
단점	• 특정 정보가 조직 전체에 공유되기까지 시간이 오래 걸려 업무 진행 및 의사결정이 늦다. • 중요한 의사결정을 내릴 때 의사결정 속도가 느리기 때문에 효율성이 떨어진다.

5) 상호연결형

① 조직 내 모든 구성원이 서로 직접 소통할 수 있는 커뮤니케이션 구조로, 모든 참여자가 자유롭게 정보를 주고받을 수 있는 형태이다.
② 가장 바람직한 형태의 유형으로 구성원의 만족도가 가장 높다(가장 구조화되지 않음).
③ 어려운 문제나 구성원의 창의성이 요구되는 문제에 가장 효과적이다.

예 스타트업 조직, 소셜미디어 커뮤니티

장점	• 정보가 신속하고 원활하게 공유된다. • 중간 관리자 없이도 효율적인 운영이 가능하다.
단점	• 많은 정보가 오가며 혼란이 발생할 가능성 있다. • 의사결정 과정에서 의견 충돌 가능성이 있다.

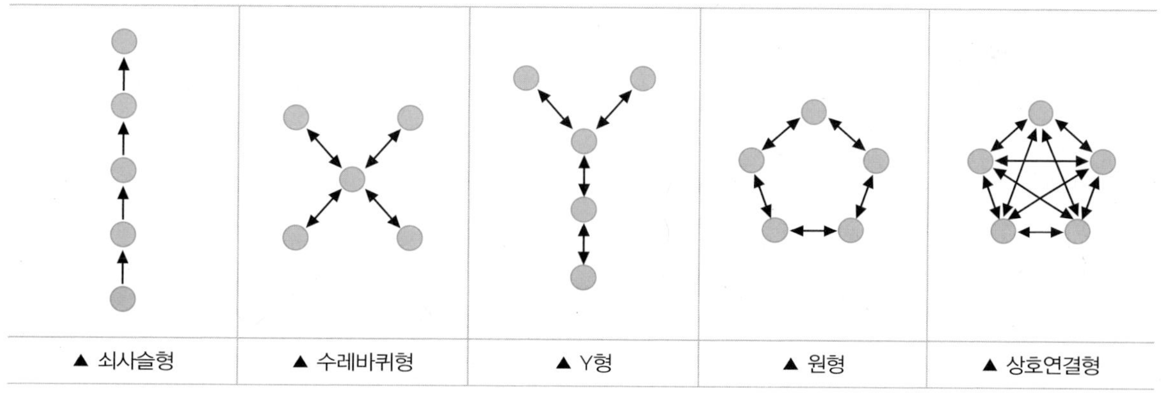

▲ 쇠사슬형	▲ 수레바퀴형	▲ Y형	▲ 원형	▲ 상호연결형

1) 조직 커뮤니케이션의 장애요인

① 정보 과부하

수신자의 능력을 초과하는 과다한 정보는 장애를 일으킨다.

② 메시지 복잡성

메시지가 복잡할수록 수신자가 이해하는 데 시간이 오래 걸리며, 잘못 해석될 가능성이 증가해 수신자가 쉽게 처리하기 어려운 정도를 의미한다. 메시지가 지나치게 복잡하면 조직 내 커뮤니케이션이 원활하지 못하고, 오해와 혼란이 발생할 수 있다.

③ 폐쇄적인 커뮤니케이션 분위기

조직 내에서 의사소통이 원활하게 이루어지지 않고, 일방적이거나 제한된 방식으로만 정보가 전달되는 환경을 의미한다. 이러한 분위기에서는 구성원 간 의견 교환이 어렵고, 상호작용이 부족하며, 정보의 흐름이 제한되어 조직 운영에 부정적인 영향을 미칠 수 있다.

④ 메시지의 경쟁

조직 내에서 동시에 여러 개의 메시지가 전달될 때, 특정 메시지가 다른 메시지들과 경쟁하면서 제대로 전달되지 않는 현상을 의미한다.

예 사내 공지 이메일이 너무 많아 중요한 정보가 묻히는 경우

⑤ 커뮤니케이션을 위한 구조상의 권한

조직 내에서 정보가 어떤 경로를 통해 전달되고, 누가 커뮤니케이션을 주도하며, 어떤 방식으로 의사소통이 이루어지는지를 결정하는 권한을 의미한다. 즉, 조직 내 구조상의 권한으로 커뮤니케이션에 장애가 발생할 수 있다.

⑥ 지위의 차이

조직 내에서 구성원들이 직급, 권한, 역할에 따라 서로 다른 영향력을 가지면서 발생하는 커뮤니케이션 격차를 의미한다.

⑦ 신뢰의 부족

조직이나 팀 내에서 구성원들 간 신뢰가 충분하지 않아 커뮤니케이션이 원활하게 이루어지지 않는 상황을 의미한다. 신뢰가 부족하면 의사소통이 단절되고, 정보 공유가 제한되며, 협업이 어려워지는 등 조직의 전반적인 성과에 부정적인 영향을 미칠 수 있다.

⑧ 비언어적 커뮤니케이션의 오용

비언어적 표현(몸짓, 표정, 시선, 음성 등)이 잘못 전달되거나 오해를 불러일으키는 상황을 의미한다. 조직 내에서 비언어적 커뮤니케이션이 효과적으로 사용되지 않으면, 불필요한 갈등, 신뢰도 감소, 의사소통 오류가 발생할 수 있다.

2) 조직 커뮤니케이션의 개선

전달자의 개선	• 명확하고 간결한 메시지를 전달한다. • 수신자의 입장에서 생각한다. • 사례나 예시를 들어 구체적으로 설명한다. • 사후 검토와 피드백을 활용한다. • 중요한 정보는 이메일, 회의, 메신저 등 다양한 채널을 통해 반복적으로 전달한다. • 장소, 분위기, 시간 등의 물리적 환경 요소를 조정하여 커뮤니케이션의 질을 향상시킨다. 특히 비공식 모임을 활용하여 조직 내 원활한 소통과 신뢰 형성에 기여할 수 있다.
수신자의 개선	• 적극적으로 경청한다. • 열린 자세로 객관적으로 수용한다. • 상대의 입장이 되어 이해하려고 노력한다. • 전달자의 메시지를 수신자 자신의 언어로 재진술하여 수용한다.
제도적 개선	• 고충처리제도, 제안제도 등을 마련하여 공식적인 커뮤니케이션 체계를 구축한다. • 급한 상황이나 중요한 정보 전달을 위해 특정 인물 또는 조직 간 직접적인 통신을 가능하게 하는 전용 연락망인 핫라인(Hotline)을 설치한다. • 다양한 부서, 팀, 직급의 구성원들이 참여하여 협업을 촉진하는 회의 방식인 매트릭스 미팅(Matrix Meeting)을 통해 조직 내에서 특정 부서나 직급에 한정되지 않고 수직적, 수평적 커뮤니케이션을 동시에 활성화하여 촉진한다.

3) 조직 커뮤니케이션의 활성화 방안

① 공동 목표 제시
조직 내 모든 구성원이 같은 방향을 바라볼 수 있도록 명확한 목표를 설정하고 공유한다.

② 칭찬과 격려
구성원의 성과를 인정하고, 긍정적인 피드백을 통해 동기를 부여한다.

③ 핵심 메시지 전달
정보가 혼란 없이 명확하고 간결하게 전달될 수 있도록 핵심 내용을 강조하는 것이다.

④ 긍정적·부정적 피드백의 활용
긍정적인 피드백은 강점을 강화하고, 부정적인 피드백은 개선점을 명확히 제시할 수 있다.

04 감성 커뮤니케이션

출제빈도 상 중 **하**
반복학습 1 2 3

빈출 태그 ▶ 감성지능, 감성지능의 구성 요소, 자기조절

01 감성의 이해

1) 감성의 개념

① 감성(Emotion)이란 인간이 특정 상황에서 느끼는 기쁨, 슬픔, 분노, 공포, 놀람, 사랑, 신뢰 등의 주관적인 감정 상태를 의미한다. 감성은 단순한 정보의 전달이 아니라 상대방의 감정을 이해하고 공감하며, 긍정적인 관계를 형성하는 데 중요한 요소로 작용한다.

② 감성 커뮤니케이션에서는 단순히 논리적이고 객관적인 정보 전달뿐만 아니라, 상대방의 감정을 고려하고 감성적인 요소를 활용하여 효과적으로 소통하는 것이 핵심이다.

2) 감성의 특징

① 과정 중시

결과보다는 과정에서의 경험과 감정을 중요하게 여긴다.

② 다양한 아이디어

틀에 얽매이지 않고 자유로운 사고를 가능하게 한다.

③ 직관적

논리적 분석보다는 감각과 느낌을 기반으로 즉각적인 판단을 내리는 경향을 가진다.

④ 창조적

새로운 것을 만들어 내는 원동력이 되며 새로운 방식으로 사고하고 표현할 수 있다.

⑤ 질적인 것에 집중

양적인 수치보다 감정적 만족과 경험의 깊이를 더 중요하게 생각한다.

02 감성지능

1) 감성지능의 개념 및 등장 배경 ★

① 감성지능(EI; Emotional Intelligence)이란 자신과 타인의 감정을 인식하고 조절하며, 이를 효과적으로 활용하여 원활한 대인관계를 형성하는 능력을 의미한다. 즉, 감정을 이해하고 조절하여 사회적 소통과 문제 해결을 효율적으로 수행하는 능력이다.

② 감성지수(EQ; Emotional Quotient)는 지능지수(IQ; Intelligence Quotient)와 대조되는 개념으로 자신의 감정을 적절히 조절하고 원만한 인간관계를 구축할 수 있는 '마음의 지능지수'로, 동기부여 및 목표 성취를 위해 감정을 이용하여 자신의 행동을 이끄는 능력을 의미한다.

③ 심리학자 다니엘 골먼(Daniel Goleman)의 저서 《감성지능(Emotional Intelligence)》을 통해 감성
지능이 조직의 성과 및 리더십에 미치는 영향을 강조하였고 이후 리더십, 조직 커뮤니케이션, 고객 서
비스 분야에서 감성지능의 개념이 빠르게 확산되었다.
④ 감성지능은 갈등 관리, 팀워크, 고객 대응, 조직문화 개선 등 다양한 조직 환경에서 중요한 요소로 자
리 잡았다.

2) 감성지능과 조직성과의 관계

① 동료와 상사 간의 높은 신뢰를 형성하여 조직의 효율성을 극대화한다.
② 직장에서 느끼는 개인의 긍정적인 감성은 업무를 향상시켜 직무에 대한 만족도를 높인다.
③ 업무 수행에 대한 동기를 강화시켜 직무에 헌신하고 몰입하게 한다.
④ 긍정적인 감성은 구성원의 자발적 이타 행동을 증가시키며, 구성원들에 대한 리더십을 발휘하게 한다.
⑤ 조직 환경의 변화와 수평적 의사소통 등의 민주주의적 조직문화로의 변화는 구성원의 감정을 긍정적
으로 바꾼다.

3) 감성지능의 5가지 구성요소 ★★★

① 자기 인식(Self Awareness)
• 자신의 감정을 정확하게 인식하고, 감정이 행동과 의사결정에 미치는 영향을 이해하는 능력
• 특징: 객관적 자기평가, 감정 조절, 강점과 약점 인지
　예 '지금 내가 화가 나 있구나. 감정을 조절하고 차분하게 대화해야겠다.'
　예 발표 전 긴장하지만, 이를 인식하고 심호흡하며 집중하는 경우

② 자기 조절(Self Regulation)
• 자신의 감정이 드러나지 않도록 최대한 감정표현을 자제하는 것이 아니라 감정을 효과적으로 관리하여
충동적인 행동을 조절하고, 상황에 맞게 감정을 표현하는 능력
• 특징: 침착한 대응, 신뢰할 수 있음, 신중한 반응

③ 동기부여(Motivation)
• 외부 보상보다 내적인 동기(성취감, 목표 달성 욕구)를 기반으로 행동하는 능력
• 특징: 목표를 이루기 위한 꾸준한 노력, 성취를 위한 강한 도전력, 성과에 대한 만족도가 높음
　예 금전적 보상이 아니라 업무에서 얻는 성취감 때문에 지속적으로 노력하는 직원
　예 '이 프로젝트를 통해 성장할 수 있어. 힘들지만 포기하지 않고 끝까지 해보자.'

④ 공감, 감정이입(Empathy)
• 타인의 감춰진 감정을 이해하고, 상대방의 입장에서 생각하며 반응하는 능력
• 특징: 타인 이해, 협업과 팀워크를 원활하게 수행함, 경청을 잘함

⑤ 대인관계 기술(Social Skill)
• 타인과 효과적으로 소통하고, 협력하며 긍정적인 관계를 구축하는 능력
• 특징: 타인을 동기부여함, 설득력, 갈등 관리, 리더십이 강함
　예 팀원 간 의견 충돌이 발생했을 때 중재 역할을 하며 원만하게 해결하는 직원

1) 감성 커뮤니케이션의 정의

① 감성 커뮤니케이션이란 상대방의 감정을 이해하고 공감하며, 감성을 활용하여 효과적으로 소통하는 방식을 의미한다.

② 단순한 정보 전달을 넘어, 감정과 정서를 기반으로 신뢰를 형성하고 관계를 강화하는 커뮤니케이션 방법이다.

단계	효과	방법
자기인식	• 주변 사람들에게 자신의 감정을 정확하게 표현함으로써 주변 사람들이 스트레스 받는 상황을 만들지 않게 하여 원만한 관계를 유지할 수 있다. • 스트레스 상황에서 빨리 벗어날 수 있다.	• 명상으로 정신을 집중하여 자신을 관찰하는 시간을 갖는다. • 자신에게 떠오르는 감정을 인식하여 감정에 이름을 붙여 보는 연습을 한다. • 자신에게 느껴지는 감정을 적어 나간다.
자기감정 조절	• 감정 조절을 잘하는 사람은 부정적 감정을 잘 정리한다. • 긍정적 감정의 시간을 길게 유지한다.	• '심상법'을 활용하여 가상 체험을 통해 발생할 수 있는 상황에 대한 정보를 미리 인지한 후, 자신의 감정이 부정적으로 흐르는 것을 방어한다. • 자신을 흥분시키는 자극들에 대한 정보를 수집한다. • 감정을 표현해야 할 때와 그렇지 않아야 할 때를 알아야 한다. • 자신이 원하는 결과가 무엇인지 확실하게 정리한다. • 스트레스를 관리한다.
자기동기화	• 자신에 대한 긍정적이고 유연한 사고를 가능하게 한다. • 자신감이 생기고 힘든 상황을 잘 견딜 수 있는 능력을 갖추게 된다.	• 구체적인 목표를 세운다. • 자신의 감정 상태를 긍정적으로 유지하려 노력한다. • 실패의 원인을 다른 관점에서 바라본다.
타인 감정인식	• 타인의 감정을 공감함으로써 감정적인 안정감과 활력을 제공한다. • 동질감을 느끼게 하고 신뢰감을 형성할 수 있다. • 적응력이 향상되고 자신에 대해 개방적인 사고를 하게 된다.	• 타인에게 관심을 갖는다. • 타인에 대한 정보와 타인이 처한 상황에 대해 파악한다. • 표정, 목소리, 제스처 등으로 표현되는 감정을 이해한다.
대인관계 능력	• 타인의 반응을 능숙하게 통찰하게 된다. • 갈등 상황에서 놀라운 해결 능력을 갖추게 된다. • 원만한 대인관계를 유지한다.	• 말하는 도중에도 타인의 반응을 주의 깊게 살피고 상황을 파악하려 한다. • 자신의 감정을 인식하고 조절한 후에 솔직하고 예의 바르게 표현한다. • 도움이 필요하면 요청한다. • 다양한 경험을 통해 사고를 확장하고, 여러 가지 견해와 관점을 가지도록 한다.

설득과 협상

01 설득의 이해

1) 설득의 의미

① 설득이란 상대방의 특정한 의견, 태도, 행동이 변화하도록 영향을 미치는 커뮤니케이션 과정을 의미한다.

② 설득은 단순한 강요가 아닌, 논리적 근거, 감성적 접근, 신뢰 구축을 통해 상대가 자발적으로 동의하도록 유도하는 것이 핵심이다.

③ 설득의 주요 목적은 상대방이 자신의 의견을 수용하거나 행동을 변화시키도록 유도하는 것이다.

2) 설득의 기본 자세 ★★★

① 설득을 하기 전에 먼저 상대방과 라포(Rapport, 친밀감)를 형성하는 것이 좋다.

② 긍정적인 언어를 사용한다.

③ 사람의 도피 심리를 이용하여 '선택'을 하도록 한다.

④ 적절한 비유를 활용한다.

⑤ 우선 긍정한 뒤에 말하는 'Yes, But 화법'을 사용한다.

⑥ 대화의 목표를 정하고 명확한 메시지를 전달하여 원하는 결과를 얻는다.

3) 설득의 기본 원칙 ★★

상대가 좋아하는 선호도 파악하기	개인의 관심사, 취미, 성향을 파악하면 설득력을 높일 수 있다.
동기 유발하기	• 상대방이 행동하도록 유도하려면 상대에게 의미 있는 이유와 이점을 제시해야 한다. • 적절한 질문을 사용하여 상대를 참여시킨다.
명확한 메시지 전달하기	복잡한 내용은 피하고, 핵심을 짧고 간결하게 전달한다.
경청하기	경청을 통해 상대방이 중요하게 여기는 점을 파악하고, 전략을 조정할 수 있다.
칭찬과 감사를 표현하기	진심 어린 칭찬과 감사를 표현하면 상대방의 경계심을 낮추고 신뢰를 형성할 수 있다.

1) 설득의 기술 ★★★

이심전심 (以心傳心)	• 이심전심은 마음에서 마음으로 전한다는 뜻이다. 이는 상대방과 깊은 공감을 통해 효과적으로 설득하는 기술을 의미한다. 즉, 단순히 논리적 근거를 제시하는 것이 아니라, 상대방의 감정과 입장을 충분히 이해하고, 진심 어린 태도로 소통하는 것이 중요하다. • 부드럽지만 강한 전달력과 호소력이 담긴 손짓과 미소, 자연스러운 시선 처리는 어떠한 말보다 더 많은 메시지를 전달할 수 있다.
역지사지 (易地思之)	• 역지사지는 처지를 바꾸어서 생각하라는 뜻이다. 즉, 상대의 입장에서 생각한다는 의미를 가진다. • 타인을 비난하기 전에 먼저 자신을 낮추고 상대방의 마음을 헤아리는 것을 말한다.
촌철살인 (寸鐵殺人)	• 촌철살인은 한 치밖에 안되는 칼로 사람을 죽인다는 뜻이다. 이는 간단한 단어나 문장으로 사람을 감동시키는 것을 의미하며, 사물의 급소를 찌르는 것에 비유한다. • 상대의 의도를 간파하는 짧은 한마디로 상대의 마음을 한순간 무너뜨릴 수 있는 강력한 설득 기법이다. • 강렬하고 간결한 전문가나 유명 인사의 말을 인용한다.
차분한 논리	• 나의 이야기에 반대하는 상대를 외면하지 않고 숫자나 구체적인 자료를 제시하여 논리적으로 설득하려고 한다. • 모든 데이터에는 함정이 있으므로 반론에 대한 데이터까지 준비한다.
은근함과 끈기	• 설득을 한 번에 끝내려고 하지 말고 여러 번 설득한다. • 상대가 마음을 열 수 있는 시간적 여유를 제공한다.
감성을 자극함	이메일이나 편지, 문자 등 다양한 채널로 감성을 자극하여 호소한다.

2) 설득의 6대 법칙

① 일관성의 법칙

• 사람들은 자신이 선택한 결정을 쉽게 바꾸지 않는 경향이 있다.

• 일관된 메시지로 지속적으로 설득한다.

② 상호성의 법칙

• 호의는 호의를 부르므로 먼저 베푼다.

• 샘플이나 무료 증정품을 받아 본 고객은 제품을 구매할 가능성이 크다.

③ 사회적 증거의 법칙

• 상황이 불확실해지면 다른 사람의 결정이 당사자에게 큰 영향을 미친다.

• 다수의 행동과 증거를 활용한다.

• 설득할 때 대상과 비슷한 상황과 인물을 예시로 들면 효과가 좋다.

④ 권위의 법칙

• 저명한 인물의 의견이나 객관적인 자료를 제시한다.

• 장점과 단점을 함께 설명하면 전문성에 대한 신뢰가 증가한다.

⑤ 호감의 법칙

• 사람은 자신이 끌리는 사람에게 더 호감을 느끼므로, 상대가 나에게 끌리도록 유도하는 것이 중요하다.

• 친절하거나 호감형의 직원이 판매하는 상품을 구매할 확률이 더 높다.

⑥ 희귀성의 법칙

- 한정품의 경우 더욱 구매 욕구를 자극한다.
- 자신만의 차별화된 특징을 제공한다.

03 협상의 이해

1) 협상의 의미

① 협상이란 타결 의사를 가진 둘 또는 그 이상의 당사자 사이에 양방향 의사소통을 통하여 상호 만족할 만한 수준으로의 합의에 이르는 과정이다.
② 자기만족과 상대방 만족을 동시에 가져올 수 있는 상호 이익을 추구하는 방식이다.
③ 협상은 흥정과는 구분되는데 기업, 국가 등 복합적인 사회 단위 간의 다수 의제에 대한 상호작용을 말한다.
④ 협상은 상대방이 진정으로 원하는 것이 무엇인지 핵심 니즈를 분석하여 나의 입장과 동시에 만족시킬 수 있는 다양한 대안을 만들기 위해 노력하는 것이다.

2) 협상의 기본 원칙 ★★★

① 목표가 확실해야 좋은 결과를 얻는다.
② 목표를 뒷받침할 수 있는 협상 기반을 마련한다.
③ 첫인상이 협상을 좌우하므로 우호적인 분위기를 조성한다.
④ 협상은 본거지, 즉 홈그라운드처럼 유리한 장소에서 진행한다.
⑤ 알기 쉽고 명확한 단어, 절제된 표현을 사용한다.
⑥ 협상 대상이나 기업에 대해 자세히 조사하여 사전 정보를 얻는다.
⑦ 경청을 통해 상대방을 대화에 참여시키고 정보를 얻는다.
⑧ 협상에 도움이 되는 문서나 AV기기 등을 적절하게 사용한다.
⑨ 상대방의 성격이나 대화법 등 협상 스타일을 파악한다.

3) 협상의 5대 구성요소 ★

① 구체적이고 명확한 목표 설정(Goal Setting)

- 목표를 높게 설정할수록 높은 성과를 얻을 수 있다.
- 구체적이고 명확한 목표를 설정한다.
- 조직의 통합된 목표 속에서 개별 협상 목표를 설정한다.

② 관계(Relationship)

관계의 5대 구성 요소는 호의적 감정, 공통점 발견, 존경, 관심, 신뢰이다.

③ BATNA(바트나) ★★

‘Best Alternative to a Negotiated Agreement’의 약자로 협상자가 합의에 도달하지 못할 경우 택할 수 있는 대안이나 차선책을 말한다.

④ 정보(Information)

- 협상의 과정은 일종의 정보의 수집과 교환의 연속으로 최대한 많은 정보를 수집하여 협상 전략으로 활용한다.
- 수집할 정보로는 상대의 협상 목적, 시간 제약, 강·약점, 협상 전략과 바트나, 상대 협상 대표의 개인적인 정보, 내부 이해관계자 간의 갈등 등이 있다.

⑤ 협상력(Bargaining Power)

- 협상력은 협상 테이블에서 자신이 원하는 것을 얻어 낼 수 있는 능력을 의미한다.
- 협상력의 4대 결정 요인은 협상자의 지위, 시간 제약, 상호의존성, 내부 이해관계자의 반발이다.

4) 협상의 3가지 유형

① 분배형 협상

- 한정된 자원을 놓고 당사자들이 나누는 방식의 협상이다.
- 단순한 분배이므로 한쪽이 많이 가지면 다른 한쪽은 그만큼 손해를 보는 협상이다(=제로섬 게임).

② 이익교환형 협상

당사자들이 원하는 것의 차이를 찾아 양쪽 모두 최대한 만족할 수 있도록 하는 방법이다(양쪽 다 만족하지만 그다지 불만도 없는 협상).

③ 가치창조형 협상

당사자들이 서로 협력하여 새로운 해결책을 찾아내는 협상이다.

04 협상의 기술

1) 협상 4단계

단계	내용
시작단계 (1단계)	• 우호적인 관계를 형성하기 위해 첫인상에서 친근감과 편안함을 준다. • 상대방의 이름을 외우고 직위에 상관없이 경의를 표한다. • 출신지, 문화, 종교 등을 고려해 상대에게 무례하게 비치지 않도록 한다.
탐색단계 (2단계)	• 상대방에 대한 정보와 양측이 다루어야 할 이슈를 파악한다. • 제시하려는 조건이나 내용에 대한 상대측의 허용범위와 반응을 확인한다. • 의사결정권이 협상 당사자에게 있는지, 상사 등 제3자에게 있는지를 확인한다.
진전단계 (3단계)	• 거래 조건을 제시하고 필요한 사항을 최대한 확보한다(설득과 흥정). • 양보해야 할 경우 상대방에게 교환 조건을 제시하고, 상대방이 양보하면 감사의 표현을 한다.
합의단계 (4단계)	• 합의 내용을 구두로 확인하고 협상 내용에 따라 계약서 등의 문서를 작성한다. • 상대가 결정을 내리지 못한다면 격려하거나 협상 중단을 제시하는 등의 방식으로 의사결정을 돕는다.

2) 협상의 AREA 법칙 ★★★

Assertion(주장)	주장의 핵심을 먼저 말한다(〜는 〜이다, 〜는 〜한다).
Reasoning(이유)	주장의 근거를 설명한다(왜냐하면 〜다, 〜이기 때문이다).
Evidence(증거)	주장의 근거에 관한 증거나 사례를 제시한다(예를 들어 〜이다).
Assertion(주장)	다시 한 번 주장을 되풀이하여 강조한다(따라서 〜이다).

3) 반론 시 효과적인 의견 전개 ★

① 긍정적인 말로 시작한다.
② 반론의 핵심 주장을 명확히 한다.
③ 반대하는 이유를 설명한다.
④ 반론을 요약해서 말한다. 단, 상대가 수용할 때까지 반복적으로 주장하지는 않는다.

4) 협상 전략 5가지 ★★

① 문간에 발 들여놓기
처음에는 작은 요청으로 시작하지만 점진적으로 요구 수준을 높이는 방법이다.

② 앵커링(Anchoring, 닻 내리기)
협상 초반에 유리한 기준(앵커)을 제시하여 상대방의 기대치를 조정하는 전략으로, 상대방보다 먼저 제안을 던지고 이를 기준으로 협상을 진행하는 것이다. 심리적으로 처음 제시된 숫자나 조건이 협상의 기준이 되기 쉽기 때문이다.

③ BATNA(바트나)
협상이 결렬될 경우를 대비하여 최상의 대안을 미리 준비하는 전략이다.
예 A업체와 협상이 실패해도 B업체와 계약할 수 있도록 대안을 마련하는 것

④ 최후통첩
받아들이지 않을 경우 협상이 결렬되는 비타협적인 협상 방법이다.

⑤ 에임하이(Aim High)
처음에는 높은 수준의 제안을 요청하다가 점점 목표를 낮추어 가면서 협상하는 방법이다.

일반형

01 효과적인 경청 방법으로 가장 적절하지 <u>않은</u> 것은?
① 질문한다.
② 온몸으로 맞장구를 친다.
③ 말하는 사람과 동화되도록 노력한다.
④ 전달하는 메시지의 요점에 관심을 둔다.
⑤ 상대방의 이야기를 자신의 경험과 비교하며 듣는다.

02 다음 중 설득의 기술 중 역지사지를 설명한 것은?
① 시각에 호소하는 언어를 사용한다.
② 상황에 맞는 전문가의 말을 인용한다.
③ 객관적 자료보다는 다양한 채널로 접근하여 감성을 자극한다.
④ 상대방의 의도를 간파하는 짧은 한마디는 상대방의 마음을 한순간에 무너뜨릴 수 있다.
⑤ 타인을 비난하기 전에 먼저 자신을 낮추고 상대방의 마음을 헤아리는 모습을 보여준다.

03 커뮤니케이션 기법 중 '나 – 전달법'에 대한 설명으로 옳은 것은?
① 비언어적인 전달방법이다.
② 자기노출과 피드백으로 구성된다.
③ 자신의 입장만을 강조하는 이기적인 의사소통 방법이다.
④ 타인의 행동이 자신에게 어떠한 영향을 주었는지에 대해 이야기하는 방법이다.
⑤ 때로는 상대의 행동을 비난하는 것이 효과적인 의사소통 방법이 될 수 있다.

04 협상에서 효과적으로 반론하는 방법으로 적절하지 <u>않은</u> 것은?
① 긍정적인 말로 시작한다.
② 반대 이유를 설명한다.
③ 반론 내용을 명확히 한다.
④ 논증이 끝나면 반론을 요약해서 말한다.
⑤ 상대방이 수락할 때까지 반복적으로 주장한다.

05 다음 중 감성 커뮤니케이션에 대한 설명으로 적절하지 <u>않은</u> 것은?

① 감성지수는 동기부여 및 목표 성취를 위해 감정을 이용하여 자신의 행동을 이끄는 능력을 의미한다.
② 감성지능은 구성원의 자발적 이타행동을 증가시키며 구성원들에 대한 리더십을 발휘하게 한다.
③ 감성지능은 업무수행의 동기를 유발하여 직무에 대한 헌신과 몰입을 하게 한다.
④ 감정조절은 자신의 감정이 드러나지 않도록 최대한 감정표현을 자제하는 것이다.
⑤ 감성지능이란 자신의 감정을 다스리며 다른 사람의 감정을 이해하고 공감하여 조화를 이룰 수 있는 사회적 능력을 말한다.

06 비언어 커뮤니케이션에서 의사언어에 해당하는 것은?

① 고객을 끄덕이며 반응한다.
② 밝은 표정을 짓는다.
③ 말의 속도를 빠르게 한다.
④ 상대와 눈을 맞춘다.
⑤ 허리를 펴고 자세를 바르게 한다.

07 효과적인 커뮤니케이션 스킬 중 다음과 같은 표현을 무엇이라고 하는가?

> 죄송합니다만, 요청하신 상품은 품절되어 주문하실 수 없습니다.

① 완곡한 표현
② I 메시지 사용
③ 청유형의 표현
④ 긍정적인 표현
⑤ 쿠션언어의 사용

08 다음 중 경청에 장애가 되는 행동이라고 볼 수 <u>없는</u> 것은?

① 메시지 내용에 관심이 없다.
② 듣기보다 말하기에 더 관심을 가지고 있다.
③ 메시지 내용 중에서 동의할 수 있는 부분을 찾는다.
④ 상대방의 말을 들으면서 머릿속으로 엉뚱한 생각을 한다.
⑤ 머릿속으로 상대방의 말에서 잘못된 점을 지적하고 판단하는 데 몰두한다.

09 다음 중 설득의 기본 원칙으로 옳지 <u>않은</u> 것은?

① 칭찬과 감사 표현
② 비언어적 요소 표현
③ 명확한 메시지 전달
④ 동기 유발
⑤ 선호도 파악

10 커뮤니케이션과 관련하여 다음에서 설명하는 이론은 무엇인가?

> • 사람들이 일반적으로 가지고 있는 성격이나 특징을 자신만의 특성으로 여기는 심리적 경향을 말한다.
> • 이러한 경향은 자신에게 유리한 것일수록 강해지고, 자신의 특성을 주관적으로 생각하거나 정당화하려 한다.

① 잔물결 효과
② 피그말리온 효과
③ 호손 효과
④ 로젠탈 효과
⑤ 바넘 효과

11 다음 내용 중 개방적인 질문으로 옳은 것은?

① 어서 오십시오. 예약을 미리 하셨습니까?
② 창가 쪽이 좋아? 통로 쪽이 좋아?
③ 보다 나은 서비스를 위해 저희가 어떤 점을 더 노력해야 할까요?
④ 날씨가 참 좋네요! 점심식사는 하셨어요?
⑤ 오랜만입니다. 최근에 방문하셨었죠?

12 효과적인 주장을 위한 'AREA'의 법칙에 대한 설명이 <u>아닌</u> 것은?

① 주장(Assertion): 주장의 핵심을 먼저 말한다.
② 이유(Reason): 주장의 근거를 설명한다.
③ 증거(Evidence): 주장의 근거에 관한 실례나 증거를 제시한다.
④ 합의(Agreement): 제시된 주장에 대한 합의를 한다.
⑤ 주장(Assertion): 다시 한 번 주장을 되풀이 한다.

13 다음 중 설득의 6대 법칙에 해당하지 <u>않는</u> 것은?

① 호감의 법칙
② 권위의 법칙
③ 상호성의 법칙
④ 일관성의 법칙
⑤ 보편성의 법칙

14 다음에서 설명하는 설득의 기술은 무엇인가?

> 부드럽지만 강한 전달력과 호소력이 담긴 손짓과 미소, 자연스러운 시선 처리는 어떠한 말보다 더 많은 메시지를 전달할 수 있다.

① 이심전심
② 역지사지
③ 은근함과 끈기
④ 감성을 자극함
⑤ 촌철살인

15 다음 중 협상에 대한 설명으로 옳지 <u>않은</u> 것은?

① 첫인상이 협상을 좌우한다.
② 협상 장소는 상대를 배려하여 상대에게 맞춘다.
③ 협상은 자사의 이익보다는 쌍방이 모두 이익을 얻었다고 느끼는 것이어야 한다.
④ 경청을 통해 협상 정보를 얻고 협상에 도움이 되는 문서 등을 적절하게 사용한다.
⑤ 협상 대상이나 기업에 대한 구체적인 정보를 찾고 상대방의 성격이나 대화법 등을 파악한다.

16 협상의 구성 요소로 옳지 <u>않은</u> 것은?

① 역할
② 바트나(BATNA)
③ 구체적이고 명확한 목표 설정
④ 정보
⑤ 협상력

17 공간적 커뮤니케이션에 대한 설명으로 옳지 <u>않은</u> 것은?

① 비언어적 커뮤니케이션이라고 볼 수 있다.
② 친밀한 거리는 0~20cm로 가족, 연인, 지인과의 거리 등이 해당된다.
③ 사회적 거리는 공식적인 상호작용 시 적합하다.
④ 공적인 거리는 120~380cm로 대중 앞에서 연설할 수 있는 거리이다.
⑤ 개인적 거리는 45~80cm로 손을 뻗으면 닿을 수 있는 정도의 거리이다.

18 다음에서 설명하는 협상의 전략은 무엇인가?

> 처음에는 작은 요청으로 시작하지만 점점 요구 수준을 높이는 방법이다.

① 앵커링
② 최후통첩
③ 에임하이
④ BATNA(바트나)
⑤ 문간에 발 들여놓기

19 협상에서 당사자들이 원하는 것의 차이를 찾아 양쪽 모두 최대한 만족할 수 있도록 하는 방법은 어떤 유형인가?

① 이익교환형 협상
② 분배형 협상
③ 가치창조형 협상
④ 제로섬 협상
⑤ 상호분배형 협상

20 협상의 의미로 옳은 것은?

① 상대방을 설득하여 원하는 결과를 얻는 과정
② 갈등을 피하기 위해 일방적인 주장을 관철하는 과정
③ 법적 조치를 통해 이익을 보장받는 과정
④ 상호 간의 이익을 조정하고 합의점을 찾기 위해 논의하는 과정
⑤ 목표 달성을 위해 상대와 흥정하는 과정

21 다음에서 설명하는 법칙은 무엇인가?

> 샘플이나 무료 증정품을 받아 본 고객은 제품을 구매할 가능성이 크다.

① 상호성의 법칙
② 일관성의 법칙
③ 권위의 법칙
④ 희귀성의 법칙
⑤ 사회적 증거의 법칙

22 협상 과정 중 관계의 5대 구성요소로 옳지 <u>않은</u> 것은?

① 호의적 감정
② 공통점 발견
③ 전문성
④ 관심
⑤ 신뢰

23 BATNA(바트나)에 대한 설명으로 옳은 것은?

① 당사자들이 서로 협력하여 새로운 해결책을 찾아내는 협상이다.
② 협상 테이블에서 자신이 원하는 것을 얻어 낼 수 있는 능력을 의미한다.
③ 이메일이나 편지, 문자 등 다양한 채널로 감성을 자극하여 호소하는 것이다.
④ 친절하거나 호감가는 직원이 판매하는 상품을 구매할 확률이 높다.
⑤ 협상자가 합의에 도달하지 못할 경우 택할 수 있는 대안이나 차선책을 말한다.

24 다음에서 설명하는 화법은 무엇인가?

> 상대에게 부탁하는 방식의 표현으로 상대의 동의를 구하거나 허락을 요청하는 화법이다.

① 긍정 화법
② 신뢰 화법
③ 레이어드 화법
④ 아론슨 화법
⑤ 완곡한 표현

OX형

01 효과적인 커뮤니케이션을 위한 경청 1, 2, 3 기법은 자신은 1번 말하고, 맞장구를 2번 치며, 상대의 말을 3번 들어주는 것이다.

(① O ② X)

02 협상에 있어서 바트나(BATNA)는 협상자가 합의에 도달하지 못할 경우 택할 수 있는 다른 좋은 대안이나 차선책을 의미한다.

(① O ② X)

03 경청의 기법인 B.M.W는 Body(자세), Mood(분위기), Waiting(기다림)이다. B.M.W의 Body는 표정이나 눈빛, 자세나 움직임을 상대에게 기울이고, Mood는 대화 장소의 분위기를 고려하여 들으며, Waiting은 고객이 말하는 것을 끝까지 듣고 기다리는 공감적 방법이다.

(① O   ② X)

04 호손 효과는 누군가가 관심을 가지고 지켜보고 있다는 사실을 의식함으로써 본성과는 다르게 행동하는 현상을 말한다.

(① O   ② X)

05 플라시보 효과는 진짜 약을 줘도 효과가 없다고 의심한다면 약효가 나타나지 않는 현상으로 부정적인 믿음은 부정적인 결과를 가져온다는 이론이다.

(① O   ② X)

연결형

〈보기〉

| ① BATNA(바트나) | ② 라포(Rapport) | ③ 넛지 효과 | ④ 낙인 효과 | ⑤ 그레이프바인 |

01 (　　　　　　)(이)란 부드러운 개입을 통해 타인의 선택을 유도하는 것을 뜻하는 것으로 강요에 의하지 않고 자연스럽게 선택을 이끄는 힘은 생각보다 큰 효과가 있음을 말한다.

02 (　　　　　)은/는 사람과 사람 사이에 형성되는 상호 신뢰관계를 말하는 심리용어이다.

03 다른 사람으로부터 부정적인 평가를 받으면 실제로 그렇게 되는 현상을 (　　　　　)(이)라고 한다.

04 (　　　　　)은/는 협상자가 합의에 도달하지 못할 경우 택할 수 있는 대안, 차선책을 말한다.

05 비공식적인 의사소통으로 친화 관계. 학연, 지연 등 조직 내부에서 인간적 접촉에 의해 자생적으로 형성된 소통을 (　　　　　)(이)라 한다.

일반형

01 ⑤	02 ⑤	03 ④	04 ⑤	05 ④
06 ③	07 ⑤	08 ③	09 ②	10 ⑤
11 ③	12 ④	13 ⑤	14 ①	15 ②
16 ①	17 ②	18 ⑤	19 ①	20 ④
21 ①	22 ③	23 ⑤	24 ③	

OX형

01 ②	02 ①	03 ②	04 ①	05 ①

연결형

01 ①	02 ②	03 ④	04 ①	05 ⑤

일반형

01 ⑤

상대의 이야기를 자신의 경험과 비교하며 들으면 경청에 방해가 된다.

02 ⑤

오답 피하기
- ① 이심전심(以心傳心)
- ②, ④ 촌철살인(寸鐵殺人)
- ③ 감성을 자극함

03 ④

'나 전달법(I-message)'이란 주어를 '나'로 하여 타인의 행동이 자신에게 어떠한 영향을 주었는지에 대해 이야기하는 방법이다.

04 ⑤

논증이 끝나면 반론 내용을 요약하고 되풀이하여 호소력 있게 설명한다. 그러나 상대가 수용할 때까지 반복적으로 주장하는 것은 좋지 않으므로 상대가 수락할 때까지 끝까지 주장하지는 않는다.

05 ④

감정조절은 자신의 감정이 드러나지 않도록 최대한 감정표현을 자제하는 것이 아니라 자신의 감정을 균형 있게 조절하는 것이다.

06 ③

의사언어란 언어가 아닌 발음, 말투, 음량 등 청각적 요소로 의사를 표현하는 것이다.

오답 피하기
- ① 신체언어(고개 끄덕이기)
- ② 신체언어(밝은 표정)
- ④ 신체언어(눈맞춤)
- ⑤ 신체언어(자세)

07 ⑤

'죄송합니다만~'을 보고 말의 완충 역할을 해주는 것을 알 수 있다.

08 ③

효과적인 경청 방법이다.

09 ②

비언어적 요소 표현이 아니라 경청이다.

10 ⑤

오답 피하기
- ① 잔물결 효과: 리플 효과(Ripple Effect)라고도 하며 조직 구성원의 일부를 야단쳤을 때 다른 사람들까지 부정적인 영향을 받는 현상으로 하나의 사건이 연쇄적으로 영향을 미치는 것을 말한다.
- ② 피그말리온 효과: 긍정적으로 기대하면 상대방은 기대에 부응하는 행동을 하면서 기대에 충족되는 결과가 나오는 현상을 말한다.
- ③ 호손 효과: 누군가가 관심을 가지고 지켜보고 있다는 사실을 의식함으로써 본성과는 다르게 행동하는 현상을 의미한다.
- ④ 로젠탈 효과: 학생들을 능력 있는 학생으로 기대하고 인정해주면 그 학생의 능력은 더욱 향상되고 반대로 능력이 없는 학생으로 기대하면 학생의 능력이 향상되지 못하는 현상이다.

11 ③

개방적인 질문이란 응답자가 '예', '아니오'의 대답이 아닌 자유롭게 응답할 수 있도록 상대의 이야기를 이끌어내는 질문으로 '무엇을', '어떻게'를 포함한 질문은 상대에게 많은 정보를 얻을 수 있다.

12 ④

합의는 해당하지 않는다.

13 ⑤

보편성이 아니라 희귀성의 법칙으로 한정품이라고 할 경우 구매 욕구를 더욱 자극하여 설득할 수 있다.

14 ①

설득의 기술은 다음과 같다.
- 이심전심: 상대방의 감정과 입장을 충분히 이해하고, 진정성있는 태도로 소통하는 것이 중요하다.
- 역지사지: 타인을 비난하기 전에 먼저 자신을 낮추고 상대방의 마음을 헤아리는 것이다.
- 촌철살인: 간단한 단어나 문장으로 사람을 감동시키는 것을 의미하며, 사물의 급소를 찌르는 것에 비유한다.
- 차분한 논리: 나의 이야기에 반대하는 상대를 외면하지 않고 숫자나 구체적 자료를 제시하여 논리적으로 설득하려고 한다.
- 은근함과 끈기: 상대가 마음을 열 수 있는 시간적 여유를 주어야 한다.
- 감성을 자극함: 이메일이나 편지, 문자 등 다양한 채널로 감성을 자극하여 호소한다.

15 ②

협상 장소는 본거지와 같은 유리한 장소에서 한다.

16 ①

역할이 아니라 관계에 대한 설명이다.

17 ②

친밀한 거리는 0~45cm의 거리이다.

18 ⑤

오답 피하기

- ① 앵커링: 협상 초반에 유리한 기준(앵커)을 제시하여 상대방의 기대치를 조정하는 전략으로, 상대방보다 먼저 제안을 던지고 이를 기준으로 협상을 진행하는 것이다.
- ② 최후통첩: 받아들이지 않을 경우 협상이 결렬되는 비타협적인 협상 방법이다.
- ③ 에임하이(Aim High): 처음에는 높은 수준의 제안을 요청하다가 점점 목표를 낮추어 가면서 협상하는 방법이다.
- ④ BATNA(바트나): 협상이 결렬될 경우를 대비하여 최상의 대안을 미리 준비하는 전략이다.

19 ①

오답 피하기

- ② 분배형 협상: 한 자원을 놓고 당사자들이 나누는 유형으로 단순한 분배이기 때문에 한쪽이 많이 가지면 다른 한쪽은 그만큼 손해를 보는 협상이다.
- ③ 가치창조형 협상: 당사자들이 서로 협력하여 새로운 해결책을 찾아내는 협상이다.

20 ④

협상이란 타결 의사를 가진 둘 또는 그 이상의 당사자 사이에 양방향 의사소통을 통하여 상호 간 만족할 만한 수준으로의 합의에 이르는 과정이다.

21 ①

상호성의 법칙이란 호의는 호의를 부르므로 먼저 베푸는 것을 의미하며 설득의 6대 법칙 중 하나이다. 설득의 6대 법칙은 다음과 같다.

- 일관성의 법칙: 사람들은 자신이 선택한 결정을 쉽게 바꾸지 않는 경향이 있다.
- 상호성의 법칙: 호의는 호의를 부르므로 먼저 베푼다.
- 사회적 증거의 법칙: 다수의 행동과 증거를 활용한다.
- 권위의 법칙: 저명한 인물의 의견이나 객관적인 자료를 제시한다.
- 호감의 법칙: 친절하거나 호감가는 직원이 판매하는 상품을 구매할 확률이 더 높다.
- 희귀성의 법칙: 한정품이라고 할 경우 더욱 구매 욕구를 자극한다.

22 ③

관계의 5대 구성 요소는 호의적 감정, 공통점 발견, 존경, 관심, 신뢰이다.

23 ⑤

오답 피하기

- ① 이익교환형 협상에 대한 설명이다.
- ② 협상력에 대한 설명이다.
- ③ 감성을 자극하는 것에 대한 설명이다.
- ④ 호감의 법칙에 대한 설명이다.

24 ③

오답 피하기

- ① 긍정 화법: 같은 내용이라도 긍정적으로 표현한다.
- ② 신뢰 화법: 상대에게 신뢰를 주는 화법으로 보통 다까체를 70%로, 요조체를 30%정도 사용하여 표현한다.
- ④ 아론슨 화법: 부정(−)과 긍정(+)의 내용을 혼합해서 전달해야 할 경우, 부정적 내용을 먼저 말하고 긍정적 내용으로 마무리하는 것이다.
- ⑤ 완곡한 표현: 직설적이고 강압적인 표현이 아닌 사람의 감정이 상하지 않도록 부드러운 표현인 완곡한 표현을 사용한다.

OX형

01 ②

자신은 1번 말하고, 상대의 말은 2번 들어주며, 3번 맞장구친다.

02 ①

BATNA는 최선의 대안(Best Alternative To a Negotiated Agreement)의 약자를 말한다.

03 ②

W는 Word(말의 내용)로 상대가 원하는 것이 무엇인지 집중하여 듣는 것이다.

04 ①

근로자의 행동을 관찰할 때 생산성이 일시적으로 변하는 현상을 발견하였는데 이들에게 관심을 쏟으면 행동과 능률에 변화가 일어나는 현상을 말하며, 이를 '호손 효과'라고 한다.

05 ①

'플라시보 효과'는 의사가 효과 없는 가짜 약 혹은 꾸며낸 치료법을 환자에게 제안했는데 환자의 긍정적인 믿음으로 병세가 호전되었다. 이를 위약(僞藥)효과, 가짜 약 효과라고도 한다.

연결형

01 ③

넛지란 옆구리를 슬쩍 찌른다는 의미로 강요에 의하지 않고 유연하게 개입함으로써 선택을 유도하는 방법이다. 즉, 경제적 인센티브나 법적 강제가 아닌, 작은 변화(넛지)를 통해 자연스럽게 바람직한 행동을 유도하는 전략이다.

02 ②

설득을 하기 전에 먼저 상대방과 라포를 형성하는 것이 좋다.

03 ④

스티그마는 빨갛게 달군 인두를 가축의 몸에 찍어 소유권을 표시하는 낙인을 가리킨다. 그래서 낙인 효과를 '스티그마 효과'라고 한다. 이는 '피그말리온 효과'와는 반대되는 개념으로 다른 사람으로부터 부정적인 평가를 받으면 실제로 그렇게 되는 현상을 말한다.

04 ①

BATNA는 최선의 대안(Best Alternative To a Negotiated Agreement)의 약자로 협상자가 합의에 도달하지 못할 경우 택할 수 있는 대안이나 차선 책을 말한다.

05 ⑤

그레이프바인이란 조직 내 비공식적인 커뮤니케이션으로 주로 루머, 소 문, 가십 등을 포함하며, 직원들 사이에서 자연스럽게 확산되는 정보 전달 경로를 의미한다.

05

회의 기획과
의전 실무

파트 소개

체계적인 회의 기획 및 진행 방법, 글로벌 기준에 맞는 의전 실무, 그리고 성공적인 발표 기법을 학습하여 전문적인 비즈니스 역량을 강화합니다.
이를 통해 기업 및 공공기관에서의 공식 행사나 국제회의에서 원활한 의사소통을 하고, 회의 진행 능력을 키우는 것이 목표입니다.

회의 준비에 따른 회의 형태별 분류, 좌석 배치의 종류에 따른 장점을 올바르게
이해하고 MICE 산업의 특징과 종류를 기억하세요.

출제빈도

CHAPTER 01	상	35%
CHAPTER 02	상	30%
CHAPTER 03	중	20%
CHAPTER 04	하	15%

회의 기획

빈출 태그 ▶ 정족수의 원칙, 컨벤션, 포럼, 심포지엄, 교실식 배치

01 회의의 이해

1) 회의의 의미

① 회의란 2명 이상이 모여 특정한 목적을 가지고 모여 논의하고 의사결정을 하는 과정을 말한다.
② 일정한 형식과 규칙을 준수하면서 개별 의제를 다수결 원칙하에 능률적으로 결정해 나가는 진행 절차이다.
③ 모든 구성원이 참여하여 정보와 의견을 교환함으로써 최선의 방안을 모색하는 것이다.
④ 협력적이고 우호적인 분위기에서 참석자 전원이 자신의 의견을 자유롭게 발표하고 비판하며 최선의 의견을 결정하는 것이다.

2) 회의의 목적 ★★

① 지식과 정보의 전달
② 아이디어 창출
③ 목표 달성 점검
④ 공통의 관심사나 이익을 추구하는 회원 간의 유대감 증진
⑤ 동일한 주제에 대해 학습하고 참가자들을 교육함
⑥ 상호 간 의견 교환을 통한 문제 해결, 개선방안 모색

3) 회의의 기능 ★

문제 해결	업무 수행 중 발생하는 문제를 논의하고 해결하는 기능을 한다. 예 신제품 개발 회의, 프로그램 개발 회의 등
자문	조직의 의사결정을 보다 합리적으로 하기 위해, 전문가나 다양한 이해관계자의 의견을 듣고 조언을 받을 수 있다. 예 공청회, 협의회 등
의사소통	조직 내 팀원, 부서 간 또는 외부 기관과의 원활한 소통을 촉진하는 중요한 역할을 한다. 예 부서 회의, 주간 회의 등
교육훈련	직원들의 역량 강화를 위해 새로운 지식과 업무 방식 등을 전달하는 역할을 한다. 예 교육 훈련 프로그램, 연수 등

4) 회의의 원칙 ★★★

회의 공개의 원칙	• 원칙적으로 공개하여야 한다. • 회의를 방해하지 않는 범위 내에서 누구나 회의를 방청할 수 있다. • 긴급한 사안 등의 정당한 사유가 있을 때는 비공개로 진행할 수 있다.
정족수의 원칙	• 회의에서 의안을 심의하고 의결하기 위해, 일정 수 이상의 참가자가 필요하며, 이를 정족수의 원칙이라 한다. 정족수에는 의사 정족수와 의결 정족수가 있다. • 의사 정족수: 회의를 개최하는 데 필요한 인원 • 의결 정족수: 회의에 상정된 안건을 결정하는 데 필요한 인원
발언 자유의 원칙	• 누구에게도 간섭받지 않고 스스로 생각하고 판단해서 자유롭게 표현할 수 있어야 한다. • 구성원의 발언은 보장해야 하지만 회의 진행에 방해가 되는 발언을 해서는 안 된다.
일의제의 원칙	• 회의에서는 언제나 한 가지 의제만을 상정시켜 다루어야 한다. • 어떠한 의제라도 의장이 일단 상정을 선언한 다음에는 토의와 표결을 통해 결정될 때까지 다른 의제를 상정시킬 수 없다. • 둘 이상의 안건이 서로 관계되어 있어 동시에 상정시키는 경우라도, 표결할 때는 하나씩 안건을 분리하여 표결하여야 한다.
다수결의 원칙	• 하나의 의안이 의결되기 위해서는 다수결에 의해 결정되어야 한다. • 다수의 횡포가 가능하며 올바른 소수의 의견이 배제될 수 있다.
참석자 평등의 원칙	남녀노소, 빈부귀천을 가리지 않고 누구에게도 차별이 있어서는 안 되며, 구성원 간의 기회는 평등해야 한다.
소수 의견 존중의 원칙	소수의 의견도 존중하고 받아들여야 한다.
폭력 배제의 원칙	어떠한 경우라도 폭력을 행사해서는 안 되며, 폭력이 발생한 경우 의장은 필요한 조치를 취할 수 있다.
일사부재의의 원칙	• 회의에서 한번 부결된 안건은 같은 회의 중에 다시 상정하지 않는다. • 동일한 의제를 반복하여 상정할 수 있게 하면 회의 진행에 방해가 되고 회의 질서를 유지할 수 없다.
회기 불계속의 원칙	어떤 회의에 상정되었던 의안이 그 회의가 끝날 때까지 처리되지 않으면 폐기된다.

5) 회의의 순서

① 개회
② 국민의례
③ 보고 사항(업무보고, 회계보고, 각 부서별 보고)
④ 회의 안건 보고 및 채택
⑤ 기타 토의
⑥ 공지 사항
⑦ 폐회

1) 회의 주체에 의한 분류 ★

기업 회의	조직 내에서 경영진, 직원, 이해관계자 등이 특정 주제를 논의하고 의사결정을 내리기 위해 진행하는 공식적인 모임 예 제품개발 회의, 임시 회의, 경영자 회의, 세미나, 워크숍 등
협회 회의	특정 산업, 직업, 또는 공통 관심사를 가진 사람들로 구성된 협회에서 개최하는 회의 예 대한상공회의소 회의, 의료협회 정기총회 등
정부주관 회의	중앙 정부나 지방 정부가 주관하여 정책 수립 및 실행을 논의하는 회의 예 국무회의, 경제정책조정회의, 지방자치단체 회의 등
비영리기관 회의	공익을 목적으로 운영되는 비영리단체(NGO, NPO)에서 주최하는 회의 예 유니세프 회의, 환경보호단체 전략회의 등
시민 회의	일반 시민들이 참여하여 지역 사회의 문제를 논의하고 해결방안을 모색하는 회의 예 주민참여예산 회의, 도시개발 공청회, 지역환경개선 토론회 등

2) 회의 형태에 의한 분류 ★★★

컨벤션 (Convention)	• 가장 일반적으로 사용되는 회의 용어로, 대회의장에서 개최되는 일반 단체회의를 뜻한다. • 전시회를 동반하는 경우가 많다.
컨퍼런스 (Conference)	• 과학 기술, 학술 분야 등에서 새로운 지식 공유 및 특정 문제나 전문적인 내용을 다루는 회의이다. • 컨벤션보다 토론회가 많고 참가자들에게 토론의 기회가 주어진다.
콩그레스 (Congress)	• 주로 유럽 지역에서 많이 쓰는 용어로 보통 국제적으로 열리는 실무 공식 회의를 지칭한다. • 국가, 단체들의 대표가 참여하는 경우가 많아 대표자들에 의한 회합이나 집회, 회담의 형태가 강하고, 사교 행사와 관광 행사 등 다양한 프로그램을 동반하는 회의 형태이다.
워크숍 (Workshop)	• 각 전문 분야의 주제에 대한 아이디어, 지식, 기술 등을 서로 교환하여 새로운 지식을 창출하고 개발하는 것이 목적이다. • 보통 회사에서 주어진 프로젝트, 과업의 수행, 부서의 운영 등을 토의하는 데 활용한다.
포럼 (Forum)	'공개토론'으로 상반된 견해를 가진 동일 분야 전문가들이 한 가지 주제를 가지고 사회자의 주도하에 청중 앞에서 벌이는 공개 토론회로 청중의 참여 기회가 많다.
심포지엄 (Symposium)	• 포럼과 유사한 심포지엄은 제시된 안건에 대해 전문가들이 다수의 청중들 앞에서 벌이는 토론회이다. • 포럼에 비해 다소 형식에 구애받으며 청중들의 질의나 참여 기회가 적다.
패널토론 (Panel Discussion)	청중 앞에서 여러 명의 연사가 서로 다른 분야의 전문가적 견해를 발표하는 공개 토론회로, 청중도 의견을 발표할 수 있다.
세미나 (Seminar)	• 주로 교육 목적의 회의로 30명 이하의 참가자가 강사나 교수 등의 지도하에 특정 분야에 대한 각자의 경험과 지식을 발표하고 토론한다. • 보통 고등 교육 기관에서 학술 연구에 활용한다.
렉처 (Lecture)	1~2명의 전문가가 일정한 형식에 따라 특정 주제를 청중에게 강연하는 것으로, 강사 특성에 따라 청중에게 질의응답 기회가 주어질 수 있다.

1) 회의 개최지 선정 순서

① 회의의 목적 설정 및 확인
② 회의의 형태 및 형식 개발
③ 회의에 필요한 물리적 요구사항 결정
④ 참가자의 관심과 기대 정의
⑤ 장소와 시설의 종류 선택
⑥ 평가 및 선정

2) 회의 개최지 선정 시 일반적인 고려 사항 ★★

① 도시 브랜드와 이미지
② 개최 시기의 날씨
③ 교통의 편의성
④ 숙박시설과 회의장
⑤ 제반 시설 접근성
⑥ 인적자원의 우수성
⑦ 개최 장소의 적합성
⑧ 전시장 이용 가능성

도시 선정 시 고려 사항	회의실 선정 시 고려 사항
• 숙박 가능한 호텔과의 접근성과 적합성 • 개최지 주변의 편의성 및 교통의 편리성 • 개최 도시의 이미지 • 개최 도시의 행사지원 의지와 능력 • 개최 시기의 날씨 및 온도 • 개최 도시의 관광 또는 행사의 성수기 · 비성수기 여부 • 회의에 필요한 소요 면적 • 1일 체류 비용과 개최 지역의 물가수준 • 엔터테인먼트 요소	• 위치 및 접근성과 브랜드 • 서비스의 질과 인력 수준 • 회의실 수와 규모(참가자 수가 유동적이므로 탄력적으로 운영하는 능력이 필요함) • 회의실 배치와 기능 • 전시장 활용성 • 회의실 대관료 • 위치와 교통 • 회의장 사용 규정

3) 회의장 배치 형태 ★

① 일반형 배치(General Setting)

• 강연장처럼 의자를 앞뒤로 배치하며, 연단(발표자)이 앞에 위치하는 형태이다.
• 많은 인원을 수용할 수 있다.
• 정숙한 분위기를 조성할 수 있다.
• 강연, 학술대회, 설명회 등에 적합하다.
• 장점: 발표자를 중심으로 참가자의 좌석을 배치하기 때문에 주의를 집중시킬 수 있다.
• 단점: 토론이나 상호작용이 어렵다.

② 반원형 배치(Semicircular Arrangement)

- 책상을 반원형으로 배치하고 중앙에 발표자가 위치하는 형태이다.
- 의회, 회의장 등에 적합하다.
- 장점: 발표자와 참가자의 시야 확보가 용이하다, 질의응답 및 토론이 원활하다.
- 단점: 공간 활용도가 낮다, 많은 인원을 수용하기 어렵다.

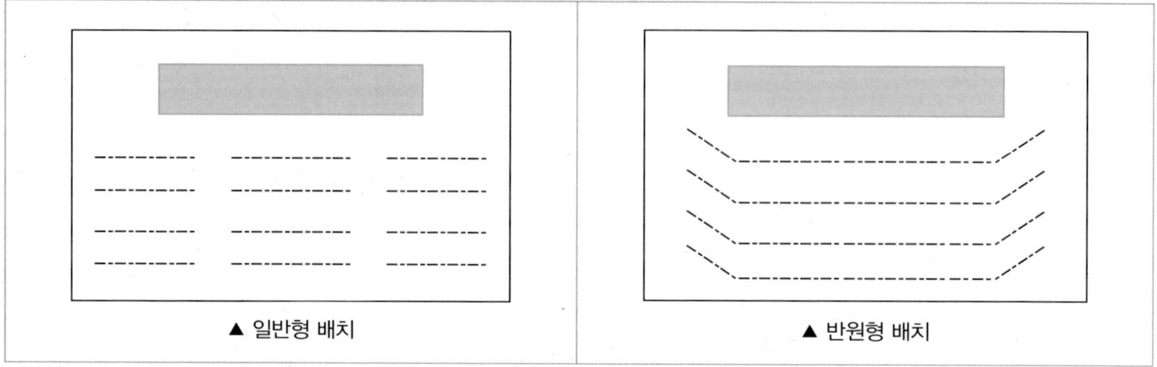

▲ 일반형 배치

▲ 반원형 배치

③ 이사회형 배치(Boardrooom Style Setting)

- 긴 테이블을 중심으로 좌석을 배치하여 회의실 형태로 구성한다.
- 20명 내외의 소수가 참석하는 공식 회의 및 의사결정을 할 때 적합하다.
- 원탁의 장점을 살리면서 원탁형보다 참가 인원이 많은 경우 사용한다.
- 장점: 참가자 간 소통하기 쉽다.
- 단점: 공간 활용도가 낮다, 발표 중심 행사에는 비효율적이다.

④ T자형 배치(T-Shape Setting)

- 책상과 좌석을 'T'자 형태로 배치하여, 중앙에 발표자나 주도자가 위치하고, 참가자들이 세로줄과 가로줄로 앉는 형태이다.
- 일반적으로 소규모 공식 회의나 토론 회의에서 사용한다.
- 장점: 회의 리더와 참가자 간 원활한 의견 교환이 가능하다, 이사회형 배치보다 공간 활용도가 높다.
- 단점: 대규모 회의에는 부적절하다, U자형보다 참가자 간 상호작용이 어렵다.

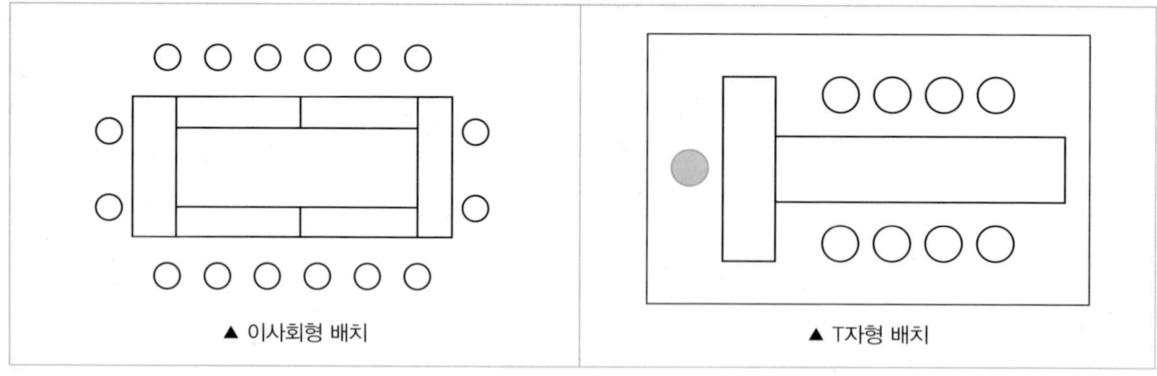

▲ 이사회형 배치

▲ T자형 배치

⑤ 교실식 배치(Classroom Style Setting)

• 책상과 의자가 일렬로 배치되며, 발표자를 향해 배열되는 형태이다.

• 보편적 형태의 회의장 배치형으로 장시간 강의 청취와 필기, 문서 작업을 해야 하는 교육, 워크숍, 학술 세미나에 적합하다.

⑥ 원형 테이블 배치(Round Table Setting)

• 원형 테이블을 배치하고 참가자들이 둘러앉는 형태이다.

• 평등한 의견 교환과 그룹 토론에 적합하며 팀워크 및 협업 회의에 효과적이다.

• 오찬, 만찬 등의 행사에도 사용한다.

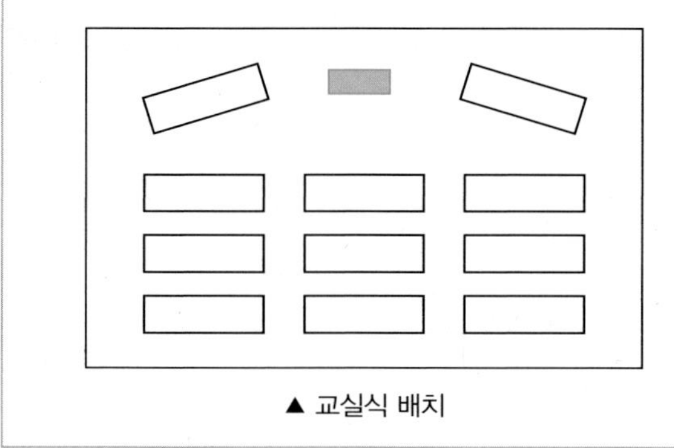

▲ 교실식 배치

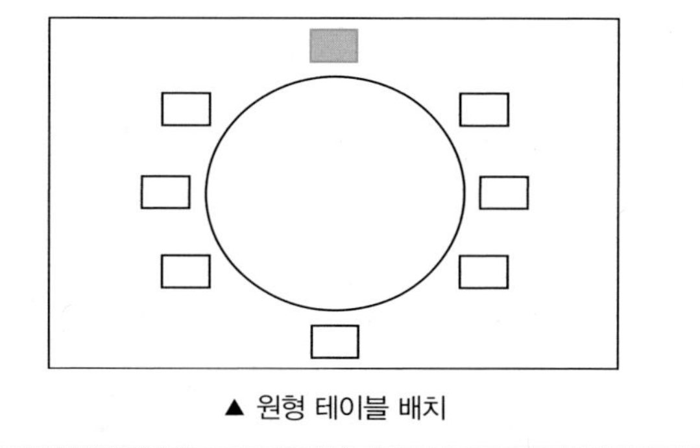

▲ 원형 테이블 배치

⑦ 암체어형 배치

장시간 토론을 요하는 행사일 경우, VIP만을 위한 행사 혹은 특별한 목적의 행사에 적합한 좌석 배치이다.

4) 외부연사 초대

① 초대장 제작

• 미리 연락하여 일정을 확인하고 연사의 약력을 알아둔다.

• 최소 10일 전에 상대의 일정을 확인하여 초대장을 발송한다.

• 초대장은 2~3일 전에 이메일이나 팩스로 발송한다.

〈외부연사에게 통지할 내용〉

• 회의 날짜, 시간, 장소
• 회의 목적과 성격
• 진행 순서와 프로그램
• 담당자 연락처, 교통수단
• 좌석의 배치, 사용 가능한 기자재, 대기실 및 휴게실 정보

---

② 참석자 확인

• 미리 참석자 명단을 작성하여 회신이 올 때마다 확인한다.

• 참석이 확인된 사람부터 명찰을 준비한다.

③ 명찰과 명패 준비

명찰	• 명찰은 투명 플라스틱이나 비닐로 제작된 커버를 사용한다. • 명찰은 이름, 소속, 직위 등을 기재하여 제작한다. • 인적사항에 오류가 생기지 않도록 정확히 확인한다.
명패	• 참석자들끼리 이름을 모르는 경우 효과적이다. • 참석자 좌석을 미리 정해 놓을 경우, 명패를 비치한다. • 투명 플라스틱으로 제작하여 회의 때마다 인적사항을 교체하여 사용한다.

5) 회의 자료 준비 ★

① 자료 준비

- 사전에 고려할 사안이나 자료를 미리 배부할 필요가 있는 경우 자료를 첨부하여 '출석 전에 반드시 읽어 주십시오.'라는 글을 적어 안내서에 동봉한다.
- 회의에 필요한 자료는 미리 출력하여 여유있게 준비한다.
- 예상 참가자 명단도 작성하여 자료에 첨부한다.

② 비품 준비

회의에 필요한 모든 비품은 체크리스트를 사용하여 점검하면서 준비하는 것이 좋다.

〈회의 프로그램〉
- 목적: 회의의 목적을 효과적으로 달성하기 위해 수립한다.
- 회의 일정을 한눈에 보기 쉽게 작성한다.
- 회의 기간 중 참가자의 행동 요령 지침에 대해 설명한다.
- 각 프로그램은 많은 참여를 유도할 수 있도록 다양하고 효율적으로 구성한다.

〈제안요청서(RFP; Request for Proposal) 포함 사항〉
- 행사 일시
- 행사 개요
- 행사 목적
- 주최/주관 기관
- 제안서 평가 방법

---

③ 참가자 등록 관리

- 등록 신청서는 가급적 손쉽게 작성할 수 있도록 한다.
- 등록 절차는 사전 등록과 현장 등록으로 구분하며, 요즘은 이메일을 통해 등록 신청서를 받는 경우가 증가하고 있다.
- 명단은 국적별 또는 알파벳순으로 정리하는 경우가 많으며, 두 가지를 병용하여 열람할 수 있게 한다.
- 명부에는 가능한 많은 정보를 수록하는 것이 좋으므로 국적, 성명, 주소, 숙소 등의 정보를 기재하는 것이 좋다.
- 등록 명부나 참가자 숙박 정보는 데이터베이스로 구축해 두는 것이 좋다.

구분	내용
사전 등록	• 회의 전 규모를 예측하고 준비할 수 있다. • 회의 당일 접수 및 본인 확인 등의 시간을 절약하고 혼잡을 줄일 수 있다. • 신청비를 할인하여 참여도를 높일 수 있다.
현장 등록	• 회의 당일 현장에서 등록하고 참석하는 것을 말한다. • 참가자가 몰리게 되면 혼잡해지고 시간이 낭비된다. • 동선 확보가 쉬운 곳(본회의장의 중앙 로비나 참석자의 왕래가 잦은 곳)에 데스크를 설치하는 것이 좋다. 단, 참가자들의 통행을 방해하지 않도록 해야 한다.

④ 명패와 명찰

• 좌석이 미리 정해졌을 경우에는 탁자 위에 올려놓는다.

• 명패나 명찰에 기재하는 이름, 소속, 직위 등에 오류가 없도록 정확히 기재한다.

⑤ 기자재 관리

음향 시스템, 연설대, 조명, 스크린, 영사기, 동시통역기, 포인터 등

⑥ 편의품 제공

• 회의장 안내서와 도면을 넣어 편의를 제공한다.

• 회의 취지를 알릴 수 있는 내용을 고지하고 행사 자료를 제공한다.

• 전시회 및 관광 안내 자료 등을 제공한다.

6) 회의 당일 업무

① 회의 개최 전 ★★

구분	내용
회의 시작 전	〈회의 시설 점검〉 • 방문객이 회의 장소를 찾아올 수 있도록 출입문, 복도, 회의실 입구 등에 안내문을 부착한다. • 미리 도착하여 회의에 필요한 자료와 기자재를 점검하고 테이블에 세팅한다. 〈응대 및 접수〉 • 방명록에 서명을 받고 당사자에게 명찰을 배부한다. • 참가비나 회비를 받는 경우 날인 등 영수증 발급을 위해 준비해 둔다. • 식사가 준비된 경우 인원을 파악하여 담당자에게 통보한다. • 회의용 자료, 회의 일정표, 기념품 등을 미리 준비하고 배부한다. • 개회 시간이 다가오면 출석 상황을 진행자에게 보고하고, 회의가 정시에 개최될 수 있도록 준비한다.
회의 중	• 회의장 주변에 소음이 발생하지 않도록 살피고 '회의 중'이라는 표지판을 부착하여 회의와 관련 없는 사람들의 출입을 통제한다. • 회의 진행에 방해가 되는 요소가 발생하지 않도록 수시로 점검하고 행사 진행 도우미를 배치한다. • 늦게 도착하는 참석자는 조용히 장내로 안내하고 도중에 나오는 사람도 안내할 수 있게 한다. • 회의 중 기자재 상태, 회의장 내 시설, 음료 상태 등을 수시로 점검한다.
회의 종료 후	• 주차권을 배부하거나 주차 요금 정산에 대해 안내한다. • 명찰과 대여한 물품이 있다면 회수한다. • 회의장을 깨끗하게 정돈한다. • 회의장 관리인에게 회의 종료를 알린다.

7) 숙박 관리

① 호텔 선정 시 고려 사항
- 회의장과의 교통 및 위치적 편리성
- 참가자에게 적합한 숙박시설 수준
- 충분한 인근 부대 시설
- 행사 진행을 위한 적정 수준의 인적자원 보유
- 안전관리 시설 구축
- 회의 개최에 관한 업무 노하우 보유

② 객실 확보
- 참가자 수 추정 및 투숙객 파악
- 객실의 요금과 요금 지불 방법, 투숙 일자 등 확인
- 숙박 신청서 접수 후 우선순위에 따른 객실 배정
- 참가자에게 예약 확인 사항을 안내하고 숙박 호텔에 명단 제공

MICE 산업

01 MICE 산업의 개념

1) MICE의 개념 ★★★

① MICE는 기업회의(Meeting), 포상관광(Incentive Travel), 컨벤션(Convention), 전시 및 이벤트(Exhibition&Event)를 융합한 산업으로 기업 및 단체 중심의 대규모 행사와 경제적 파급 효과가 큰 산업을 말한다.

② MICE 산업은 숙박, 쇼핑, 이벤트 등 관광 및 다양한 산업과 상호 의존성이 높고, 매우 밀접하게 연계된 구조로 고소비, 고양질의 관광객을 대량 유치할 수 있는 산업이다.

③ 지식 집약적 산업으로 인식되어 무형적 가치가 큰 고부가가치 산업이다.

④ 'MICE'란 용어는 홍콩, 싱가포르, 일본, 한국 등 동남아시아권에서 많이 사용되는 용어이다.

⑤ 미주지역은 'Event', 유럽지역은 'Conference'라는 용어로 광범위하게 사용된다.

⑥ MICE 산업은 공장을 운영할 필요가 없으며, 오염물질을 배출하지 않으므로 '굴뚝 없는 황금 산업'이라고 불린다.

구성 요소	내용	주요 목적
Meeting (기업회의)	• 기업, 기관, 단체 등이 특정 목적을 가지고 진행 • 소규모 내부 회의부터 대규모 국제 포럼까지 다양한 형태가 존재	기업 회의, 연구 발표, 산업동향 공유 예 회의, 세미나, 포럼, 워크숍
Incentive Travel (포상관광)	직원, 협력사, 고객을 대상으로 동기부여 및 보상 차원에서 제공되는 여행 프로그램	직원 보상, 동기부여, 네트워크 강화 예 A기업 우수사원 해외연수
Convention (컨벤션)	• 국제회의 및 학술대회, 정상회담 등 대규모 회의 및 협의체 행사 • 수백 명~수만 명이 참석하며, 정치, 경제, 학술, 산업 분야의 주요 행사 진행	국제회의, 학술 발표, 정책 논의 예 UN 기후변화회의, 세계경제포럼
Exihibition&Event (전시&이벤트)	• 산업별 전시회, 박람회, 신제품 발표회, 브랜드 행사 등 대중과 기업 간의 만남을 위한 대규모 행사 • 기업의 신제품 소개, 마케팅, 비즈니스 파트너십 구축을 위한 플랫폼	제품 홍보, 기업 마케팅, 대중 행사 예 자동차 모터쇼, 국제박람회, B사 신제품 발표회

2) MICE 산업의 중요성 ★★

① MICE 참가자들은 일반 관광객보다 비즈니스 목적의 대규모 방문으로 소비 지출이 2~3배 이상 높아 고부가가치를 창출한다.
② 숙박, 항공, 교통, 요식업, 쇼핑, 관광지 방문 등 연관 산업으로 직접적인 지역경제를 활성화한다.
③ 세계적으로 도시 브랜드 가치를 상승시키는 국가 홍보 전략으로 활용할 수 있다.
④ 관광객 유치로 외화를 벌어들이는 대표적인 서비스 산업으로, 고용 창출 효과가 크다.
⑤ 국제회의 참가자는 자연스럽게 홍보대사 역할을 하여 국가 이미지 향상에 기여한다.

3) MICE 산업의 특징 ★

공공성	• MICE 산업을 활성화시킬 수 있는 교통, 통신, 법적인 지원 등이 필요하기 때문에 정부와 지역사회의 적극적인 참여가 필요하다. • 컨벤션 센터를 건립하는데 막대한 비용이 들며 건립 후에도 지속적인 지원이 필요하다.
지역성	• MICE 산업은 지역의 고유한 특성을 바탕으로 독특한 문화적 이미지와 브랜드를 창출한다. • 지방정부가 MICE 산업을 해당 지역의 마케팅 방안으로 활용할 수 있다.
경제성	• 관련 시설의 건설과 투자, 생산 및 고용 유발 등의 경제적 파급효과가 크다. • 고용, 소득증대 등의 지역 경제를 활성화한다. • MICE 산업은 비즈니스 목적 중심이므로, 관광업과 달리 성수기, 비수기가 명확하지 않아 오히려 비수기에도 경제를 활성화시킬 수 있다. 즉, MICE는 관광 성수기 확대보다는 관광 비수기 보완 효과가 크다.
관광연계성	• 일반 관광객에 비해 경제력이 높은 참가자들이 관광하면서 관광 관련 산업의 수익 창출과 활성화를 일으킨다. • 회의 기간 동안 혹은 전, 후로 실시되는 관광 행사를 통해 기존 관광 상품 및 신규 상품을 홍보할 수 있다.

02 MICE의 4대 산업 ★★★

1) Meeting(기업회의)

① 개념

• 기업회의는 특정 조직(기업, 협회, 정부기관 등)이 내부 또는 외부 이해관계자들과 정보를 공유하고 의사결정을 내리기 위해 개최하는 공식적인 회의이다.
• 단순한 회의뿐만 아니라 워크숍, 세미나, 교육, 네트워킹 행사 등 다양한 형태로 진행될 수 있으며, 기업의 비즈니스 성과를 높이고 협업을 강화한다.
• 최소 10명 이상의 참가자와 최소 4시간 이상 진행되는 모든 회의를 의미한다.

② 특징

• 대부분 동일 조직 구성원들이 참석하며, 구체적인 의사결정이나 계획 수립 등 실무 중심의 내용으로 회의를 진행한다.
• 내부 이해관계자들을 중심으로 진행되며, 일반인에게 공개되지 않는다.
• 월례회의, 연례회의 등 정기적 또는 비정기적으로 운영된다.
• 기업회의는 숙박, 교통, 회의장 임대, 식음료, 콘텐츠 제작 등 다양한 산업과 연계되어 지역경제에 직접적인 소비 효과를 창출한다.

2) Incentive Travel(포상관광)

① 개념

- 기업이 직원 또는 거래처를 대상으로 제공하는 보상 여행이다.
- 개인이 아닌 기업, 단체에서 일체 또는 일부 경비를 부담하여 효과적으로 목표를 달성한 직원에게 보상을 주는 것이다.

  예 우수사원 해외 연수, 판매 실적 우수자 대상 여행

② 특징

- 개인이 아닌 기업 단위의 그룹 여행이 대부분이라 대규모 관광단이 이동한다는 점에서 고수익을 창출할 수 있으며, 날씨에 영향을 받지 않으므로 비수기를 타개할 수 있다.
- 포상관광은 평균 소비액이 단체 관광객의 약 2배에 달하므로 각국이 집중하여 유치하고자 한다.
- 정치, 경제 산업에서 시너지 효과가 높다는 점과 함께 MICE 산업을 중심으로 다양한 산업군의 성장으로 새로운 일자리 창출에 기여한다.
- 포상관광은 상여금 형태의 포상 방법보다 회사의 분위기 쇄신, 사기진작, 매출액 향상 등에 더 효과가 큰 것으로 밝혀졌다.

3) Convention(컨벤션)

① 개념

- 컨벤션 산업은 대규모 국제회의, 학술대회, 기업 행사, 박람회 등을 기획하고 운영하는 산업을 의미한다.
- 단순한 회의 개최를 넘어 비즈니스, 관광, 학술 교류, 네트워킹, 전시회, 이벤트 등의 목적을 가진 다양한 행사와 연계되어 무형적 가치가 있는 지식기반의 고부가가치 산업이다.
- 어원은 라틴어 'con(함께, 같이)'과 'venire(오다, 모이다)'가 결합한 'conventio(합의, 회합)'로 '함께 만나다.'의 의미를 갖는다.
- 컨벤션 관광객은 일반 관광객보다 체류 기간이 길고 지출액도 2배가 넘어 '서비스 산업의 꽃'으로 불린다.

② 컨벤션 산업의 중요성

- 국제회의 산업과 같은 아이디어 중심의 서비스 산업은 향후 자원중심적인 제조업을 대체할 수 있는 잠재력을 지닌 산업으로 적극적으로 개발하고 투자해야 한다.
- 활발한 국가별 교류와 협력을 통한 국제적인 연대와 협력 활동으로 인해 컨벤션 산업의 수요가 증가할 것이다.
- 지역경제 활성화와 외화수익에 기여하는 무공해 산업이란 순기능을 한다.

③ 컨벤션의 파급 효과

경제적 효과	• 참가자의 직접 소비에 의한 경제 승수 효과 • 선진국의 기술력을 벤치마킹하여 국가 경쟁력 강화 • 개최도시 및 개최국가의 세수 증대 • 교통발달, 고용 증대, 환경 및 조경 개선, 시설물의 정비 등으로 산업 전반의 발전에 긍정적인 영향을 줌
정치적 효과	• 국가 홍보의 극대화 • 개최국의 국제적 지위 향상 • 문화 및 해외 교류의 확대
사회문화적 효과	• 도시화, 근대화 등의 지역 문화 발전 • 세계화와 질적 수준의 향상 • 고유문화의 세계 진출 기회와 국가 이미지 향상의 기회 • 다양한 문화적, 언어적 배경을 가진 참가자들의 문화적 파급 효과 기대
관광산업 발전 효과	• 계절에 영향을 받지 않아 관광 비수기 타개 가능 • 대규모 관광객 유치

④ 개최시설의 종류

종류	내용
호텔 회의장	호텔 본래의 기능에 컨벤션 기능을 추가하여 회의장, 숙박시설, 식음료 서비스가 같은 장소에서 이루어진다는 장점이 있다.
리조트	회의 및 박람회와 관련된 편의시설을 제공할 뿐만 아니라 동시에 휴가시설도 제공한다.
컨벤션 센터	산업계 전시회를 개최하기 위해 대규모의 공간을 제공하며 회의, 연회, 협회의 리셉션 등을 위한 소규모 공간도 제공한다.
콘퍼런스 센터	20~50명 정도의 참가자들이 중·소규모의 회의를 개최할 때 적합한 시설이다.
대학시설	기술적이거나 과학적인 성격을 띠는 회의는 대학교의 실험실을 이용할 수 있으며, 비용절감의 장점이 있다.

⑤ 컨벤션 개최지 선정 과정

단계	내용	예시
1단계	회의 목적 확인	교육, 비즈니스 등
2단계	회의 일정 계획 및 개발	전체 세션 및 동시 세션 등
3단계	회의 시 물리적 요구사항 결정	선호 일정, 예상 참가 인원 등
4단계	참가자의 요구와 기대 고려	참가자 연령, 가족 동반 유무 등
5단계	개최지와 시설의 종류 선택	공항 호텔, 교외 호텔 등
6단계	개최지 평가 및 선정	최종 선정

〈컨벤션 주요 운영처〉

- CVB(Convention & Visitors Bureau): 컨벤션 앤 비지터스 뷰로
  - 특정 도시나 지역의 관광 및 MICE 산업을 활성화하기 위해 운영되는 '비영리 기관'이며 컨벤션 도시를 판매하는 것이 주요 업무이다.
  - 국제회의 유치 추진 절차부터 행사장 선정, 유치 제안서 작성, 현지 설명회 개최, 마케팅, 소요예산 분석, 국제기구 임원을 대상으로 한 홍보 활동까지 컨벤션의 고유 기능에 관광 홍보 역할을 추가한 것이다.
  - 일반적으로 지방정부, 관광청, 상공회의소, 호텔 및 컨벤션 센터 운영사 등과 협력하여 운영된다.
- PCO(Professional Convention Organizer): 전문 컨벤션 기획사
  - 국제회의, 학술대회, 전시회, 기업 행사 등 MICE 이벤트를 기획하고 운영하는 전문 조직 또는 기업을 의미한다.
  - 기업이나 정부에서 자체적으로 컨벤션을 담당하는 조직이 없을 경우, 행사 주최 측으로부터 국제회의 개최와 관련한 다양한 업무를 위임받아 전체적 또는 부분적으로 대행해주는 영리업체이다.
  - 주요 업무는 회의 특성 파악, 회의 일정 결정, 행사지원 기관 검토, 재정 확보, 홍보 활동 등이 있다.

4) Exhibitions&Events(전시&이벤트)

① 개념

기업, 기관, 단체 등이 특정 주제나 목적을 가지고 제품, 기술, 서비스 등을 소개하고 홍보하는 행사를 의미한다.

② 특성

- 다른 방법들보다 직접적인 대면 접촉으로 고객들과 긴밀한 소통이 가능하다는 장점이 있다.
- 제품 시연을 통해 상품의 우수성과 신뢰성을 효과적이고 경제적으로 전달하여, 고객들에게 역동적인 판매를 할 수 있는 공간적 이점이 있다.
- 전시회는 실제 정보를 수집할 수 있는 유용한 도구이다.

의전 실무

01 의전의 개념

1) 의전의 의미 ★

① 의전(儀典, Protocol)이란 공식적인 자리에서 행사, 회의 또는 특정한 절차를 진행할 때 지켜야 하는 격식과 규범을 의미한다. 의전은 정부기관, 기업, 국제기구, 군대 등 다양한 조직에서 활용되며, 주요 목적은 행사의 품격을 유지하고, 원활한 진행을 보장하며, 조직의 신뢰도를 높이는 것이다.

② 의전은 단순한 형식적인 절차가 아니라, 행사나 공식적인 자리에서 격식을 갖추고 예우를 표하는 방식이다. 이는 상대방에 대한 존중을 나타내는 중요한 요소이며, 특히 외교 및 국제관계에서는 국가 간 관계를 원활하게 유지하는 필수적인 요소이다.

③ 동양에서 한자 '儀(의)'는 예식과 격식을, '典(전)'은 규범과 절차를 의미하며, 즉 공식적인 절차와 예법을 갖춘 규범을 뜻한다.

④ 라틴어인 'Protocollum'에서 유래하였고, 원래 공식 문서의 첫 페이지를 뜻했으나, 점차 공식적인 절차와 규범을 의미하게 되었다.

> **기적의 TIP**
>
> 개인 간에는 예절인 'Etiquette', 국가 간에는 의전인 'Protocol'을 구분해서 외우세요.

2) 의전의 중요성

① VIP 고객의 경우, 사전 예약과 사후 관리에 긴밀한 응대가 필요하다.

② 의전은 의식을 갖추고 예를 갖추어야 하므로 높은 수준의 매너가 필요하다.

③ VIP 고객을 위해 주차장에서부터 의전 서비스를 제공하고, 전문 직원이 밀착 서비스를 제공하는 것이 좋다.

④ 행사 중 서로 이해관계가 있는 VIP 고객 간의 자리 배석과 공간적 거리를 염두하여 사전 행사 준비를 한다.

3) 의전의 범위

① 국가 및 외교 의전

② 국가원수 및 고위급 인사의 방문과 영접에 따른 의전

③ 외교 사절의 파견과 접수

④ 기업의 VIP 및 대내외적 비즈니스 의전

4) 의전의 기본정신 5R

상대에 대한 존중 (Respect)	• 상대 문화와 상대방에 대한 존중과 배려를 해야 한다. • 문화적 차이를 인정하고 효율적으로 조율해야 좋은 결과를 얻을 수 있다. 　🔑 인도 국가에서는 손으로 음식을 먹는 것이 전통이며, 특히 오른손만 사용하는 것이 예의이다.
상호주의 원칙 (Reciprocity)	• 내가 배려한 만큼 상대방으로부터 배려받기를 기대하는 것이다. • 국력과 관계없이 모든 국가가 동등한 대우를 받아야 한다. • 상호주의는 국가의 위상과 존엄에 직결되므로 매우 중요하게 여겨진다. 의전상 소홀한 점이 발생할 경우, 외교 경로를 통해 그에 상응하는 조치를 검토하기도 한다.
문화의 반영 (Reflecting)	• 의전의 격식과 관행은 특정한 시대와 지역 문화를 반영한다. • 영구적인 것이 아니라 시대에 따라 변화될 수 있다. 　🔑 동양문화에서는 나이가 많은 연장자를 우대하지만, 서구문화에서는 여성에 대한 예우가 특별하다.
서열 (Rank)	• 의전행사에 있어서 핵심이며 가장 기본이다. • 참석자들 간의 서열을 무시하는 것은 상대 국가나 조직에 대한 모욕이 될 수 있다. • 서열을 정하기 어려울 경우에는 알파벳 순서로 정한다.
오른쪽 상석 (Right)	• 유교 전통(왕이 동쪽을 바라볼 때 오른쪽이 길한 방향)과 기독교적 영향(하나님의 오른편이 권위의 자리)이 결합되어 오른쪽이 유리한 위치로 자리 잡았기 때문에 우선시 되었다. • 차석(No.2)은 VIP(No.1)의 오른쪽에 위치한다. • 국기에 대해서는 상석을 절대 양보하지 않는 관행이 있어 자국의 국가와 상대 국기를 함께 배치하기도 한다.

5) 의전 서열 ★

기본적인 관례상의 서열은 아래와 같다.

- 관례상 서열은 관례적으로 행해오는 기준을 근거로 사람과 장소에 따라 정해진다.
- 연령 혹은 직위가 높을수록 상위 기준의 서열이 된다.
- 여성이 상위 기준이며, 단 남성이 대표로 참석했다면 예외이다.
- 부부 동반의 경우 남편의 서열과 아내의 서열이 동급이 된다.
- 외국인이 상위 기준이 된다.
  🔑 외국인과 한국인 중 외국인이 상위 기준임
- 여성 간의 서열은 가장 상위 기준부터 '기혼 여성 – 미망인 – 이혼한 부인 – 미혼 여성' 순이다.
- 손님 중에서는 주빈이 상위 기준이 된다.

02 　공식 의전

1) 공항 의전

① 공항 VIP 라운지 예약
② 환영인사 대상과 인원 수 확인
③ 이동차량 확인
④ 카메라 기사 동반

〈CIQ(Customs, Immigration, Quarantine)〉
- 국경을 넘는 사람과 물품이 안전하고 원활하게 이동할 수 있도록 관리하는 필수 절차로 세관(Customs), 출입국관리(Immigration), 검역(Quarantine)을 말함
- 주로 휴대품 검사, 귀빈실 사용 VIP영접, 여권 및 비자의 적절성 검사, 회의 참가 입국자의 건강 이상 유무 및 동·식물 검역 등을 진행

〈더블도어〉
공식 행사, VIP 의전, 보안 구역 출입 시 두 개의 문을 연속적으로 설치하여 출입을 통제하고 보안·위생·기밀 유지 등의 목적을 달성하는 시스템으로, 귀빈 전용 출입국 게이트를 말함

2) 호텔 의전

호텔 선정 시 행사장과의 거리, 의전의 편의성을 고려하여 선정한다.
① 호텔 측 관계자 접촉
② 객실의 종류 및 이용 객실 수 확인
③ 객실 내 노트북과 팩스 등 설치 여부 확인
④ 엘리베이터 상태 및 VIP 전용 여부 확인
⑤ Express Check-in 확인
⑥ 객실 환영 인사 카드, 꽃다발, 과일 바구니 등 확인

03) 선물 의전

1) 선물 의전의 개념

선물 의전은 공식적인 행사, 비즈니스 미팅, 외교 활동, MICE 산업 등에서 선물을 증정할 때 지켜야 할 규범과 절차를 의미한다.

2) 선물의 의미 ★

① 단순한 선물 교환을 넘어 상대방에 대한 존중을 표현하고 관계를 강화하는 중요한 의사소통 수단이 된다.
② 국제 비즈니스 및 외교 무대에서는 국가별 문화와 규범이 다르므로 적절한 선물 의전이 필수적이다.
③ 대부분의 국가에서 외국 정상 등 귀빈을 위한 선물을 준비할 경우, 고가의 선물보다는 자국을 상징할 수 있는 선물이 좋다.

3) 적합한 선물

① 자국이나 기업을 상징할 수 있는 전통 공예품, 특산품, 소개 책자 등
② 특유의 유서 깊은 문화와 예술이 잘 드러나는 예술 작품, 디자인 제품, 공예품
③ 수첩, 캘린더 등 양질의 문구류
④ 커피, 차(tea), 초콜릿, 과일 바구니 등

프레젠테이션

01 프레젠테이션의 이해

1) 프레젠테이션의 의미

① 프레젠테이션(Presentation)은 청중을 대상으로 정보를 전달하거나 설득하는 행위를 의미한다.

② 비즈니스, 학술, 교육, 마케팅 등 다양한 분야에서 활용되며, 말하기, 시각 자료(슬라이드), 바디 랭귀지 등을 활용하여 효과적으로 메시지를 전달하는 것이 핵심이다.

2) 프레젠테이션의 목적

① 신제품에 대한 정보 전달 및 소개

② 신규 사업 추진을 위한 고객 설득

③ 신사업 투자를 위한 제안

④ 직원들의 사기 진작과 동기부여

⑤ 행사나 기념식 등을 위한 발표

3) 프레젠테이션의 중요성 ★

① 효과적인 정보 전달

청중이 이해하기 쉽도록 시각 자료와 논리적 구조를 활용하여 핵심 메시지를 명확하게 전달한다.

② 설득력 강화

비즈니스 협상, 투자 유치, 마케팅 전략 등에서 논리적인 근거와 스토리텔링을 통해 상대방을 설득하는 역할을 수행할 수 있다.

③ 커뮤니케이션 능력 향상

발표자는 명확한 의사소통을 통해 자신감과 전문성을 높일 수 있으며, 청중과의 상호작용을 강화할 수 있다.

④ 조직 및 팀 내 협업 강화

프로젝트 보고, 아이디어 공유, 교육 등을 통해 조직 내 원활한 소통과 효율적인 협업을 촉진할 수 있다.

⑤ 개인 및 기업의 경쟁력 강화

효과적인 프레젠테이션은 개인의 리더십 및 역량을 강화하며, 기업의 브랜드 이미지 및 신뢰도를 높이는 데 기여한다.

1) People(청중분석)

① 프레젠테이션의 핵심은 '누구에게' 전달하는가에 있으며, 청중의 특성에 따라 발표 내용과 방식이 달라져야 한다.

② 청중의 연령대, 직업, 관심사, 경력 등 청중에 대한 전반적인 이해와 배경지식의 확보가 필요하며 이는 프레젠테이션에서 매우 중요하다.

2) Purpose(목적분석)

프레젠테이션의 최종 목표가 정보 전달, 고객 설득, 투자 제안, 동기부여 등 무엇인지 명확하게 해야 한다.

3) Place(장소분석)

① 발표 환경이 프레젠테이션의 성공에 큰 영향을 끼치므로 사전에 장소와 환경을 분석해 두어야 한다.

② 장소에 따라 PC 환경, 음향, 조명, 장비, 좌석 배치 등을 고려하고 점검한다.

기적의 TIP

성공적인 프레젠테이션을 위해서는 '누구(청중)에게, 왜(목적) 이야기하는지, 어디서(장소) 발표하는지'에 대한 철저한 분석이 필요하다.

---

03 프레젠테이션의 구성

1) 프레젠테이션의 구성 내용 ★

구성	내용
서론	• 주제 소개 및 목적 설명 • 청중의 관심을 끌기 위한 오프닝(질문, 스토리, 데이터 활용) • 발표 개요 및 진행 순서 안내
본론	• 핵심 내용 전달(논리적 구조 유지) • 데이터, 그래프, 사례 분석 활용 • 메시지를 효과적으로 전달할 수 있는 시각 자료 포함
결론	• 핵심 메시지 요약 • 청중이 기억해야 할 주요 내용 강조 • 행동 유도(Call to Action) 또는 질의응답 진행

1) 발표자의 전달력 ★

① 명확한 발음과 발성
- 또렷한 발음과 적절한 속도로 말해야 청중이 이해하기 쉽다.
- 목소리의 강약과 억양을 조절하여 핵심 메시지를 강조한다.

② 시각적 자료 활용
- 슬라이드, 차트, 영상 등을 사용하여 메시지를 효과적으로 전달한다.
- 텍스트보다 이미지와 키워드를 활용하여 가독성을 높이는 것이 좋다.

③ 보디랭귀지와 아이 콘택트
- 손짓, 표정, 제스처를 자연스럽게 활용하여 청중의 집중력을 유지시킨다.
- 청중과 아이 콘택트를 유지하며 신뢰감을 형성한다.

④ 논리적이고 체계적인 구성
- 발표의 도입, 본론, 결론을 명확하게 정리하여 논리적인 흐름을 유지한다.
- 청중이 핵심 메시지를 쉽게 따라갈 수 있도록 간결하게 전달한다.

⑤ 청중과의 상호작용
- 질문을 던지거나 실시간 피드백을 통해 청중의 참여를 유도한다.
- 청중의 반응을 확인하며 발표 흐름을 조정한다.
- 사전에 발표할 내용을 숙지하고 필요한 경우 간략히 메모를 준비하되 자주 확인하지 않도록 한다.

2) 전달력에 영향을 미치는 요소

구분		내용
음성적 요소	목소리, 말투	• 발음, 억양, 속도, 음량이 명확해야 한다. • 중요한 부분은 강조하고, 적절한 멈춤(pause)을 활용한다.
시각적 요소	자세	• 보디랭귀지(제스처, 표정, 아이 콘택트)를 활용하여 신뢰감을 형성한다. • 한곳에 오래 머무르지 않고, 자연스럽게 이동한다. • 책상에 팔을 괴지 않으며, 청중에게 등을 보이지 않는다.
	제스처	• 팔짱을 끼거나 주머니에 손을 넣지 않는다. • 손을 앞으로 모은 것은 자신감이 없어 보이고, 뒷짐을 지는 것은 거만해 보이는 인상을 줄 수 있다. • 대상을 지칭할 때 손을 펴서 손바닥을 위로 한 상태로 하며, 손가락이나 포인터로 가리키지 않는다.
언어		쉽고 이해하기 쉬운 단어를 사용한다.
시선처리		좌우로 청중을 바라보며 반응을 살핀다.

일반형

01 회의장의 배치 형태 중 장시간의 강의 청취와 필기에 적합한 세팅은?
① U자형 배치
② T자형 배치
③ 극장식 배치
④ 교실식 배치
⑤ 이사회형 배치

02 의전 시 계급에 따른 호칭 사용이 적절하지 <u>않은</u> 것은?
① 문서에는 상사의 존칭을 생략한다.
② 상사에게 자신을 지칭할 때는 '저'를 사용한다.
③ 하급자에게 초면인 경우나 직위가 없는 경우 '님'을 사용한다.
④ 상급자에게는 성과 직위 다음에 '님'이라는 존칭을 사용한다.
⑤ 상급자의 이름을 모를 경우 직위에만 '님'이라는 존칭을 사용한다.

03 다음 중 회의의 원칙으로 옳지 <u>않은</u> 것은?
① 회의 비공개의 원칙
② 발언 자유의 원칙
③ 일의제의 원칙
④ 비폭력의 원칙
⑤ 일사부재의 원칙

04 다음에서 설명하는 것은 무엇인가?

> 제시된 주제에 대해 상반된 견해를 가진 동일 분야의 전문가들이 사회자의 주도하에 청중 앞에서 말하며 청중의 참여 기회가 많다.

① 컨퍼런스
② 콩그레스
③ 패널토론
④ 세미나
⑤ 공개토론

05 다음 중 회의의 개념과 가장 거리가 <u>먼</u> 것은?

① 회의란 2명 이상이 특정한 목적을 가지고 모여 논의하고 의사결정을 하는 과정을 말한다.

② 정형화된 형식과 규칙은 없으므로 융통성 있게 진행한다.

③ 모든 구성원이 참여하여 정보와 의견을 교환함으로써 최선의 방안을 모색하는 것이다.

④ 협력적이고 우호적인 분위기에서 참석자 전원이 자신의 의견을 자유롭게 발표하고 비판하며, 최선의 의견을 결정하는 것이다.

⑤ 개별 의제를 다수결 원칙하에 능률적으로 결정해 나가는 진행 절차이다.

06 다음 중 회의의 목적과 가장 거리가 <u>먼</u> 것은?

① 지식 및 정보전달

② 아이디어 고안

③ 신사업 투자를 위한 제안

④ 문제의 해결

⑤ 구성원 간 유대감 증진

07 다음 중 회의 개최지 선정 시 일반적인 고려 사항으로 가장 적절하지 <u>않은</u> 것은?

① 개최 시기의 기후

② 도시 브랜드와 이미지

③ 제반시설 접근성

④ 인적자원의 우수성

⑤ 수도권과의 거리

08 회의의 종류와 그 정의에 대한 설명으로 옳지 <u>않은</u> 것은?

① 컨벤션(Convention): 가장 일반적으로 사용되는 회의 용어로, 대회의장에서 개최되는 일반 단체 회의를 뜻한다.

② 콩그레스(Congress): 주로 유럽 지역에서 많이 쓰는 용어로, 보통 국제적으로 열리는 실무 공식 회의를 지칭한다.

③ 컨퍼런스(Conference): 과학기술, 학술 분야 등의 새로운 지식 공유 및 특정 문제나 전문적인 내용을 다루는 회의이다.

④ 포럼(Forum): 상반된 견해를 가진 동일 분야 전문가들이 한 가지 주제를 가지고 사회자의 주도하에 청중 앞에서 벌이는 공개 토론회로 청중의 참여 기회가 많다.

⑤ 심포지엄(Symposium): 청중 앞에서 여러 명의 연사가 서로 다른 분야의 전문가적 견해를 발표하는 공개 토론회로 청중도 의견을 발표할 수 있다.

09 다음 중 의전의 5R에 해당하지 <u>않는</u> 것은?

① 서열타파
② 상호주의 원칙
③ 상대에 대한 존중
④ 오른쪽 상석
⑤ 문화의 반영

10 MICE 산업의 특징으로 적절하지 <u>않은</u> 것은?

① 지방정부가 MICE 산업을 해당 지역의 마케팅 방안으로 활용할 수 있다.
② MICE 산업을 활성화시키기 위해서는 교통이나 통신, 법적 절차 등의 지원이 필요하다.
③ MICE 산업은 계절에 따라 성수기와 비수기가 구분되므로 관광 성수기 확대 전략으로 활용 가능하다.
④ 회의 기간 동안 혹은 전, 후로 실시되는 관광 행사를 통해 기존 관광 상품 및 신규 상품을 홍보할 수 있다.
⑤ MICE 산업은 그 지역의 고유한 특성을 바탕으로 독특한 문화 이미지와 브랜드를 창출하여 국내 산업에 기여한다.

11 다음 중 각 전문 분야의 주제에 대한 아이디어, 지식, 기술 등을 서로 교환하여 새로운 지식을 창출하고 개발하기 위한 목적의 회의 형태는?

① Forum
② Workshop
③ Seminar
④ Clinic
⑤ Conference

12 다음 중 회의 자료 준비에 대한 설명으로 옳지 <u>않은</u> 것은?

① 회의에 필요한 자료는 참석자 수 만큼 출력하여 딱 맞게 준비한다.
② 편의품으로는 전시회, 관광 안내 자료 등을 제공한다.
③ 회의 준비부터 종료 시까지의 모든 비품은 체크리스트를 사용하여 순차적으로 점검한다.
④ 회의 프로그램은 많은 참가를 유도할 수 있도록 다양하고 효율적으로 구성한다.
⑤ 참가자 명단에 성명, 국적, 소속 등의 정보를 기입할 수 있게 준비한다.

13 선물 의전에 대한 설명으로 옳지 <u>않은</u> 것은?

① 국제 비즈니스 및 외교 무대에서는 국가별 문화와 규범이 다르므로 적절한 선물 의전이 필수적이다.
② 자국이나 기업을 상징할 수 있는 전통 공예품, 특산품, 소개 책자 등이 좋다.
③ 상대방에 대한 존중을 표현하고 관계를 강화하는 중요한 의사소통 수단이 된다.
④ 커피, 차(tea), 초콜릿, 과일 바구니 등을 선물로 준비해도 좋다.
⑤ 자국을 상징할 수 있는 것도 좋지만, 고가의 선물로 존중과 정성을 대신하는 것도 좋다.

14 외부연사 초청을 위한 초대장 작성 시 통지 사항으로 볼 수 <u>없는</u> 것은?

① 회의 목적과 성격
② 진행 순서와 프로그램 목록
③ 담당자 연락처
④ 식사 장소 정보
⑤ 사용가능한 기자재

15 회의실 선정 시 고려 사항으로 옳지 <u>않은</u> 것은?

① 서비스의 질과 인력 수준
② 회의실 배치와 기능
③ 회의실 대관료
④ 위치와 교통수단
⑤ 회의실 층수

16 다음 중 의전의 의미로 옳지 <u>않은</u> 것은?

① 의전이란 공식적인 자리에서 행사, 회의, 또는 특정한 절차를 진행할 때 지켜야 하는 격식과 규범을 의미한다
② 의전을 '프로토콜'이라고도 칭한다.
③ 동양에서 한자 '儀(의)'는 예식과 격식을, '典(전)'은 존중과 배려를 의미하며, 즉 공식적인 예의와 상대를 존중하는 배려심을 뜻한다.
④ 서양에서는 라틴어인 'Protocollum'에서 유래하였고, 원래 공식 문서의 첫 페이지를 뜻했으나, 점차 공식적인 절차와 규범을 의미하게 되었다.
⑤ 의전은 단순한 형식적인 절차가 아니라, 행사나 공식적인 자리에서 격식을 갖추고 예우를 표하는 방식이다.

17 의전의 기본정신인 5R에 대한 설명으로 옳은 것은?

① 상호주의 원칙
② 고위관직자에 대한 존중
③ 연공서열의 원칙
④ 왼쪽 상석
⑤ 현재의 반영

18 기본적인 관례상의 서열에 대한 설명으로 옳지 <u>않은</u> 것은?

① 연령이 많을수록 상위 기준의 서열이 된다.
② 내국인이 상위 기준이 된다.
③ 부부 동반의 경우 남편의 서열과 아내의 서열이 동일하다.
④ 직위가 높을수록 상위 기준의 서열이 된다.
⑤ 손님 중에서는 주빈이 상위 기준이 된다.

19 다음 중 프레젠테이션에 대한 설명으로 가장 옳지 <u>않은</u> 것은?

① 청중을 대상으로 정보를 전달하는 행위이다.
② 비즈니스, 학술, 교육, 마케팅 등 다양한 분야에서 활용된다.
③ 말하기, 시각 자료(슬라이드) 등을 활용하여 효과적으로 메시지를 전달하는 것이 중요하다.
④ 행사나 기념식에서 사용하기도 한다.
⑤ 프레젠테이션의 목적은 청중을 대상으로 설득하고 협상하는 것이다.

20 프레젠테이션의 중요성으로 옳지 <u>않은</u> 것은?
① 의사소통 능력 향상
② 조직 협업 강화
③ 자신감 강화
④ 개인의 리더십 강화
⑤ 기업의 경쟁력 강화

21 프레젠테이션의 3P에 대한 설명으로 옳은 것은?
① 청중(People), 발표자(Presenter), 장소(Place)
② 발표자(People), 장소(Place), 목적(Purpose)
③ 준비(Preparation), 핵심(Point), 청중(People)
④ 청중(People), 목적(Purpose), 장소(Place)
⑤ 연습(Practice), 설득(Persuasion), 정확성(Precision)

22 다음 중 프레젠테이션의 본론 부분에 들어갈 내용으로 맞지 <u>않는</u> 것은?
① 핵심 메시지 요약
② 핵심 내용
③ 데이터
④ 시각 자료
⑤ 사례 분석

23 다음 중 회의 원칙에서 한 번 부결된 안건은 같은 회의(또는 회기) 중에 다시 상정하지 않는다는 원칙이란 무엇인가?
① 일의제의 원칙
② 일사부재의 원칙
③ 회기 불계속의 원칙
④ 정족수의 원칙
⑤ 회기 계속의 원칙

24 다음 중 의전의 5R 중에서 상대 문화와 상대방에 대한 존중과 배려를 생각해야 한다는 것을 의미하는 요소는 무엇인가?

① 문화의 반영
② 상대에 대한 존중
③ 서열타파
④ 오른쪽 상석
⑤ 상호주의 원칙

01 MICE 산업은 Meeting(기업회의), Incentive Travel(포상관광), Country Tour(국토 순례), Exhibition(전시회)가 포함된 포괄적인 관광산업이다.

(① O   ② X)

02 컨벤션 개최는 자연스럽게 홍보대사 역할을 하여 국가 이미지 향상에 기여한다.

(① O   ② X)

03 선물 의전은 공식적인 행사, 비즈니스 미팅, 외교 활동, MICE 산업 등에서 선물을 증정할 때 지켜야 할 규범과 절차를 의미한다.

(① O   ② X)

04 의전의 기본정신 5R은 상대에 대한 존중(Respect), 문화의 반영(Reflecting), 상호주의 원칙(Reciprocity), 서열타파(Rank free), 오른쪽 상석(Right) 이다.

(① O   ② X)

05 프레젠테이션의 3P는 People(발표자분석), Purpose(목적분석), Place(장소분석)이다.

(① O   ② X)

〈보기〉

| ① 상대에 대한 존중 | ② 상호주의 원칙 | ③ PCO | ④ CVB | ⑤ 포럼 |

01 (　　　　　)(이)란 내가 배려한 만큼 상대방으로부터의 배려를 기대하는 것이다.

02 문화적 차이를 인정하고 효율적으로 조율해야 좋은 결과를 얻을 수 있다는 것은 (　　　　　)에 대한 설명이다.

03 (　　　　　)(이)란 특정 도시나 지역의 관광 및 MICE 산업을 활성화하기 위해 운영되는 비영리 기관이다.

04 상반된 견해를 가진 동일 분야 전문가들이 한 가지 주제를 가지고 사회자의 주도 하에 청중 앞에서 벌이는 공개 토론회를 (　　　　　)(이)라고 한다.

05 (　　　　　)은/는 기업이나 정부에서 자체적으로 컨벤션을 담당하는 조직이 없을 경우, 행사 주최 측으로부터 국제 회의 개최와 관련한 다양한 업무를 위임받아 전체적 또는 부분적으로 대행해주는 영리업체이다.

정답 & 해설

일반형

01 ④	02 ③	03 ①	04 ⑤	05 ②
06 ③	07 ⑤	08 ⑤	09 ①	10 ③
11 ⑤	12 ①	13 ⑤	14 ④	15 ⑤
16 ③	17 ①	18 ②	19 ⑤	20 ③
21 ④	22 ①	23 ②	24 ⑤	

OX형

01 ②	02 ①	03 ①	04 ①	05 ②

연결형

01 ②	02 ①	03 ④	04 ⑤	05 ③

일반형

01 ④

교실식 배치는 보편적 형태의 회의장 배치형으로 테이블에서 장시간 강의 청취와 필기, 문서 작업을 해야 하는 교육, 워크숍, 학술 세미나에 적합하다.

02 ③

하급자에게 초면인 경우나 직위가 없는 경우 '씨'를 사용한다.

03 ①

회의는 공개하여 진행되어야 하며, 이것을 공개의 원칙이라 한다.

04 ⑤

공개토론을 포럼이라고도 한다.

05 ②

회의란 일정한 형식과 규칙을 준수하면서 진행하는 것이다.

06 ③

신사업 투자를 위한 제안은 프레젠테이션의 목적에 더 적합하다고 볼 수 있다.

07 ⑤

일반적인 고려 사항에 수도권과의 거리는 해당되지 않는다.

08 ⑤

심포지엄이 아니라 패널토론에 대한 설명이다.

오답 피하기

포럼과 유사한 심포지엄은 제시된 안건에 대해 전문가들이 다수의 청중들 앞에서 벌이는 공개 토론회로, 포럼에 비해 다소 형식에 구애받으며 청중들의 질의나 참여 기회가 적게 주어진다.

09 ①

서열타파가 아니라 서열이다.

10 ③

MICE 산업은 비즈니스 목적 중심이므로, 관광업과 달리 성수기와 비수기가 명확하지 않다. 오히려 비수기에도 행사가 유치되면서 연중 균형적인 관광 수요 창출이 가능하다. 즉, MICE는 관광 성수기 확대보다는 관광 비수기 보완 효과가 크다.

11 ⑤

오답 피하기

- ① Forum: 상반된 견해를 가진 동일 분야 전문가들이 한 가지 주제를 가지고 사회자의 주도 하에 청중 앞에서 벌이는 공개 토론회로 청중의 참여 기회가 많다.
- ② Workshop: 각 전문 분야의 주제에 대한 아이디어, 지식, 기술 등을 서로 교환하여 새로운 지식을 창출하고 개발하는 것이 목적이다.
- ③ Seminar: 주로 교육 목적의 회의로 30명 이하의 참가자가 강사나 교수 등의 지도하에 특정 분야에 대한 각자의 경험과 지식을 발표하고 토론하는 것이다.
- ④ Clinic: 진료나 의료 관련 강습을 말한다.

12 ①

회의에 필요한 자료는 참석자 수보다 더 여유 있게 출력하여 준비한다.

13 ⑤

고가의 선물보다는 자국을 상징할 수 있는 선물이 더 좋다.

14 ④

외부 연사에게 통지할 내용
- 회의 날짜, 시간, 장소
- 회의 목적과 성격
- 진행 순서와 프로그램
- 담당자 연락처, 교통수단
- 좌석의 배치 상태, 사용 가능한 기자재, 대기실 및 휴게실 정보

15 ⑤

회의실 층수는 고려 대상이 아니다.

16 ③

동양에서 '典(전)'은 규범과 절차를 의미한다.

17 ①

의전의 기본정신 5R
- 상호주의 원칙
- 상대에 대한 존중
- 서열
- 오른쪽 상석
- 문화의 반영

18 ②

내국인이 아니라, 외국인이 상위 기준이 된다.
⓬ 외국인과 한국인 중 외국인이 상위 기준임

19 ⑤

청중을 대상으로 설득하고자 하는 목적은 있으나 협상은 거리가 멀다.

20 ③

자신감 강화가 아니라, 설득력 강화이며, 자신감 강화는 프레젠테이션의 중요성이라기보다는 프레젠테이션의 반복적인 연습을 통해 생기는 긍정적인 결과이다.

21 ④

프레젠테이션의 3P
• 청중분석(People): 프레젠테이션의 핵심은 '누구에게' 전달하는가에 있으며 청중의 특성에 따라 발표 내용과 방식이 달라져야 한다.
• 목적분석(Purpose): 프레젠테이션의 최종 목표가 정보 전달, 고객 설득, 투자 제안, 동기부여 등 무엇인지 명확하게 해야 한다.
• 장소분석(Place): 장소에 따라 PC 환경, 음향, 조명, 장비, 좌석 배치 등을 고려하고 점검한다.

22 ①

핵심 메시지 요약은 '결론' 부분이 적합하다.

23 ②

오답 피하기
• ① 일의제의 원칙: 회의에서는 언제나 한 가지 의제만을 상정시켜 다루어야 한다는 원칙이다.
• ③ 회기 불계속의 원칙: 어떠한 회의에 상정되었던 의안이 그 회의가 끝날 때까지 처리되지 않으면 폐기된다는 원칙이다.
• ④ 정족수의 원칙: 회의에서 의안을 심의하고 의결하기 위해, 일정 수 이상의 참석자 수가 필요하다는 원칙이다.
• ⑤ 회기 계속의 원칙: 회기 중에 의결되지 않은 안건을 폐기하지 않고 다음 회기에 계속 심의한다는 원칙이다.

24 ⑤

오답 피하기
• ① 문화의 반영: 의전의 격식과 관행은 특정 시대, 지역 문화를 반영하고, 영구적인 것이 아니라 시대에 따라 변화될 수 있다.
• ② 상대에 대한 존중: 상대 문화와 상대방에 대한 존중과 배려를 해야 한다.
• ③ 서열: 의전행사에 있어서 핵심이며 가장 기본이 된다.
• ④ 오른쪽 상석: 오른쪽이 상석이며 서열을 정하기 어려울 경우에는 알파벳 순서로 정한다.

OX형

01 ②

MICE는 기업회의(Meeting), 포상관광(Incentive), 컨벤션(Convention), 전시 및 이벤트(Exhibition&Event)를 융합한 산업으로 기업 및 단체 중심의 대규모 행사와 경제적 파급 효과가 큰 산업을 말한다.

02 ①

컨벤션 산업은 대규모 국제회의, 학술 대회, 기업 행사, 박람회 등을 기획하고 운영하는 산업을 의미한다. 이는 단순한 회의 개최를 넘어, 비즈니스, 관광, 학술 교류, 네트워킹, 전시회, 이벤트 등의 목적을 가진 다양한 행사와 연계되어 무형적 가치가 있는 지식기반의 고부가가치 산업이다.

03 ①

의전이란 공식적인 자리에서 행사, 회의 또는 특정한 절차를 진행할 때 지켜야 하는 격식과 규범을 의미하며, 선물 의전은 국가적으로 선물을 전달할 때 지켜야 할 규범과 절차이다.

04 ①

서열배제가 아니라 서열이 기본정신 5R에 해당한다.

05 ②

People은 발표자분석이 아니라 청중분석이다.

연결형

01 ②

의전의 기본정신 5R은 상대에 대한 존중, 상호주의 원칙, 문화의 반영, 서열, 오른쪽 상석이다.

02 ①

의전의 기본정신 5R에 대해 묻는 질문으로 상대에 대한 존중(Respect)은 상대 문화와 상대방에 대해 존중하고 배려해야 한다는 것이다.

03 ④

CVB란 컨벤션 앤 비지터스 뷰로 특정 도시나 지역의 관광 및 MICE 산업을 활성화하기 위해 운영되는 비영리 기관이다.

04 ⑤

포럼에 대한 설명으로 포럼은 청중의 참여 기회가 많다는 특징이 있다.

05 ③

PCO란 전문 컨벤션 기획사를 말한다.

실전 모의고사

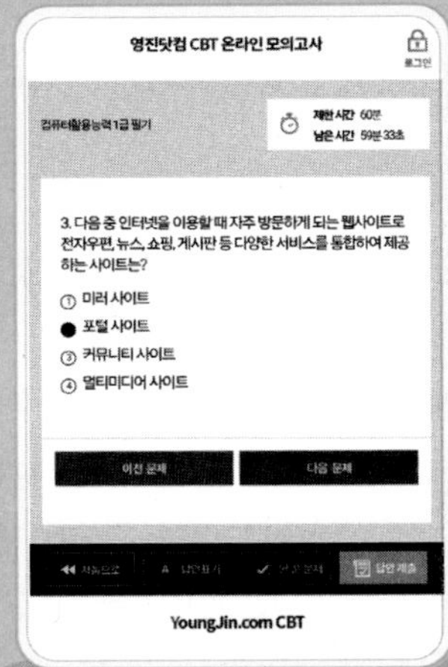

◀ 접속

CBT 온라인 문제집

① QR 코드 찍기(PC는 홈페이지 접속)
② 랜덤 모의고사 무료 응시
③ 풀이 후 자동 채점
④ 해설 즉시 확인 가능

SMAT 모듈A 실전 모의고사 01회

시험 일자	시험 시간	문항 수
년 월 일	70분	50문항

수험번호 : ______________________

성   명 : ______________________

정답 & 해설 ▶ 224p

일반형(01~24번)　　**객관식 문제**

01 **다음의 상황별 전화 응대에 대한 설명으로 옳은 것은?**

① 지명인이 부재중일 때, 개인적인 부재 사유에 대해 정확하게 알린다.

② 회사의 위치를 묻는 경우 일단 대중교통을 이용할 수 있도록 안내해준다.

③ 찾는 사람이 부재중이라면 정중히 사과 후 나중에 다시 전화할 것을 부탁한다.

④ 불특정 고객이 전화 연결을 요청하는 경우, 지명인의 휴대전화번호를 알려줘서는 안 된다.

⑤ 전화가 잘 들리지 않는 경우 "뭐라고요?", "잘 안 들리는데요." 등의 표현으로 통화 상태가 좋지 않음을 명확하게 알린다.

02 **다음 중 비즈니스 현장에서의 장소별 안내 매너로 적절한 것은?**

① 복도에서는 고객보다 2~3보가량 비스듬히 뒤에서 안내한다.

② 엘리베이터에서 승무원이 없을 때는 상급자가 먼저 타도록 안내한다.

③ 계단과 에스컬레이터에서 남성이 여성을 안내할 때 남성이 위쪽에서 안내하고, 여성이 아래쪽에 위치한다.

④ 일반적으로 당겨서 여는 문일 경우에는 문을 당겨 열어서 안내자가 먼저 통과한 후 고객이 통과하도록 한다.

⑤ 계단과 에스컬레이터 등 경사가 있는 곳에서 올라갈 때는 앞에서 안내하고, 내려올 때는 뒤쪽에서 안내한다.

03 **이미지에 있어서 밝은 표정이 주는 여러 효과에 대한 설명으로 적절하지 <u>않은</u> 것은?**

① 근육을 많이 사용하게 하며 건강에 유익하다.

② 호감 형성 효과에 의하면 웃는 표정이 상대에게 호감을 형성시킬 수 있다.

③ 신바람 효과란 웃는 모습으로 생활을 하면 기분 좋게 일을 할 수 있는 효과를 의미한다.

④ 감정 이입 효과란 밝고 환하게 웃는 표정을 보면 주변사람도 기분이 좋아지는 효과를 말한다.

⑤ 마인드 컨트롤 효과란 내면에서 우러난 밝은 표정이 타인의 감정도 조절하여 긍정적으로 변화시킬 수 있다는 효과를 말한다.

04 다음 방향 안내 동작 중 삼점법의 순서로 적절한 것은?

① 상대 눈 – 지시 방향 – 지시하는 손끝
② 상대 눈 – 지시 방향 – 상대 눈
③ 상대 눈 – 지시하는 손끝 – 지시 방향
④ 지시 방향 – 지시하는 손끝 – 상대 눈
⑤ 지시 방향 – 상대 눈 – 지시하는 손끝

05 다음 고객 성격유형 중 '외향형(Extraversion)'에 해당하는 특성은?

① 말로 표현하는 것을 선호한다.
② 서서히 드러나는 것을 선호하는 경향이 있다.
③ 조용하고 신중한 편이다.
④ 깊이 있는 대인관계를 유지하는 경향이 있다.
⑤ 자신의 내면에 주의를 집중하는 경향이 있다.

06 다음은 '소비자'와 '고객'에 대한 용어의 정의를 설명한 것이다. 이 중 옳지 <u>않은</u> 것은?

① 고객은 흔히 '손님'이란 용어로 표현된다.
② 처음 기업과 거래를 시작하는 고객을 신규고객이라 한다.
③ 일반적으로 소비 활동을 하는 모든 주체를 소비자라 한다.
④ 소비자는 구매자, 사용자, 구매 결정자의 역할을 각각 다르게 하는 경우와 1인 2역, 1인 3역 역할을 수행하는 경우가 있다.
⑤ 직접 제품이나 서비스를 반복적이고 지속적으로 이용하고 있지만, 타인에게 추천할 정도의 충성도를 가지고 있지 않은 고객을 옹호고객이라 한다.

07 고객의 구매 행동에 영향을 끼치는 요인을 설명한 것으로 가장 적절한 것은?

① 물리적 환경 – 타인의 관찰
② 사회적 환경 – 상표, 점포의 실내 디자인
③ 커뮤니케이션 상황 – 광고, 점포 내 디스플레이
④ 구매 상황 – 고객이 제품을 사용하는 과정에서 발생할 수 있는 상황
⑤ 소비 상황 – 제품 구매 가능성, 가격의 변화, 경쟁 상품의 판매 촉진 등 제품을 구매하게 되는 시점의 상황

08 다음 중 설득의 기술 중 역지사지를 설명한 것은?

① 시각에 호소하는 언어를 사용한다.
② 상황에 맞는 전문가의 말을 인용한다.
③ 객관적 자료보다는 다양한 채널로 접근하여 감성을 자극한다.
④ 상대방의 의도를 간파한 짧은 한마디는 상대방의 마음을 한순간에 무너뜨릴 수 있다.
⑤ 타인을 비난하기 전에 먼저 자신을 낮추고 상대방의 마음을 헤아리는 모습을 보여준다.

09 커뮤니케이션 상황에서 인간이나 환경에 의해 발생한 언어를 제외한 자극 중 잠재적인 메시지 가치를 지닌 것을 '비언어적 커뮤니케이션'이라 한다. 이 유형 중 '공간적 행위'를 가장 잘 설명한 것은 무엇인가?

① 친밀한 거리는 0~45cm이다.
② 개인적 거리는 80cm~1.2m이다.
③ 사회적 거리는 45cm~80cm이다.
④ 대중적 거리는 1.2m 이내이다.
⑤ 상대에 대한 친밀감이나 신뢰도와는 관계가 있으나, 관심이나 흥미 및 태도를 반영하지는 않는다.

10 CIQ지역에서 주로 이루어지는 행정 사항이 <u>아닌</u> 것은?

① 휴대품 검사
② 참가 회의 관련 안내
③ 귀빈실 사용 VIP 영접
④ 여권 및 비자의 적절성 검사
⑤ 필요 시 회의 참가 입국자의 건강 이상 유무 확인 및 동·식물 검역

11 회의장의 배치 형태 중 장시간의 강의 청취와 필기에 적합한 세팅은?

① U자형 배치
② T자형 배치
③ 극장식 배치
④ 교실식 배치
⑤ 이사회형 배치

12 의전의 서열에 대한 설명으로 옳지 <u>않은</u> 것은?

① 연령이 높을수록 더 서열이 높다.
② 직위가 높을수록 더 서열이 높다.
③ 부부 동반의 경우 부인의 서열과 동급이 된다.
④ 외국인이 한국인보다 더 서열이 높다.
⑤ 손님 중에서 주빈이 상위 기준이 된다.

13 다음 의전에 대한 설명으로 적절하지 <u>않은</u> 것은?

① VIP 고객의 사전 예약과 사후 관리에 세밀한 응대가 필요하다.
② 의전은 의식을 갖추고 예를 갖추어야 하므로 높은 수준의 매너가 필요하다.
③ 때에 따라서는 VIP 고객을 위해 주차장에서부터 의전 서비스를 제공하고, 전문 직원이 밀착 서비스를 제공할 수 있다.
④ 행사 중 이해관계가 있는 VIP 고객 간의 자리 배치와 공간적 거리를 고려하여 사전 행사 준비를 하는 것이 좋다.
⑤ 의전은 의식과 의례를 갖춘 행사를 의미하므로 절대로 규칙을 준수하도록 하며, VIP 고객에게도 행사 규칙을 따르도록 강요해야 한다.

14 대안 평가 및 상품 선택에 관여하는 방법 중 고객이 기존 안을 우월하게 평가하도록, 상대적으로 열등한 대안을 내놓아 기존 안을 상대적으로 돋보이게 하는 방법은?

① 후광 효과
② 빈발 효과
③ 유인 효과
④ 프레이밍 효과
⑤ 유사성 효과

15 매너의 개념에 대한 설명으로 옳지 <u>않은</u> 것은?

① 상대방을 존중하는 태도가 매너의 기본 요소이다.
② 매너는 에티켓을 외적으로 표현하는 것이다.
③ 매너는 타인을 향한 배려의 언행을 형식화한 것이다.
④ 에티켓을 지키지 않는 사람에게도 매너를 기대할 수 있다.
⑤ 매너는 사람이 행동하는 구체적인 방식이다.

16 효과적인 경청 방법으로 가장 적절하지 <u>않은</u> 것은?

① 질문한다.
② 온몸으로 맞장구를 친다.
③ 말하는 사람과 동화되도록 노력한다.
④ 전달하는 메시지의 요점에 관심을 둔다.
⑤ 상대방의 이야기를 자신의 경험과 비교하며 듣는다.

17 명함을 받거나 건넬 때 올바른 명함 매너는?

① 명함을 건넬 때 바로 선 자세에서 왼손으로 주는 것이 예의이다.
② 명함을 받을 때 상황에 따라 두 손으로 서서 받거나 앉아서 받는다.
③ 명함을 건넬 때 정중히 인사하고 자신의 소속과 이름을 정확히 말해야 한다.
④ 명함을 받은 후 바로 상대방 명함 상단에 날짜와 특이사항을 기록한다.
⑤ 명함을 받은 후 대화가 이어질 경우에도 바로 명함집에 잘 넣어 보관한다.

18 다음 중 남성의 조문 매너에 대한 설명으로 적절한 것은?

① 복장이 단정하면 격식에 구애받지 않는다.
② 조의금은 형편이 힘들더라도 최대한 많이 내도록 한다.
③ 유족에게 자주 말을 걸어 슬픔을 덜 수 있도록 돕는다.
④ 복장은 검정 양복을 기본으로 하며, 감색, 회색 양복은 입지 않는다.
⑤ 영정 앞에 선 채로 묵념 후 한 번 절하여 총 두 번의 조의를 표한다.

19 다음 중 올바른 목소리 이미지 연출 방법에 대한 설명으로 적절하지 <u>않은</u> 것은?

① 장·단음을 분명하게 발음한다.
② 천천히 또박또박 발음하도록 한다.
③ 모음에 따라 입모양을 다르게 해야 한다.
④ 숨을 들이마신 후에 말하면 목소리가 더 풍성해진다.
⑤ 말을 할 때는 힘 있고 분명하게 말하여 자신감 있는 태도를 보여준다.

20 다음 중 서비스 전문가의 용모와 복장에 대한 설명으로 적절하지 <u>않은</u> 것은?

① 명찰은 올바른 위치에 부착하고 액세서리는 가능한 착용하지 않도록 한다.
② 헤어스타일은 가급적 이마를 드러내어 밝은 표정을 극대화하는 것이 좋다.
③ 손톱은 깨끗하고 정리된 상태를 유지하며 지나친 네일아트는 피하도록 한다.
④ 유니폼을 변형하지 않도록 하며 유니폼은 조직을 나타내는 상징임을 기억하고 규정에 맞게 착용한다.
⑤ 메이크업의 목적은 신체의 장점을 부각하고 단점을 수정 및 보완하는 미적 행위이므로, 항상 자신의 개성을 부각시켜 연출한다.

21 지각적 방어는 지각의 특징들 중 어느 특징에 영향을 미치는가?

① 주관성
② 선택성
③ 일시성
④ 총합성
⑤ 이질성

22 협상에서 효과적으로 반론하는 방법으로 적절하지 <u>않은</u> 것은?

① 긍정적인 말로 시작한다.
② 반대하는 이유를 설명한다.
③ 반론 내용을 명확히 한다.
④ 반론을 요약해서 말한다.
⑤ 상대방이 수락할 때까지 반복적으로 주장한다.

23 공식 운전자가 있는 의전 차량의 탑승자 중 VIP 인사가 앉는 좌석은?

① 뒤 중앙 좌석
② 운전자 옆 좌석
③ 운전자 직후방 뒷좌석
④ 운전자 대각선 방향 뒷좌석
⑤ 탑승 좌석의 구분은 불필요함

24 인정받고자 하는 욕구가 늘어나면서 고객들은 누구나 자기 자신을 최고로 우대해 주기를 원한다. 이에 해당하는 고객 요구 변화의 특징으로 적절한 것은?

① 의식의 고급화
② 의식의 복잡화
③ 의식의 개인화
④ 의식의 대등화
⑤ 의식의 존중화

 다음 문항을 읽고 옳고(O), 그름(X)을 선택하시오.

25 MICE 산업은 Meeting(회의), Incentive Travel(포상휴가), Country tour(국토순례), Exhibition(전시회)로 이루어진 관광산업이다.

(① O   ② X)

26 경청의 기법인 B.M.W는 Body(자세), Mood(분위기), Word(말의 내용)이다. B.M.W의 Body는 표정이나 눈빛, 자세나 움직임을 상대에게 기울이고, Mood는 대화 장소의 분위기를 고려하여 들으며, Word은 고객의 입장에 서서 고객을 존중하며 고객이 원하는 바가 무엇인지 집중하여 듣는 공감적 경청의 방법이다.

(① O   ② X)

27 컨벤션 개최를 통해 긍정적인 경제적 효과 외에도 개최국의 국제 지위 향상 등 정치적 효과도 누릴 수 있다.

(① O   ② X)

28 서비스 종사자에게 유니폼은 근무 시 활동하는 복장인 동시에 회사와 개인의 이미지까지 표현하는 수단이 되므로, 자신의 개성을 살려 수선하거나 포인트를 더해 화려함을 표현할 수 있도록 한다.

(① O   ② X)

29 서비스 종사자는 고객의 심리적 기대나 우월감을 이해할 수 있어야 한다. 고객은 자신이 서비스 직원보다 우위에 있다고 느끼므로, 직업의식을 바탕으로 고객의 자존감을 존중하고, 겸손한 태도로 응대하는 자세가 필요하다.

(① O   ② X)

 다음 설명에 적절한 보기를 찾아 각각 선택하시오.

〈보기〉

① 팁문화　② 상호주의 원칙　③ 체리피커　④ 공수　⑤ 악수

30 제공받은 서비스에 대한 감사의 표시로 담당자에게 전체 금액의 10% 정도를 전달하는 문화

(　　　　)

31 의전의 기본 정신 중 하나로 내가 배려한 만큼 상대방으로부터 배려받기를 기대하는 것으로, 국력에 관계없이 동등한 대우를 기본으로 한다.

(　　　　)

32 명품 숍에서 고가의 가방을 구입한 후 당일 약속에 들고 외출했다가 다음 날 마음에 들지 않는다며 환불을 요청하는 고객

(　　　　)

33 비즈니스 관계에서 사람 간의 친근함을 표현하는 행위로써 관계 형성의 중요한 단계이며, 서양 문화에서는 이를 거절하는 것이 무례로 여겨진다.

(　　　　)

34 어른 앞에서나 의식 행사에 참석했을 때 또는 절을 할 때 취하는 공손한 자세

(　　　　)

35 다음 사례에서 두 사람의 전화 응대 비즈니스 매너를 해석한 것으로 적절하지 <u>않은</u> 것은?

> 김철수 씨는 출근 시간이 십여 분 정도 지난 시각에 아직 출근하지 않은 옆자리의 동료 전화를 대신 받게 되었다.
>
> 김철수: (A) 여보세요.
>
> 송신자: (B) 아, 네 수고하십니다. ○○건설이죠. 김영식 씨 계십니까?
>
> 김철수: (C) 아 네 ○○건설은 맞습니다만 김영식 씨는 아직 출근 전입니다. 아마 곧 출근할 것 같습니다만….
>
> 송신자: 네. 그렇군요.
>
> 김철수: (D) 용건을 말씀해 주시면 제가 메모를 남기거나 자리에 도착하는 대로 전화 드리라고 전하겠습니다. 괜찮으시겠습니까?
>
> 송신자: (E) 네. 며칠 전에 메일을 보내주셔서 그 건으로 연락드렸습니다. 저는 ○○상사에 근무하는 ○○○대리입니다. 말씀을 전해주시면 감사하겠습니다.

① (A): 비즈니스 전화를 받을 때 가장 무난한 인사법으로 응대하였다.

② (B): 전화 통화하고자 하는 상대를 확인하고자 하였으나, 본인의 소속을 밝히지 않아서 적절한 응대가 아니다.

③ (C): 동료가 지각하여 부재한 상황이라면, 아직 출근 전이라고 하기보다는 잠시 자리를 비웠다고 하는 편이 비즈니스 응대 시에는 더 적절하다.

④ (D): 상대에게 정중히 메모나 연락처 등을 질문하며 적절히 응대하였다.

⑤ (E): 전화를 건 용건과 소속을 밝히고 메모를 전해주는 것에 대한 감사를 전하여 예의를 갖추었다.

36 다음 사례에서 고객이 방문하였을 때 상황별로 갖추어야 할 안내 매너로 적절하지 <u>않은</u> 것은?

> 오늘은 중요 고객사 김길동 과장이 11시에 본사를 방문하는 날이다.
> ① 정문에서의 안내: 10시 50분에 정문에서 대기하고 통과하는 차량을 확인한 후, 주차 안내를 도운 다음 문을 열어주고 정중하게 인사하며 자기소개를 하였다.
> ② 복도에서의 안내: 고객이 따라오는지 거리를 확인하면서 고객보다 2~3보 가량 비스듬히 앞서서 걸으며 접견실 입구로 안내하였다.
> ③ 계단에서의 안내: 계단을 오를 때, 안내자는 여성이고 고객은 남성이므로 고객보다 한두 계단 앞서 안내하며 올라가고, 계단을 내려올 때 고객보다 한두 계단 뒤에서 내려왔다.
> ④ 문에서의 안내: 당겨서 여는 문에서는 먼저 당겨 열고 고객이 통과하도록 안내하였고, 밀고 들어가는 문에서는 안내자가 먼저 통과한 후 문을 잡고 고객을 통과시켰다.
> ⑤ 접견실에서의 안내: 접견실에 도착해서 "이곳입니다."라고 말하고, 전망이 좋은 상석으로 고객을 안내하였다.

① 정문에서의 안내
② 복도에서의 안내
③ 계단에서의 안내
④ 문에서의 안내
⑤ 접견실에서의 안내

37 다음은 회의 운영팀이 점심시간을 자유 시간으로 운영하기보다, 계획된 프로그램으로 제공할 것을 회의를 통해 결정하는 사례이다. 점심시간을 계획된 프로그램으로 제공하는 이유에 대한 각 담당자별 의견 중 가장 적절하지 <u>않은</u> 것은?

① A 과장
점심시간을 자유 시간으로 제공하면 참가자들이 점심 식사를 위해 시설을 떠나거나 오후 세션에 참석하지 않는다.
② B 과장
점심시간을 자유 시간으로 제공하면 참가자가 몰리게 되어 내부시설 식음료 장소의 대기줄이 길어진다. 계획된 프로그램으로 제공해야 한다.
③ C 대리
점심을 기획하여 제공하면 대부분의 참가자들이 한 공간에 머물게 되기 때문에 회의 일정이 정상적으로 진행되는 것을 도울 수 있다.
④ D 대리
점심을 기획하여 제공하면 식음료 비용을 오히려 절감할 수 있게 되어 예산운영을 효과적으로 할 수 있다.
⑤ E 대리
점심을 기획하여 제공하면 참가자들이 식사를 위해 이동하는 시간을 줄여 회의 참가자가 식사 후 오후 세션에 늦게 참석하는 것을 방지할 수 있다.

① A 과장
② B 과장
③ C 대리
④ D 대리
⑤ E 대리

38 다음 사례에서 직원이 사용하는 설득 기술은 무엇인가?

고객: "이 방은 너무 시끄럽네요. 다른 방 없어요?"
직원: "죄송합니다, 고객님. 현재는 이용 가능한 다른 객실이 없습니다. 다만 고객님께서 느끼시는 불편함은 충분히 공감합니다. 저라도 그런 소음이 들린다면 정말 불편할 것 같습니다. 즉시 조치를 취해 가능한 한 빠르게 소음을 줄일 수 있도록 하겠습니다. 잠시만 양해 부탁드립니다."

① 은근함과 끈기
② 이심전심
③ 촌철살인
④ 역지사지
⑤ 감성을 자극함

39 다음은 상황에 따른 고객과의 통화 내용이다. 대화에 관한 내용 중 옳지 <u>않은</u> 것은?

> ① 전화를 바꿔 줄 때
> "고객님! 죄송하지만 통화가 길어지는 것 같은데요! 제가 메모해서 전화가 끝나는 대로 연락드리도록 하겠습니다."
> ② 전화가 들리지 않을 때
> "죄송하지만 잘 들리지 않습니다. 고객님! 죄송하지만 목소리가 작아서 잘 들리지 않는데 좀 크게 말씀해 주시겠습니까?"
> ③ 전화가 잘못 걸려 왔을 때
> "실례지만 어디로 전화하셨습니까? 이곳은 구매부가 아니라 자재부입니다. 제가 구매부로 돌려 드리겠습니다."
> ④ 항의 전화인 경우
> "고객님! 정말 죄송합니다. 착오가 있었던 것 같습니다. 불편을 드려 죄송합니다. 즉시 조사하여 신속히 답변을 드리겠습니다. 감사합니다."
> ⑤ 잠시 통화를 중단할 때
> "네! 확인해 드리겠습니다. 죄송하지만 잠시만 기다려 주시겠습니까? 기다리게 해서 죄송합니다. 네! 오랫동안 기다리셨습니다."

① 전화를 바꿔 줄 때
② 전화가 들리지 않을 때
③ 전화가 잘못 걸려 왔을 때
④ 항의 전화인 경우
⑤ 잠시 통화를 중단할 때

40 다음 사례는 고객의 의사결정 과정 5단계 중 어떤 단계에 해당하는가?

> 여자: "예식장 정하는 게 이렇게 어려운 일인지 몰랐어."
> 남자: "그래. 남들이 결혼하는 걸 보면 쉽게 하는 것 같은데 막상 우리가 정하려고 하니까 참 어렵네."
> 여자: "그 사람들도 우리처럼 이런 과정을 다 거쳤을 거야. 오늘은 결정해서 예약까지 하자."
> 남자: "그래. 여기저기 더 알아보는 것은 시간 낭비지. 지금까지 열 군데는 알아본 것 같은데, 그중에서 우리 마음에 든 두 곳 중에 한 곳을 결정하자."
> 여자: "두 곳 중에서 나는 양재역 근처에 있는 예식장이 마음에 들어. 개업한 지 얼마 안 되서 인테리어가 고급스럽고 분위기도 좋았고, 역세권이라 교통도 편리해서 손님들이 오기도 좋지. 다만 가격이 다른 곳보다 조금 더 비싼 것이 흠이긴 하지만 말이야."
> 남자: "나도 그렇게 생각해. 우리가 알아본 곳 중에서는 그만한 곳이 없어. 그곳으로 정하자. 계약은 오후에 가서 하면 될 거야."
> 여자: "계약은 아직 안 했지만 일단 결정을 하니까 속이 후련하네."

① 특정 제품 및 서비스를 획득하는 구매의 단계
② 의사결정과 관련된 정보를 습득하는 정보 탐색의 단계
③ 획득 후 기대에 부합하는지를 평가하는 구매 후 행동의 단계
④ 제품 및 서비스의 필요성을 느끼고 지각하는 문제 인식의 단계
⑤ 여러 대안 중 평가요인에 의해 선택의 폭을 좁히는 대안 평가의 단계

41 어느 통신 기기 매장에서 판매사원과 상담을 하는 고객의 행동에서 매우 눈에 띄는 점을 발견하여 간략하게 정리해 보았다. 정리한 내용 중에서 비언어적 커뮤니케이션 중 '의사언어'에 해당하는 내용으로만 구성된 보기는?

> 가. 자신의 의사가 명확하게 전달될 수 있도록 발음에 상당히 신경을 써서 대화를 이어나간다.
> 나. 자신의 감정에 따라 말의 속도가 확연히 다르다.
> 다. 주변을 둘러보면서도 판매사원의 말을 경청하고 있다는 듯이 가끔씩 고개를 끄덕인다.
> 라. 부드럽고 친근감 있는 말투였으나, 자신의 질문을 판매사원이 잘 이해하지 못하면 약간 짜증스러운 말투로 이야기한다.
> 마. 판매사원의 설명 내용에 따라 표정이 달라지는데, 그 표정만 봐도 구매 결정 여부를 대략 알 수 있다.

① 가, 나, 라
② 나, 라, 마
③ 가, 다, 마
④ 나, 다, 마
⑤ 가, 라, 마

42 다음은 한 가구점에서 고객과 점원이 대화를 하는 장면이다. 이를 설명한 내용으로 가장 옳은 것은?

> 고객: "초록색 의자보다 노란색 의자가 더 마음에 들어요."
> 점원: "재고가 있는지 모르겠네요. 지난주에 매진됐거든요. 가장 인기 있는 제품입니다. 게다가 그 가격이라면 손님들도 곧바로 가져가고 싶어 하지요. 괜히 기대감을 드리기 전에 재고가 있는지 한 번 확인하겠습니다."

① 재고가 없다면 없다는 사실을 단호하게 말해야 한다.
② '나중에는 불가능할지도 모른다'는 뉘앙스를 고객에게 주어서는 곤란하다.
③ 이 사례와 같은 응답 방식은 고객의 노란색 의자 구매 의지를 떨어뜨릴 수 있다.
④ "다음 주에 오셔도 저희가 물건을 충분히 보유하고 있을 겁니다."라는 말은 고객의 구매 욕구를 더욱 자극할 가능성이 크다.
⑤ 지난주에 매진된 제품임을 알림으로써, 고객에게 인기가 많은 제품이라는 인식을 심어 구매 욕구를 높일 수 있다.

43 다음은 회사 내에서 이루어지는 비서와 내방객의 대화이다. 대화에 관한 내용 중 적절하지 <u>않은</u> 것은?

> 비서: "(하던 일을 멈추고 일어나 밝게 웃으며) 안녕하십니까?"
> 내방객: "네, 안녕하세요. 반갑습니다. (명함을 내밀며) 김만세 사장님과 오늘 2시에 만나기로 한 ○○물산의 박민국 사장입니다. 제가 약속 시간보다 조금 일찍 와버렸네요……."
> 비서: "아! 네, 괜찮습니다. 다만…… 사장님께서 지금 외부 일정 중이셔서 자리에 안 계십니다. 조금 전에 출발하셔서 지금 사무실로 들어오고 계십니다. 죄송합니다만, 잠시 기다리셔도 괜찮으시겠습니까?"
> 내방객: "그럼요. 괜찮습니다. 기다리겠습니다."
> 비서: "그럼 제가 회의실로 먼저 안내해 드리겠습니다. 이쪽으로 오십시오. (회의실 입구에서 가장 먼 곳인 상석으로 안내 후) 이쪽으로 앉으십시오. 그럼 사장님께서 도착하시는 대로 회의 시작하실 때 음료나 차를 준비해 드리겠습니다."
> 내방객: "(민망해하며) 아……. 네……, 알겠어요……."
> 비서: "그럼 잠시 계십시오(라고 하며 퇴장한다)."
> 내방객: …….

① 내방객이 먼저 명함을 내밀며 자신을 소개한 것은 올바른 비즈니스 매너이다.
② 비서는 내방객을 회의실로 안내 후 상석에 앉도록 하여 올바른 고객 응대를 하였다.
③ 비서는 고객 내방 시 하던 일을 멈추고 즉시 일어나 인사하여 고객에게 긍정적인 첫인상을 주었다.
④ 비서는 내방객에게 기다려달라는 부탁을 하면서 쿠션 언어를 사용하여 고객의 기분이 상하지 않도록 하였다.
⑤ 사장님이 오시면 회의를 위해 음료나 차를 함께 준비해야 하므로 내방객이 대기하는 시간에는 음료나 차를 내지 않는 것이 좋다.

44 다음의 사례에서 구매자 상담 예절과 원칙에 어긋나는 행동은 무엇인가?

> 세일즈맨: "안녕하세요, 고객님! 시간 내주셔서 감사합니다."
>
> 잠재고객: "그런데 오늘 방문한 목적이 무엇인가요?"
>
> 세일즈맨: "다름이 아니라 새로 나온 상품을 소개하고자 찾아뵈었습니다. 이 상품은 다른 제품에 비하여 성능, 가격, 디자인 어느 면에서도 나무랄 데가 없는 상품입니다. 이 상품에 대한 제안서를 보시면 이해가 빠르실 것입니다.
>
> 잠재고객: "그런데, 이 상품은…."
>
> 세일즈맨: "아! 이 상품의 자세한 성능에 대해 알고 싶다는 말씀이시군요! 마침 제안서를 준비해 왔는데 한 번 보시겠습니까?"
>
> 잠재고객: "아니 제안서보다 별로 이 상품에 대해 관심이…."
>
> 세일즈맨: "고객님, 일단 제안서를 보시면 생각이 많이 달라지실 것입니다. 이 상품의 특징, 경쟁사와의 차별화된 점, 이 상품을 선택하면 얻으실 이익에 대한 과학적인 증거가 잘 제시되어 있습니다."
>
> 잠재고객: "그래도 별 관심이 없습니다."
>
> 세일즈맨: "저도 처음에는 별로 관심이 없었습니다. 충분히 고객님의 생각에 공감합니다. 끝까지 인내하시고 들어주시는 모습에 감동받았습니다. (미소를 지으며) 혹시 언젠가 필요하시면 꼭 연락주세요! 감사합니다."

① 미소
② 경청
③ 칭찬과 공감
④ 마무리(Closing)
⑤ 오프닝(Opening)

[45~46] 다음은 고객이 처음 방문한 화장품 매장에서 판매의 진행에 따라 구사할 수 있는 다양한 응대 화법들이다.

45 다음은 A~G의 화법의 역할을 설명한 내용이다. 화법과 역할의 연결이 적절하지 <u>않은</u> 것은?

① B: 구매를 강요함
② D: 상담의 필요성 부각
③ E: 회사 소개를 통한 신뢰감 형성
④ F: 판매자의 자기소개를 통한 전문가 이미지의 부각
⑤ G: 본격적인 상담으로의 진입

46 화법 A는 고객을 맞이하는 첫인사이다. 화법 A를 다른 화법으로 바꿨을 때, 가장 효과적이지 않은 화법은 무엇인가?

① 어서 오세요. 세포 과학을 접목한 ◯◯화장품입니다.

② 안녕하세요? ◯◯화장품입니다. 어떤 제품을 찾으시나요?

③ ◯◯화장품입니다. 반갑습니다. 천천히 둘러보시면 안내해 드리겠습니다.

④ 안녕하세요? 햇볕이 많이 뜨겁습니다. 여기 수분 미스트 한번 뿌리시고 천천히 둘러보세요.

⑤ 어서 오세요. 저희 매장은 왼쪽에는 기초, 중앙에는 색조, 오른쪽에는 세안용 제품들로 구성되어 있습니다. 천천히 둘러보시면 도와드리겠습니다.

[47~48] 다음은 ◯◯여행사에서 하루 동안 상담한 고객들의 상담 내역이다.

A 고객: 오전 10시 상담. 가족여행 계획. 총 4인. 정확한 날짜와 지역은 아직 정하지 못함. 재상담 예정. 전화번호와 이메일 주소 확보.
B 고객: 오전 11시. ◯◯카드사 이벤트에 응모한 고객 명단 중 이벤트 상품 홍보 문자 발송.
C 고객: 오후 1시. 부모님 생신 선물로 여행 상품 상담. 20대 미혼 여성. 견적서 문의. 메일 발송.
D 고객: 오후 2시. 다음주 여행 출발 계약자 상담. 주요 문의 사항 상담 후 현지 옵션 상품 예약 진행.
E 고객: 오후 3시. 지난주 판매한 여행 상품을 통해 기업 단체 연수를 다녀온 ◯◯기업 담당자 통화. 불편 사항 및 추가 조치 사항 확인. 분실물 보험처리 진행.
F 고객: 오후 4시. 2주 전 상담 고객 견적 발송 후 3차 상담 전화. 조정된 견적 내용 설명 및 예약 가능 여부 확인. 이번 주 중에 최종 결정.
G 고객: 오후 5시. 웨딩 플래너 박 실장과 신혼여행 상품 홍보를 위한 통화. 호응도 높은 상품 설명 및 안부. 박 실장이 올해 가을 예비 부부 약 10쌍 진행 중이라고 함. 적절한 협력 부탁. 다음 주 미팅 약속.

47 위의 상담 내역을 통해 ◯◯여행사의 고객을 분류하였다. 다음 중 각각의 고객 분류와 설명이 적절하지 <u>않은</u> 것은?

① A 고객: 가망고객, 여행 계획이 잡혀 문의해 옴, 구매 가능성이 있는 상태

② B 고객: 잠재고객, 아직 여행 상품 구매 의사를 확인할 수 없지만 이벤트에 응모하여 정보를 알고 있는 잠재적 고객군

③ C 고객: 구매자, 여행 상품을 직접 이용하는 것은 아니지만 구매를 결정하는 고객

④ E 고객: 의사결정 고객, 상품을 구입하는 데 있어 영향을 미치는 사람, 전체 여행 상품을 사용하는 소비자를 통해 기업 구매의 결정에 영향을 미침

⑤ F 고객: 충성고객, 상품의 평판, 심사 등에 참여하여 의사결정에 영향을 미치는 사람

48 G 고객과 ○○여행사의 관계에 대한 설명이다. 가장 적절한 것은?

① 현재 10쌍의 예비부부는 ○○여행사의 가망고객이다.
② 10쌍의 예비부부는 웨딩 플래너 박 실장의 잠재고객이다.
③ 웨딩 플래너 박 실장은 ○○여행사와 강한 유대관계를 형성하고 있으므로 충성고객이다.
④ 웨딩 플래너 박 실장은 소비자도 구매자도 아니므로 ○○여행사의 고객이라고 할 수 없다.
⑤ 웨딩 플래너 박 실장은 ○○여행사의 잠재고객에게 구매 영향자가 될 수 있으므로 고객으로 볼 수 있다.

[49~50] 다음 상사와 부하 간 대화를 읽고 물음에 답하시오.

A 대리: "B 사원, 오늘 고객 만날 때 자료 정리를 잘 해서 만나야 해."
B 사원: "네, 잘 알겠습니다."
A 대리: "지난번에도 자료 없이 그냥 만났지? 회사 생활이라는 게 말이야. 무슨 일이든 철저하게 준비하는 게 중요하거든. 그래야 신뢰가 생기는 거야. 내가 신입 사원이었을 때는 고객을 만날 때 늘 필요한 자료가 무엇인지 미리 생각하고 자료를 만든 후에 만났거든."
B 사원: "아, 네. 그렇군요. 대리님 말씀 명심하겠습니다."
A 대리: "그리고 무슨 문제 있으면 나한테 먼저 이야기하라고. 내가 도와줄테니까."
B 사원: "네."
A 대리: "그런데 말이야, B 사원, 내가 이야기하는데 자꾸 시계를 보네. 무슨 바쁜 일 있나?"
B 사원: "아닙니다. 그냥요."
A 대리: "거 참. 사람이 말하는데 시계를 자꾸 보면 되나. 고객 앞에서도 그러는 거 아냐?"
B 사원: "앞으로 주의하겠습니다."

49 A 대리와 B 사원의 대화를 교류분석 관점에서 분석하였을 때 A 대리는 어떤 자아 상태인가?

① 성인 자아(Adult Self)
② 부모 자아(Parent Self)
③ 전문가 자아(Expert Self)
④ 관리자 자아(Management Self)
⑤ 성숙인 자아(Mature man Self)

50 B 사원이 범하고 있는 커뮤니케이션 오류는 무엇인가?

① 준거의 틀 차이
② 반응적 피드백의 부족
③ 비언어적 메시지의 오용
④ 신뢰 네트워크 형성 부족
⑤ 시간이라는 제약 상황의 한계

시험 일자	시험 시간	문항 수
년 월 일	70분	50문항

수험번호 : ________________

성   명 : ________________

정답 & 해설 ▶ 227p

일반형(01~24번)　　**객관식 문제**

01 다음 중 서양의 호칭 및 경칭의 대상으로 옳지 <u>않은</u> 것은?

① Majesty: 왕족

② The Honorable: 귀족이나 주요 공직자

③ Sir: 나이나 지위가 비슷하거나 높은 사람

④ Esquire(ESQ): 영국에서 사용, 편지의 수취인

⑤ Dr.: 전문 직업인이나 인문과학 분야에서 박사학위를 취득한 사람

02 다음은 각각 에티켓 또는 매너에 대한 사례이다. 구분이 다른 하나는?

① 대화 도중 기침이 나올 때는 손으로 입을 가리고 한다.

② 길 가다가 껌을 뱉을 때는 종이에 싼 후 휴지통에 버린다.

③ 공중화장실과 같은 공공시설물은 항상 깨끗하게 이용해야 한다.

④ 도서관에서 휴대폰으로 통화할 때에는 밖으로 나가서 사용한다.

⑤ 출입문을 열고 들어갈 때 뒷사람이 오는 것을 보면 잠시 문을 잡아준다.

03 주먹을 쥐고 엄지손가락을 위로 올리는 행위가 올바르게 연결된 나라는?

① 미국(매우 좋음) – 호주(무례한 행위) – 한국(네가 최고) – 그리스(입을 다물라는 의미) – 러시아(동성애자)

② 한국(네가 최고) – 그리스(동성애자) – 호주(무례한 행위) – 러시아(입을 다물라는 의미) – 미국(매우 좋음)

③ 호주(동성애자) – 한국(네가 최고) – 그리스(무례한 행위) – 러시아(입을 다물라는 의미) – 미국(매우 좋음)

④ 그리스(입을 다물라는 의미) – 호주(동성애자) – 러시아(무례한 행위) – 미국(매우 좋음) – 한국(네가 최고)

⑤ 러시아(동성애자) – 그리스(입을 다물라는 의미) – 한국(매우 좋음) – 미국(무례한 행위) – 호주(네가 최고)

04 서비스 기업이 더욱 중요하게 관리해야 하는 내부고객에 대해 가장 적절하게 설명한 것은?

① 외부고객에 이어 두 번째로 고려해야 할 고객이다.
② 기업의 상품과 서비스를 직접 구매하거나 이용한다.
③ 상품과 서비스를 제공받는 대가로 가격을 지불한다.
④ 외부고객을 만족시켜야 내부고객을 만족시킬 수 있다.
⑤ 외부고객이 원하는 것을 제공하는 중요한 일을 담당한다.

05 다음 중 의전의 5R에 해당하지 <u>않는</u> 것은?

① 서열타파(Rank Free)
② 상호주의 원칙(Reciprocity)
③ 상대에 대한 존중(Respect)
④ 오른쪽 상석(Right)
⑤ 문화의 반영(Reflecting)

06 다음 중 올바른 명함을 주고받는 방법으로 가장 적절한 것은?

① 명함은 고객의 입장에서 바로 볼 수 있도록 건넨다.
② 명함은 상황에 따라 한 손으로 건네도 예의에 어긋나지 않는다.
③ 명함을 동시에 주고받을 때는 왼손으로 주고 오른손으로 받는다.
④ 앉아서 대화를 나누다가 명함을 교환할 때는 그대로 건네는 것이 원칙이다.
⑤ 앉아서 대화를 나누는 동안 받은 명함을 테이블 위에 놓고 대화하는 행위는 실례다.

07 다음 중 조문 매너로 올바른 것은?

① 조의금은 문상을 마친 후 직접 상주에게 전한다.
② 향을 꽂은 후 영정 앞에 일어서서 잠깐 묵념 후 한 번 절한다.
③ 오른손으로 향을 잡은 채로, 왼손을 가볍게 부채질해 불꽃을 끈다.
④ 정신적으로 힘든 유족에게는 말을 많이 시키고 위로하는 것이 좋다.
⑤ 영정 앞에서 절할 때 남자는 왼손이 위로, 여자는 오른손이 위로 가게 한다.

08 고객을 안내할 때 올바른 접객 매너는?

① 고객을 배웅할 때는 회의 석상에서 배웅한다.

② 고객보다 2~3보 가량 비스듬히 뒤에서 안내한다.

③ 복도에서는 손님과의 거리가 벌어지지 않도록 약간 뒤에서 안내한다.

④ 고객이 남성이면 한두 계단 뒤에서 올라가고 내려올 때는 한두 계단 앞서 내려온다.

⑤ 당겨서 여는 문일 경우에는 당겨서 문을 열고 들어가고, 고객이 나중에 통과하도록 한다.

09 이미지의 개념 및 속성에 대한 설명으로 옳지 <u>않은</u> 것은?

① 실체의 한 부분이지만 대표성을 갖는다.

② 객관적이라기보다는 주관적이라고 할 수 있다.

③ 마음속에 그려지는 사물의 감각적 영상 또는 심상이다.

④ 시각적인 요소 이외의 수많은 감각에 의한 이미지도 포함한다.

⑤ 인식 체계와 행동의 동기 유인 측면에 있어 매우 중요한 역할을 한다.

10 서비스 전문가로서 자신을 연출할 때 적절하지 <u>않은</u> 것은?

① 서비스 전문가는 가능하면 앞머리로 이마나 눈을 가리지 않는 헤어스타일을 연출하는 것이 좋다.

② 머리는 빗질을 하거나 헤어 제품을 사용하여, 흘러내리는 머리가 없도록 고정하고 단정한 모양을 유지하는 것이 좋다.

③ 옷과 구두의 색상은 조화를 이루는 것이 좋으며 스타킹도 무난한 제품으로 고르되, 화려한 무늬와 색상의 제품은 피하는 것이 좋다.

④ 유니폼이나 개인 정장을 입더라도 흰색 양말보다 착용한 옷과 동일한 색상의 양말을 신어서 구두 끝까지 색의 흐름을 일치하게 입는 것이 좋다.

⑤ 서비스 전문가는 유행에 민감해야 하므로 유니폼을 입더라도 유행에 맞게 액세서리 등으로 개인의 개성을 드러내는 것이 좋다.

11 우량고객 중에서도 최상위 고객을 로열고객(Loyal Customer) 혹은 충성고객이라고 한다. 이들의 특징으로 적절하지 <u>않은</u> 것은?

① 관대함

② 교차구매

③ 하강구매

④ 구전활동

⑤ 반복구매

12 커뮤니케이션 기법 중 '나–전달법'에 대한 설명으로 옳은 것은?

① 비언어적인 전달 방법이다.

② 자기노출과 피드백으로 구성된다.

③ 자신의 입장만을 강조하는 이기적인 의사소통 방법이다.

④ 타인의 행동이 자신에게 어떠한 영향을 주었는지에 대해 이야기하는 방법이다.

⑤ 때로는 상대방의 행동을 비난하면 효과적으로 의사소통이 가능하다고 설명한다.

13 다음 중 커뮤니케이션의 기능에 대한 설명으로 적절하지 <u>않은</u> 것은?

① 의사결정에 필요한 정보를 제공한다.

② 감정 표현의 욕구와 사회적 욕구를 충족해준다.

③ 최고경영자가 적극적으로 참여하면, 효율적인 조직 커뮤니케이션을 방해할 수 있다.

④ 조직은 직원들이 따라야 할 권력 구조와 공식 지침이 있고 다양한 커뮤니케이션이 이를 통제한다.

⑤ 커뮤니케이션은 무엇을 해야 하는가를 명확하게 해줌으로써 조직 구성원의 동기부여를 강화한다.

14 감성지능과 조직 성과의 관계에 대한 설명으로 적절하지 <u>않은</u> 것은?

① 감성지능은 업무 수행에 대한 동기를 유발시켜 직무에 헌신하고 몰입하게 한다.

② 감성지능은 동료와 상사 간의 높은 신뢰를 형성하여 조직의 효율성을 극대화한다.

③ 직장에서 느끼는 개인의 긍정적인 감성은 업무를 향상시켜 직무에 대한 만족도를 높인다.

④ 긍정적인 감성은 구성원의 자발적 이타 행동을 증가시키며, 구성원들에 대한 리더십을 발휘하게 한다.

⑤ 감성지능은 자신의 성취를 위해 노력하며 감정을 다스리고 스스로 동기를 부여하는 능력이다.

15 다음 중 첫인상의 특징에 대한 설명으로 적절하지 <u>않은</u> 것은?

① 신속성

② 통합성

③ 연관성

④ 일회성

⑤ 일방성

16 다음 중 목소리에 대한 설명으로 옳은 것은?

① 호흡은 흉식호흡을 반복 연습한다.
② 콧소리가 날 때는 목에 힘을 빼는 것이 좋다.
③ 발음은 최대한 정확하게 끊어서 말하는 연습을 한다.
④ 작은 목소리는 소극적인 인상을 줄 수 있지만, 동시에 겸손한 이미지를 표현할 수도 있다.
⑤ 딱딱한 목소리는 감정 표현이 서툴러 보이게 하며, 상대에게 순진한 인상을 줄 수 있다.

17 저관여 소비자 의사결정 과정에 해당하는 내용으로 적절한 것은?

① 구매 후 부조화 현상이 적다.
② 태도가 변화하기 어렵다.
③ 불일치하는 정보에 저항한다.
④ 능동적으로 제품 및 상표 정보를 탐색한다.
⑤ 설득을 위해서는 메시지의 양보다 내용이 더 중요하다.

18 효과적인 커뮤니케이션 스킬 중 다음과 같은 표현을 무엇이라고 하는가?

> 죄송합니다만, 요청하신 물품은 품절 되어 주문하실 수 없습니다.

① 개방적 표현
② I 메시지 사용
③ 청유형의 표현
④ 긍정적인 표현
⑤ 쿠션 언어의 사용

19 다음 중 경청에 방해가 되는 행동이라고 볼 수 <u>없는</u> 것은?

① 메시지 내용에 관심이 없다.
② 듣기보다 말하기에 더 관심을 가지고 있다.
③ 메시지 내용 중에서 동의할 수 있는 부분을 찾는다.
④ 상대방의 말을 들으면서 머릿속으로 엉뚱한 생각을 한다.
⑤ 머릿속으로 상대방 이야기에서 잘못된 점을 지적하고 판단하는 것에 열중한다.

20 다음 중 회의 개최지 선정 시 고려 사항과 가장 거리가 <u>먼</u> 것은?

① 교통의 편의성

② 개최 시기의 날씨

③ 숙박 시설의 적절성

④ 개최 장소의 적합성

⑤ 참가 대상자들의 시차 적응 용이성

21 제안요청서(RFP; Request for Proposal)의 필수 포함 사항으로 적절하지 <u>않은</u> 것은?

① 행사 일시

② 행사 개요

③ 주최/주관 기관

④ 제안서 평가 방법

⑤ 행사 예산 조달 방법

22 MICE 산업의 특징으로 적절하지 <u>않은</u> 것은?

① 지방정부가 MICE 산업을 해당 지역의 마케팅 방안으로 활용할 수 있다.

② MICE 산업을 활성화시키기 위해서는 교통이나 통신, 법적 절차 등의 지원이 필요하다.

③ MICE 산업은 계절에 따라 성수기, 비수기가 구분되므로 관광 성수기 확대 전략으로 활용 가능하다.

④ 회의 기간 동안 혹은 전후로 실시되는 관광 행사를 통해 기존 관광 상품 및 신규 상품을 홍보할 수
있다.

⑤ MICE 산업은 그 지역의 고유한 특성을 바탕으로 독특한 문화적 이미지와 브랜드를 창출하여 국내
산업 발전에 기여한다.

23 다음 중 각 전문 분야의 주제에 대한 아이디어, 지식, 기술 등을 서로 교환하여 새로운 지식을 창출하고 개발
하기 위한 목적의 회의 형태는?

① 포럼

② 워크숍

③ 세미나

④ 클리닉

⑤ 컨퍼런스

24 다음 설명은 아래 보기 중 어떤 효과를 설명한 것인가?

> 우수한 세일즈맨은 본능적으로 먼저 비싼 정장을 판매한 다음에 와이셔츠를 판매한다. 왜냐하면 와이셔츠가 아무리 비싸도 정장에 비해 싸게 느껴지기 때문이다.

① 초두효과
② 최근효과
③ 대비효과
④ 맥락효과
⑤ 부정성 효과

 다음 문항을 읽고 옳고(O), 그름(X)을 선택하시오.

25 악수는 반드시 일어서서 하도록 하며, 두 손을 맞잡고 반가운 마음을 표현하기 위해 대여섯 번 힘차게 흔들어 인사한다.

(① O   ② X)

26 협상에 있어서 바트나는 협상자가 합의에 도달하지 못할 경우 택할 수 있는 다른 대안이나 차선책을 의미한다.

(① O   ② X)

27 효과적인 커뮤니케이션을 위한 경청 1, 2, 3 기법은 자신은 1번 말하고, 상대방의 말을 2번 들어 주며, 대화 중에 3번 맞장구를 치는 것이다.

(① O   ② X)

28 MICE 산업은 Meeting(회의), Incentive Travel(포상휴가), Country Tour(국토순례), Exhibition(전시회)가 포함된 포괄적인 관광산업이다.

(① O   ② X)

29 고객의 구매 행동 과정 중 대안 평가는 수집된 정보를 바탕으로 고객이 가지고 있는 지식이나 믿음, 상황과 조건, 그리고 선호도 등의 기준으로 평가한다.

(① O   ② X)

〈보기〉

① 겸양어   ② 기사도 정신   ③ 공수법   ④ TPO   ⑤ 상대에 대한 존중(Respect)

30 대화에 있어 상대방을 높이고, 말하는 주체인 자신을 낮추는 말

(   )

31 서양 남성들 사이에서 여성을 존중하고 배려하는 일반적인 에티켓

(   )

32 두 손을 앞으로 마주 잡는 자세로, 평상시에는 남자는 왼손이, 여자는 오른손이 위로 가도록 두 손을 포개어 잡는 것

(   )

33 이미지 메이킹을 위해 본인의 이미지를 시간과 장소, 경우에 맞게 연출하는 것

(   )

34 의전의 기본 정신 중 하나로 다양한 문화와 생활방식을 이해하고 배려하는 것

(   )

35 다음 사례는 컨벤션을 유치할 때 추진하는 활동이다. 컨벤션 유치 활동 중 무엇에 관한 설명인가?

> - 컨벤션 센터나 시설에 대한 시설 운영계획 정보를 미리 제공할 필요가 있다.
> - 유치 경쟁국에 대한 정보를 파악하고, 이전 개최지와의 유사성보다는 개최지로서의 독특함을 강조하는 것이 필요하다.
> - 전문가가 수행하여 지리, 역사, 문화는 물론, 개최 도시에 대한 광범위한 정보를 제공하고 질문에 응답한다.
> - 컨벤션 센터 직원, 컨벤션 뷰로 대표, 호텔 관계자, 기술자 등이 현장 답사에 동행하여 관련 사항에 대해 상세하게 설명한다.

① 실사단 현장 답사
② 컨벤션 유치 제안서 작성
③ 컨벤션 개최 의향서 제출
④ 컨벤션 유치 신청서 제출
⑤ 컨벤션 유치 프레젠테이션

36 다음은 세일즈맨과 고객의 미팅 과정이다. 이 중 예의와 매너에 <u>어긋나는</u> 것은 무엇인가?

> 오늘 아침 새로운 고객 발굴을 위해 잠재고객을 만나려고 전화를 걸었다. 오늘 언제 시간이 괜찮으신지 잠재고객에게 먼저 물어보지 않고 나의 일정대로 고객의 업무 시간이 비교적 한가한 오후 2시 40분에 만나면 어떻겠냐고 정중히 물었다. 잠재고객은 흔쾌히 약속을 잡아 주었고 나는 약속 시간 20분 전에 가방에 상담에 필요한 자료들을 준비하고 잠재고객사의 상담실에 미리 도착하였다. 상담실 입구에서 가장 먼 테이블보다 가까운 테이블을 확보하였다. 그리고 상담실 입구가 바라보는 쪽을 나의 좌석으로 정하고 고객의 자리는 전망이 보이는 나의 앞좌석으로 정했다. 상담에 앞서 필요한 명함과 제안서, 샘플 등을 준비하고 고객 응대를 준비하였다.

① 고객이 앉을 좌석은 전망이 보이고 비교적 조용한 곳이 좋다.
② 상담 테이블은 입구에서 가장 가까운 쪽으로 정하는 것이 예의이다.
③ 상담 시간 20분 전에 도착하여 상담 준비를 철저히 하는 것이 예의이다.
④ 고객 방문 시에는 반드시 가방에 제안서, 샘플, 카탈로그, 명함 등을 지참하고 방문하여야 한다.
⑤ 상담 시간은 고객에게 맡기기보다는 내가 분 단위로 약속 시간을 정하고 정중히 물어보는 편이 효과적이다.

37 다음 사례에서 조직 구매 행동의 요인이 어떤 구매의사결정 집단에 영향을 받았는가?

세일즈맨: "안녕하세요, 이 대리님! 자주 연락드려 죄송합니다. 그동안 잘 지내셨죠?"

고객: "물론이죠! 지난번 견적 건에 대해 궁금해서 오셨지요?"

세일즈맨: "그렇습니다. 경영진이 견적 결과에 대해 궁금해하셔서요. 염치를 무릅쓰고 찾아뵈었습니다."

고객: "팀장님이 상부에 여러 번 결재 받으려 했지만 아직도 결정을 못하였습니다. 조금 더 기다리셔야 할 것 같아요. 걱정마시고 돌아가세요! 좋은 결과가 있을 겁니다."

세일즈맨: "이 대리님만 믿겠습니다. 좋은 소식 기다리겠습니다." (3일 후 고객에게로 전화)

세일즈맨: "안녕하세요, 이 대리님! 지난번 견적 건 때문에 전화 드렸습니다."

고객: "대단히 죄송합니다. 그렇지 않아도 전화 드리려 했는데 결재 과정에서 품질 수준과 성능 면에서 문제가 있어 다른 업체로 발주되었습니다. 죄송합니다."

세일즈맨: "잘 알겠습니다. 부족한 부분은 보완해서 다시 찾아뵙겠습니다. 감사합니다."

① 사용자(User)
② 구매자(Buyer)
③ 구매 결정권자(Decider)
④ 정보 통제자(Gatekeeper)
⑤ 구매 영향력자(Influencer)

38 다음은 세일즈맨이 고객을 만나기 위하여 전화를 걸어 방문 약속을 잡으려 했으나 실패한 사례이다. 보기 중 방문 약속이 실패할 가능성이 높은 방법은?

세일즈맨: "안녕하십니까? 김 대리님! 전화로 인사드려 죄송합니다. 저는 ○○엔지니어링 박 대리라고 합니다. 신제품을 가지고 귀사를 방문하려는데 오늘 시간이 되십니까?"

고객: "죄송합니다만 오늘은 시간이 안 되겠는데요!"

세일즈맨: "그래도 꼭 뵙고 저희 제품을 소개하고 싶은데요."

고객 : "오늘 선약과 회의가 있어서 도저히 불가능합니다."

세일즈맨: "그럼 언제 찾아뵙는 것이 좋겠습니까?"

고객: "시간이 나지 않아 약속하기가 어렵습니다. 꼭 귀사 제품을 소개하기를 원하신다면 카탈로그나 제안서를 우편으로 보내주시기 바랍니다."

세일즈맨: "아, 알겠습니다. 그렇게 하겠습니다. 감사합니다."

① 세일즈맨이 분명하고 자신에 찬 어조로 고객을 주도하고 이끈다.
② 고객이 편한 시간에 약속을 정하게 하고, 고객의 입장에 무조건 따라야 한다.
③ 카탈로그나 제안서를 직접 전해주며 제품 설명을 해야 한다고 설득한다.
④ 약속 시간은 세일즈맨이 정하되 시간 단위보다 분 단위로 약속 시간을 제안한다.
⑤ 신제품이 고객사에게 어떤 이익과 혜택을 줄 수 있는지 간단히 소개한다.

39 다음 사례에서 고객과 미팅을 위한 식당 이용 시 적절하지 <u>않은</u> 행동은?

① 예약 매너
- 나는 고객과 식사 약속을 하고 조용하고 전망이 좋은 곳을 부탁해 미리 예약했다.
- 예약시간 전에 먼저 도착해서 고객을 맞이했다.

② 도착과 착석 매너
- 착석하고 나서 화장실에 가는 것은 실례이므로 미리 화장실을 다녀와 예약 테이블을 확인했다.
- 상석을 확인하고 건너편 자리에 착석한 후, 고객이 들어오는 입구를 주시하고 맞을 준비를 했다.

③ 주문 매너
- 식사 시 모든 행동은 고객을 중심으로 이루어지도록 예의를 갖추었다.
- 주문은 고객보다 먼저 하여 고객이 편안히 따라 주문하도록 유도했다.

④ 식사 매너
- 식사 중 너무 큰 소리를 내거나 웃는 것을 삼갔다.
- 직원을 부를 때는 오른손을 가볍게 들어 호출했다.

⑤ 기물 사용 매너
- 나이프와 포크는 바깥쪽부터 안쪽으로 차례로 사용했다.
- 나이프는 오른손, 포크는 왼손으로 사용했다.

① 예약 매너
② 도착과 착석 매너
③ 주문 매너
④ 식사 매너
⑤ 기물 사용 매너

40 다음의 상황에서 '김 과장'이 택한 선택으로 가장 올바른 것은?

한국 XX협회의 김 과장은 내년 한국에서 개최될 '○○세계총회'를 준비하기 위해 미국 뉴욕의 A협회 본부로 출장을 가게 되었다. A협회 본부에서 '○○세계총회'를 총괄하는 프로젝트 매니저가 공항으로 승용차를 가지고 김 과장을 영접하기 위하여 나왔다. 김 과장은 상대방 승용차의 어느 좌석에 착석해야 가장 바람직한가?

① 상대방의 호의를 생각해 자신이 운전하겠다고 제안한다.
② 운전자와 편안하게 대화하기 위해 운전자 바로 뒷자리에 앉는 것이 바람직하다.
③ 서로 거리감이 없는 사이이므로, 이러한 문제를 고민하는 것 자체가 무의미하다.
④ 호의를 가지고 배려해 주는 비즈니스 파트너와 차량을 함께 이용할 때는, 운전자의 옆자리에 앉는 것이 가장 바람직하다.
⑤ 영접을 받는 입장이므로, 가장 상석이라 할 수 있는 운전자의 대각선 뒷자리에 앉는 것이 바람직하다.

41 다음은 백화점 매장에서 판매사원이 고객들과 대화할 때 많이 사용하는 내용이다. 다음의 예시에 '매슬로우의 욕구 5단계' 중 나타나 있지 <u>않은</u> 욕구 단계는 무엇인가?

> - "고객님, 정말 좋은 상품 구매하셨습니다."
> - "인상이 너무 좋으셔서 어디서나 환영받으시겠어요."
> - "상품을 고르는 안목이 정말 뛰어나십니다."
> - "고객님의 과감한 결단력, 정말 존경스럽습니다."
> - "입어 보시고 마음에 들지 않으면 언제든지 교환과 환불이 가능합니다."
> - "젊은 나이에 이렇게 성공하셔서 참 좋으시겠어요."
> - "최신 트렌드를 잘 이해하고 계신데, 무슨 비결이라도 있으신가요?"
> - "고객님만큼 이 상품과 어울리는 분도 아마 없을걸요."
> - "이 상품은 고객님의 사회적 지위와 성공을 드러냅니다."

① 안전의 욕구
② 존경의 욕구
③ 생리적 욕구
④ 사회적 욕구
⑤ 자아실현의 욕구

42 여성 서비스 직원의 용모와 복장에 대한 설명 중 괄호 안에 들어갈 가장 적절한 내용은 무엇인가?

> 1. 복장은 일하기 편해야 하므로 체형에 맞는 스타일로 선택한다.
> 2. 지나치게 크고 화려한 액세서리는 삼가도록 한다.
> 3. 헤어는 (A)과 (B)을 기본으로 한다.
> 4. 메이크업은 밝고 건강하게 보이도록 자연스러운 메이크업을 한다.
> 5. 향수는 (C) 향을 소량 뿌리는 것이 좋다.

	(A)	(B)	(C)
①	청결함	단정함	은은한
②	화려함	청결함	개성있는
③	청결함	단정함	화려한
④	청결함	젊어보임	진한
⑤	화려함	단정함	은은한

43 어느 통신기기 매장에서 판매사원과 상담을 하는 고객의 행동에서 눈에 띄는 점을 발견하게 되어 간략하게 정리해 보았다. 정리한 내용 중에서 비언어적 커뮤니케이션의 '의사언어'에 해당하는 내용으로만 구성된 보기는?

> 가. 자신의 의사가 명확하게 전달될 수 있도록 발음에 상당히 신경을 써서 대화를 이어나간다.
> 나. 자신의 감정에 따라 말의 속도가 확연히 다르다.
> 다. 주변을 둘러보면서도 판매사원의 말을 경청하고 있다는 듯이 가끔씩 고개를 끄덕인다.
> 라. 부드럽고 친근감 있는 말투였으나 자신의 질문을 판매사원이 제대로 이해하지 못하면 약간 짜증스러운 말투로 이야기한다.
> 마. 판매사원의 설명 내용에 따라 표정이 달라지는데, 그 표정만 봐도 구매 결정 여부를 대략 알 수 있다.

① 가, 나, 라
② 나, 라, 마
③ 가, 다, 마
④ 나, 다, 마
⑤ 가, 라, 마

44 다음은 한국의 한 PCO(국제회의 전문용역업체) 직원이 'PCMA 201X Education Conference'에 참석해서 다른 국가 참가자들과 나눈 대회의 일부이다. 대화에 관한 내용 중 적절한 것은?

> 한국인 참가자: "우리나라는 중앙정부가 적극 나서서 지식기반 서비스 산업을 적극적으로 육성하기 위한 정책을 입안하고, 지원을 아끼지 않고 있습니다. 이 중 가장 대표적인 분야가 'MICE 산업' 분야라고 할 수 있습니다."
> 외국인 참가자: "'MICE 산업'이라 하면 구체적으로 어떤 산업 분야를 말씀하시는 건가요?"
> 한국인 참가자: "'MICE 산업'을 모르세요? 이 분야에 오래 몸담지 않으셨나 보죠?"

① MICE라는 조어는 전 세계적으로 학문 분야에서만 주로 사용되는 조어이다.
② MICE라는 조어는 싱가포르, 홍콩, 일본, 한국 등 동남아시아권에서 통용되는 조어이다.
③ MICE라는 조어는 미국, 캐나다 등 북미 지역에서 주로 사용되는 조어로 유럽 참가자라면 낯설 수 있다.
④ MICE라는 조어는 유럽에서 광범위하게 사용되는 조어로 다른 대륙의 국가에서 참가한 사람들이라면 잘 이해하지 못할 수 있다.
⑤ MICE라는 조어는 전 세계적으로 회의, 컨벤션 산업을 통칭하는 조어로, 이 분야에서 일한 사람이라면 당연히 알 수 있다.

[45~46] 다음은 고객의 다양한 니즈를 서비스 현장에서 구체적으로 이해하고 적용할 수 있도록 세분화한 내용이다.

〈잠재 니즈〉
- 인간의 기본적인 욕구에서 해석되는 니즈
- 무의식적으로는 있었으면 좋겠다는 느낌이 있지만, 필요하다는 인식을 못하거나 어떤 장애 요소로 인해 욕구가 발전하지 못한 상태

〈보유 니즈〉
- 어떤 자극이나 정보에 의해 잠재 니즈가 조금 구체화된 상태
- 구체적으로 니즈가 강화되지는 않았으며 약간의 구매 의욕과 필요성을 보유
- 니즈의 개발 유무에 따라 현재 니즈로 성장 혹은 잠재 니즈로 후퇴할 수 있음

〈핵심 니즈〉
- 고객 개인의 특수한 상황으로 인해 특별히 집중되어 있는 특수한 니즈
- 개별 고객의 특수한 상황을 해결하고자 하는 개별적인 니즈
- 유연하고 다양한 니즈

〈현재 니즈〉
- 필요를 인지하고 구체적인 결정 과정에 있음
- 니즈를 구체적으로 실현하고자 하는 실행 단계에 있는 니즈

〈가치 니즈〉
- 고객의 만족이 극대화된 단계의 니즈
- 서비스 제공자와 고객이 함께 과정과 결과에 만족을 느끼는 가장 이상적인 니즈단계

---

45 ○○가구회사에서는 상기의 고객 니즈 분류를 참고하여 각 대리점이 보유한 고객 명단을 니즈에 따라 다음과 같이 분류했다. 분류가 잘못된 것은 어떤 것인가?

① 상담 후 구매 견적을 요청한 고객 – 잠재 니즈
② 방문 후 특별한 상담은 하지 않고 돌아간 고객 – 잠재 니즈
③ 전화 문의 후 방문을 예약한 고객 – 보유 니즈 혹은 현재 니즈
④ 매장 상담 후 자택 방문 실측이 예약되어 있는 고객 – 현재 니즈
⑤ 납품 후 만족감을 표현하고 다른 고객을 소개하는 고객 – 가치 니즈

46 다음은 고객의 서로 다른 니즈별 적절한 서비스 제공자의 역할에 대한 설명이다. 서비스 품질 차원에서 가장 적절하지 <u>않은</u> 것은?

① 잠재 니즈 상태에서 서비스 제공자는 고객이 미처 인지하지 못하고 있는 고객의 욕구를 이해할 수 있도록 도와주어야 한다.

② 보유 니즈 상태에서 서비스 제공자는 고객이 표현하는 니즈를 강화시키거나 잠재적인 장애 요인 및 염려 사항을 주도적으로 해소시켜 현재 니즈로 강화할 수 있도록 한다.

③ 핵심 니즈 상태에서 서비스 제공자는 고객의 상황과 서비스의 접점을 찾아 고객에게 가장 적합한 해결책을 제시할 수 있어야 한다.

④ 현재 니즈 상태에서 서비스 제공자는 고객이 의사결정을 내릴 수 있도록 여유를 가지고 기다릴 수 있어야 한다.

⑤ 가치 니즈 상태를 위해 서비스 제공자는 서비스 제공에 따른 특정한 결과뿐만 아니라 고객 만족을 극대화하려는 목표와 최선의 노력이 필요하다.

[47~48] 다음은 가전제품 매장을 방문한 고객과의 상담 내용이다.

주부 김영희 씨는 여름이 다가오자 작년에 망설이다 사지 않은 제습기를 알아보려 매장을 방문했다. 망설이다 들어간 첫번째 매장에서의 상담 내용이다.

판매원 1

가격을 알아보고 그래도 망설여진 영희 씨는 좀 더 알아보겠다고 다음 매장을 들어갔다.

판매원 2

김영희 씨

47 위 사례에서 두 판매원의 차이점에 대한 설명으로 옳지 <u>않은</u> 것은?

① 두 판매원 모두 적절한 질문으로 상담을 시작하였다.
② 판매원 1은 고객의 이야기를 듣고 바로 판매를 권유하여 고객의 이야기를 더 이상 들을 수 없게 되었다.
③ 판매원 2는 계속 질문을 이어감으로써 경청의 기회를 놓치고 있다.
④ 판매원 2는 적절한 질문으로 고객이 스스로 더 많은 이야기를 하게끔 유도하였다.
⑤ 판매원 2는 제습기를 알아보러 온 고객들의 일반적인 상황을 사전에 이해하고 있어 이를 적절한 질문의 형태로 상담의 효과를 높였다.

48 판매원 1, 2의 상담을 통해 고객인 주부 김영희 씨가 느끼는 감정과 판매 과정상에서의 만족감에 대한 내용으로 가장 적절한 것은?

① 판매원 1의 구매 권유는 고객의 빠른 의사결정을 지원하였다.
② 판매원 1의 구매 권유로 고객은 가격에 대해 좀 더 깊이 생각하였다.
③ 판매원 2의 두 번째 질문으로 고객은 귀찮은 마음과 함께 구매 결정을 미루게 되었다.
④ 판매원 2의 두 번째 질문으로 고객은 스스로 제습기 구매에 따른 장점을 구체적으로 생각하여 정리하게 되었다.
⑤ 판매원 1, 2의 첫 번째 질문을 통해 고객은 제습기에 대해 생각해보는 기회를 가지게 되었다.

[49~50] 다음은 국제회의 기조연설자로 초청한 국제통화기금(IMF) 총재의 방한 일정의 일부분이다.

〈17일〉
• 오전 10시: 인천국제공항 도착
• 오후 1시 ~ 오후 2시 30분: 기획재정부 장관 및 한국은행 총재와 오찬
• 오후 4시 ~ 오후 5시 30분: 기획재정부 및 한국은행 직원 대상 강연
〈18일〉
• 오전 10시 ~ 오전 11시 30분: 개막식 기조연설
• 오전 11시 30분 ~ 오후 1시 30분: VIP 오찬
• 오후 3시 30분 ~ 오후 5시: 서울대학교 강연
• 오후 8시: 출국

49 IMF 총재의 방한 일정을 원활히 진행하기 위해 사전에 준비해야 하는 사항에 대한 설명으로 옳지 <u>않은</u> 것은?

① 방문예정지와 소화해야 하는 일정, 소요 시간을 확인한다.
② IMF 총재의 이름, 기호, 선호 음식, 건강 상태 등을 확인한다.
③ 차량 탑승자 및 차량 이동경로를 확인하여 일정에 차질이 없게 한다.
④ 최대한 성대하게 환영식을 개최하고, 최고의 음식을 대접한다.
⑤ 행사장과의 거리 및 의전의 편의성을 고려하여 호텔을 선택한다.

50 IMF 총재가 개막식에서 기조연설을 할 때, 진행과 관련한 사항으로 적절하지 <u>않은</u> 것은?

① 안내요원과 의전요원의 배치와 위치별 행동 요령을 수립하고 확인한다.
② 기조연설에 대한 답례로 선물을 준비하는 것도 좋은 방법이다.
③ VIP룸을 운영하여, 개막식 전에 주요 인사들이 서로 교류하는 시간을 갖게 한다.
④ 행사장에 참가자가 착석하기 전에, 다른 귀빈과 함께 먼저 입장하여 자리 잡도록 안내한다.
⑤ 연설 도중 시청각기기의 오작동에 대비하여, 행사장에 학술요원과 기술자를 배치시킨다.

시험 일자	시험 시간	문항 수
년　월　일	70분	50문항

수험번호 : ______________________

성　명 : ______________________

정답 & 해설 ▶ 230p

일반형(01~24번)　객관식 문제

01 매너의 개념에 대한 설명으로 옳지 <u>않은</u> 것은?

① 상대방을 존중하는 태도가 매너의 기본이다.
② 매너는 에티켓을 외적으로 표현하는 것이다.
③ 매너는 타인을 향한 배려의 언행을 형식화한 것이다.
④ 에티켓을 지키지 않는 사람에게도 매너를 기대할 수 있다.
⑤ 매너는 사람이 행동하는 구체적인 방식이다.

02 고객 응대 상황에서 물건을 주고받는 자세에 대한 설명으로 옳지 <u>않은</u> 것은?

① 받는 사람이 보기 편하도록 건넨다.
② 밝게 웃으며 상대방의 눈을 바라본다.
③ 가슴과 허리 사이의 위치에서 주고받도록 한다.
④ 원칙상 물건은 양손으로 건네는 것이 예의이다.
⑤ 물건이 작아 두 손으로 건네기 힘든 경우에는 한 손으로 건네도록 한다.

03 다음 중 표정 이미지에 대한 설명으로 옳지 <u>않은</u> 것은?

① 표정은 곧 마음의 메시지를 나타내는 것이다.
② 시선은 완만한 각도로 상대방의 정면을 응시한다.
③ 상대방이 등을 돌려 돌아설 때까지 미소를 유지한다.
④ 고개를 한쪽으로 기울여 경청하고 있음을 보여준다.
⑤ 개인적인 감정을 극복하고, 서비스 전문가로서의 공적인 표정을 익힌다.

04 그레고리 스톤(Gregory Stone)이 분류한 바에 의하면 쇼핑상품 구매고객은 절약형 고객, 윤리적 고객, 개별화 추구 고객, 편의성 추구 고객 등 네 가지로 나뉜다. 다음 중 개별화 추구 고객의 특징으로 적절한 것은?

① 가정으로 실시간 배달해주는 마트의 시스템을 선호한다.
② 사회적으로 신뢰할 수 있는 기업의 단골이 되는 것을 선호한다.
③ 고객에게 친밀하게 인사하는 태도를 보이는 종업원의 서비스에 만족한다.
④ 기업의 사회공헌 프로그램에 대해 만족해한다.
⑤ 자신이 사용한 시간, 노력, 금전으로부터 획득할 수 있는 가치를 극대화하려 한다.

05 고객과의 효과적인 커뮤니케이션을 위한 반응적 피드백의 예에 해당하는 것은?

① 대화 중 상대의 반응을 요구한다.
② 대화 중 미소를 띠며 이야기한다.
③ 대화 중 손짓을 하면서 이야기한다.
④ 대화 중 상대방의 말에 고개를 끄덕인다.
⑤ 대화 중 상대방이 알아들을 수 있는 쉬운 용어를 사용한다.

06 회의의 종류와 그 정의에 대한 설명으로 적절하지 <u>않은</u> 것은?

① 컨벤션: 가장 일반적으로 사용하는 회의 용어로, 대회의장에서 개최되는 일반 단체회의를 뜻한다.
② 컨퍼런스: 과학 기술, 학술 분야 등의 새로운 지식 공유 및 특정 문제나 전문적인 내용을 다루는 회의이다.
③ 패널토론: 훈련 목적의 소규모 회의로, 특정 문제나 과제에 대한 생각과 지식, 아이디어를 서로 교환한다.
④ 포럼: 상반된 견해를 가진 동일 분야 전문가들이 한 가지 주제를 가지고 사회자의 주도하에 청중 앞에서 벌이는 공개 토론회를 말한다.
⑤ 세미나: 주로 교육 목적의 회의로 30명 이하의 참가자가 강사나 교수 등의 지도하에 특정 분야에 대한 각자의 경험과 지식을 발표하고 토론한다.

07 컨벤션 산업이 주는 효과로 적절하지 <u>않은</u> 것은?

① 국제 행사가 열리게 되므로 도로, 항만, 통신 시설 등 사회 간접 시설이 확충된다.

② 컨벤션 산업과 관광지 서비스 산업의 결합으로 이어지면서 관광 산업을 활성화시키는 효과가 있다.

③ 국제 컨벤션은 참가자들이 다양한 문화적, 언어적 배경을 가지고 있기 때문에 문화적 파급 효과를 갖는다.

④ 통상 수십 개국의 대표나 사회적 지위가 높은 인사들이 참석하기 때문에 국가 차원의 홍보 효과를 얻을 수 있다.

⑤ 컨벤션 산업은 참석하는 인사들을 통해 유입되는 금전과 같은 유형적 가치가 무형적인 가치보다 큰 산업이다.

08 MICE 산업에 대한 설명으로 가장 적절한 것은?

① 일반적으로 관광 목적의 여행자들은 MICE 방문객보다 더 많은 금액을 지출한다.

② 국제회의 참가자는 자연스럽게 홍보대사 역할을 하여 국가 이미지 향상에 보탬이 된다.

③ 기존 관광이 B2B(Business to Business)라면 MICE 산업은 B2C(Business to Consumer)의 형태를 이룬다.

④ 다양한 비정부 기구(NGO)의 활동은 정부 단체의 국제 행사 등을 방해하여 MICE 산업의 성장을 저해하고 있다.

⑤ 컨벤션이란 제품, 기술, 서비스를 특정 장소인 전문 전시시설에서 1일 이상 판매, 홍보, 마케팅 등의 활동을 하는 각종 전시를 말한다.

09 회의 운영 계획서에 포함된 내용 중 상대적으로 중요도가 낮은 항목은?

① 연사의 학력

② 회의장 조성 계획

③ 프로그램 및 연사

④ 참가자 등록 방법 및 등록비

⑤ 공식 · 비공식 행사의 참가 대상자

10 다음 인사에 대한 설명 중 옳은 것은?

① 손님이나 상사와 만나거나 헤어지는 경우 정중례로 인사하는 것이 보통이다.
② 약례는 양손에 무거운 짐을 들고 있거나 모르는 사람과 마주칠 경우에 한다.
③ 정중례는 90도로 숙여서 하는 인사로 VIP고객이나 CEO를 만났을 때 주로 한다.
④ 목례는 눈으로 예의를 표하는 인사로 허리를 15도 정도 살짝 숙인다.
⑤ 보통례는 허리를 30도 정도 숙여서 인사하는 방법으로, 주로 처음 만나 인사하는 경우에 사용한다.

11 다음 중 매너의 개념으로 옳은 것은?

① 매너는 에티켓을 내적으로 표현하는 행위이다.
② 매너는 자신의 품위와 권위로 상대방을 복종시키는 행동방식이다.
③ 매너는 자신에 대한 예의와 예절을 형식화한 방법(How)이다.
④ 매너는 사람이 해야 할 일을 수행하기 위해 생각하는 객관적인 방식이다.
⑤ 매너는 사람이 이루고자 하는 바를 위해 취하는 행동이나 습관이다.

12 표정에 대한 상대방의 해석에 대한 연결로 적절한 것은?

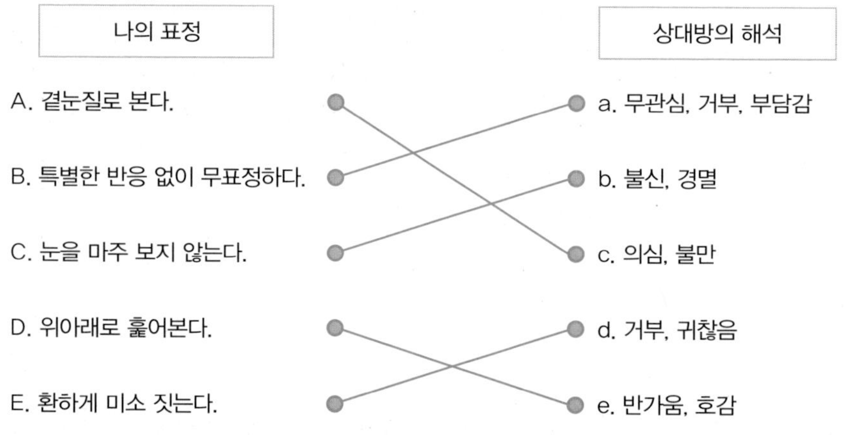

① A. 곁눈질로 본다. → c. 의심, 불만
② B. 특별한 반응 없이 무표정하다. → a. 무관심, 거부, 부담감
③ C. 눈을 마주 보지 않는다. → b. 불신, 경멸
④ D. 위아래로 훑어본다. → e. 반가움, 호감
⑤ E. 환하게 미소 짓는다. → d. 거부, 귀찮음

13 서비스 전문가의 이미지에 대한 설명으로 적절하지 <u>않은</u> 것은?

① 서비스 전문가의 이미지는 직업의식을 표현하는 도구 중 하나이다.

② 서비스 종사자의 컬러 이미지는 자신에게 어울리는 색상과 직업이 요구하는 색상 간의 조화가 필요하다.

③ 서비스 종사자의 좋은 이미지는 고객이 느끼는 서비스의 질을 높이고, 신뢰감과 긍정적인 메시지를 전달한다.

④ 서비스 종사자의 헤어스타일은 일의 능률과 관련은 없지만, 신뢰감을 주는 이미지를 위해 항상 청결하고 단정해야 한다.

⑤ 서비스 종사자의 외적 이미지는 곧 서비스 상품이므로, 자신의 이미지가 기업의 가치관에 부합하도록 노력해야 한다.

14 고객의 고관여 구매 행동에 대한 설명으로 적절한 것은?

① 부조화 감소 구매 행동이 나타난다.

② 일상적으로 빈번하게 구매하는 제품인 경우에 나타난다.

③ 수동적으로 획득한 지식으로 형성된 상표 신념에 따라 구매한다.

④ 구매제품군의 상표 간 차이가 미미할 경우 습관적으로 구매한다.

⑤ 제품의 개별 상표 간 차이가 뚜렷한 경우 다양성 추구 구매 행동이 나타난다.

15 다음 중 감성지능의 구성 요소가 <u>아닌</u> 것은?

① 자기인식

② 자기조절

③ 감정이입

④ 결과중시

⑤ 대인관계기술

16 다음 내용 중 개방적인 질문으로 적절하지 <u>않은</u> 것은?

① 저희 직원이 말씀드린 것을 이해하셨는지요?

② 저희가 해 드릴 수 있는 것이 무엇인지 생각해보셨습니까?

③ 보다 나은 서비스를 위해 저희가 어떤 점을 더 노력해야 할까요?

④ 지난번 구매하신 제품을 사용해 보시니 어떤 점이 좋으셨습니까?

⑤ 다른 회사 제품은 저희 제품에 비해 어떤 점이 좋아 보이셨습니까?

17 서양의 호칭과 경칭에 대한 설명으로 적절하지 <u>않은</u> 것은?

① Excellency: 외교관에 대한 경칭
② Majesty: 귀족이나 주요 공직자에게 쓰는 경칭
③ Mistress(Mrs.): 결혼한 부인의 이름 앞에 붙이는 경칭
④ Sir: 상대방에게 경의를 나타내는 칭호로, 나이나 지위가 비슷한 사람끼리 또는 여성에게는 사용하지 않음
⑤ Dr.: 수련 과정을 거친 전문 직업인이나 인문과학 분야에서 박사 학위를 취득한 사람에게 사용하는 경칭

18 목소리에 대한 설명으로 적절하지 <u>않은</u> 것은?

① 좋은 목소리는 떨림이 없거나 적고, 또렷하게 들린다.
② 목소리가 작을 때는 복식호흡을 통해 호흡량을 크게 하면 좋다.
③ 사람의 타고난 음색, 음성의 질처럼 음성의 분위기는 변화시키기 어렵다.
④ 목소리는 외모와 함께 사람의 인상과 이미지를 함께 만드는 주요 요소 중 하나이다.
⑤ 말을 하다가 잠시 공백을 두면 상대의 집중도를 높이고, 핵심을 강조할 수 있다.

19 매슬로우(Maslow)의 욕구 5단계 이론에서 4단계에 해당하는 것은?

① 존경의 욕구
② 사회적 욕구
③ 생리적 욕구
④ 안전의 욕구
⑤ 자아실현의 욕구

20 다음 중 고객의 지각이 갖는 특징에 해당하지 <u>않는</u> 것은?

① 주관성
② 선택성
③ 일시성
④ 총합성
⑤ 이질성

21 고객 의사결정 과정의 순서를 가장 적절하게 배열한 것은?

① 문제 인식 – 정보 탐색 – 대안의 평가 – 구매 – 구매 후 행동
② 문제 인식 – 대안의 평가 – 정보 탐색 – 구매 – 구매 후 행동
③ 정보 탐색 – 문제 인식 – 대안의 평가 – 구매 – 구매 후 행동
④ 정보 탐색 – 대안의 평가 – 문제 인식 – 구매 – 구매 후 행동
⑤ 정보 탐색 – 문제 인식 – 구매 – 대안의 평가 – 구매 후 행동

22 서비스 기업이 더욱 중요하게 관리해야 하는 내부고객에 대해 가장 적절하게 설명한 것은?

① 외부고객에 이어 2번째로 고려해야 할 고객이다.
② 기업의 상품과 서비스를 직접 구매하거나 이용한다.
③ 상품과 서비스를 제공받는 대가로 가격을 지불한다.
④ 외부고객을 만족시켜야 내부고객을 만족시킬 수 있다.
⑤ 외부고객이 원하는 것을 제공하는 중요한 일을 담당한다.

23 효과적인 주장을 위한 'AREA'의 법칙에 대한 설명이 <u>아닌</u> 것은?

① 주장(Assertion): 우선 주장의 핵심을 먼저 말한다.
② 이유(Reasoning): 주장의 근거를 설명한다.
③ 증거(Evidence): 주장의 근거에 관한 실례나 증거를 제시한다.
④ 합의(Agreement): 제시된 주장에 대한 합의를 한다.
⑤ 주장(Assertion): 주장을 되풀이 한다.

24 다음 중 회의실 선정 시 고려대상이 아니며, 중요도가 가장 낮은 사항은?

① 회의실 규모
② 회의실 대관료
③ 전시장 활용도
④ 해당 회의실 활용 예시
⑤ 회의실의 유형별 배치와 기능

25 의전의 기본 정신 5R은 상대에 대한 존중(Respect), 문화의 반영(Reflecting), 상호주의 원칙(Reciprocity), 서열(Rank), 오른쪽 상석(Right)이다.

(① O　② X)

26 서비스 종사자에게 커뮤니케이션은 무엇보다도 중요한 경영 수단이다. 커뮤니케이션은 신이 자신의 덕을 인간에게 나누어 준다는 의미로, 공동체 내의 상호이해 및 협력을 말한다.

(① O　② X)

27 이미지 관리 과정은 '이미지 점검하기 → 이미지 콘셉트 정하기 → 좋은 이미지 만들기 → 이미지 외면화하기'의 순서로 이루어진다.

(① O　② X)

28 고객의 유형을 구분할 수 있는 도구로 교류분석을 사용하며, 이는 미국의 정신과 의사인 에릭 번(Eric Berne)에 의해 창안된 것으로 인간의 교류나 행동에 관한 이론체계이자 동시에 효율적인 인간변화를 추구하는 분석이다.

(① O　② X)

29 해당 행사의 최고 귀빈(VIP, No.1)이 정해지면, 차석은 최고 귀빈을 기준으로 왼쪽 좌석이다.

(① O　② X)

〈보기〉

① 단골고객	② 유니폼	③ 명함	④ 가든파티	⑤ 서비스 매너

30 정원과 같은 야외에서 진행하는 파티로, 더위와 추위를 고려해 날씨가 가장 좋을 때를 선택해야 한다.

(　　　　)

31 기업의 제품이나 서비스는 반복적, 지속적으로 이용하는 고객이지만, 타인에게 추천할 정도로 적극적이지는 않은 고객

(　　　　)

32 경영 활동에서 고객과 만나는 접점에서 고객에 대한 이해를 바탕으로 고객을 응대하고, 고객의 요구를 신속하게 파악하여 응대하는 기본 능력

(   )

33 외부적으로는 소속 회사, 직장의 문화를 표현하고, 내부적으로는 조직구성원의 일체감을 높이기 위하여 착용하는 의복

(   )

34 나의 소속과 성명을 알리고 증명하는 역할을 하며, 직·간접적인 마케팅 효과를 가지기도 한다.

(   )

사례형(35~44번)   **객관식 문제**

35 다음의 면접 채점표를 통해 ○○항공사가 면접자들의 어떤 점을 평가하고자 하였는지 알 수 있다. 적절하지 <u>않은</u> 설명은 무엇인가?

> 다음은 ○○항공사의 신입 사원 채용 면접관들의 채점표 중 일부이다.
> - 회사가 추구하는 밝고 편안한 이미지에 부합하는가?
> - 면접관의 질문에 자신 있게 대답하는가?
> - 목소리의 고저, 발음 등은 적절한가?
> - 표정, 몸짓 등은 적절한가?
> - 복장, 화장 등은 회사의 대외적 이미지에 부합하는가?

① 패션 이미지 연출에 대해서는 특별히 언급하고 있지 않다.

② 외모, 표정, 상황별 제스처, 목소리 등의 전체적인 이미지를 평가하고자 하였다.

③ 단순한 외모 뿐 아니라 목소리나 표정 등에서 보이는 이미지도 매우 중요한 요소로 판단하고 있다.

④ ○○항공사는 자사가 추구하는 기업 이미지를 조직 구성원들의 이미지에서도 일관되게 유지하기를 원한다.

⑤ ○○항공사는 조직 구성원의 대외적인 이미지가 고객에게 직·간접적으로 중요한 영향을 미치고 있다고 판단하고 있으며, 이를 면접에서도 평가하고 있다.

36 다음 사례에서 고객의 상품 선택과 관련된 효과는 무엇인가?

> 판매사원: "어서 오세요. 종합 가전매장에 와주셔서 감사합니다."
> 고객: "에어컨이 오래되어서 교체하기 위해 왔습니다."
> 판매사원: "아, 그러세요. 요즘 에어컨이 너무 예쁘게 잘 나와서 마음에 드실 거예요. 혹시 생각하고 오신 제품이 있으신가요?"
> 고객: "아, 아니오. 혹시 추천할 만한 제품이 있나요?"
> 판매사원: "초절전형 제품이 나와 있는데 선풍적인 인기를 끌고 있는 제품이에요. 디자인도 예쁘고 가격도 저렴하고 30평 아파트를 기준으로 1년에 약 삼십만 원 정도 전기료도 절약됩니다."
> 고객: "그래요? 정말 좋은 제품이네요. 그런데 메이커는요?"
> 판매사원: "○○제품인데 브랜드 인지도는 낮지만 가격대비 품질이 우수합니다."
> 고객: "그런데 믿을 수 없어서요. 이왕이면 비싸도 ××선수가 광고 모델로 나오는 제품으로 구입하겠습니다."
> 판매사원: "아, 그렇게 하시겠어요? 알겠습니다. 브랜드 가치나 기능, 디자인, A/S 등 모든 면에서 월등한 제품이니 현명한 선택입니다. 감사합니다."

① 프레이밍 효과
② 유사성 효과
③ 유인 효과
④ 후광 효과
⑤ 부정성 효과

37 다음 사례에서 나타나는 적절하지 <u>않은</u> 명함 교환 방법은 무엇인가?

> 세일즈맨: "안녕하세요, 반갑습니다. 저는 갑을상사의 홍길동이라고 합니다."
> ① (미리 준비한 명함을 상대방이 볼 수 있도록 두 손으로 공손히 건넨다.)
> 잠재고객: (잠시 후) "저는 동아물산의 박영호 대리라고 합니다. 제 명함입니다."
> ② (명함을 상대방이 읽기 쉽도록 글자의 방향이 상대방을 향하게 한다.)
> 세일즈맨: "아! 박영호 대리님! 시간을 내주셔서 감사합니다."
> ③ (일어서서 두 손으로 공손히 받고 상대방 직함과 이름을 불러준다.)
> 잠재고객: "그럼 편하게 앉으셔서 용건을 말씀해 보세요!"
> 세일즈맨: ④ (편하게 앉은 후에 바로 받은 명함에 면담 일시를 기록한다.) "박영호 대리님! 성함을 보니 저의 아버님 성함과 같아 매우 반갑네요! 오래 기억할 것 같습니다."
> ⑤ (테이블 앞에 가지런히 놓는다.)

① 미리 준비한 명함을 상대방이 볼 수 있도록 두 손으로 공손히 건넨다.
② 명함을 상대방이 읽기 쉽도록 글자의 방향이 상대방을 향하게 한다.
③ 일어서서 두 손으로 공손히 받고 상대방 직함과 이름을 불러준다.
④ 편하게 앉은 후에 바로 받은 명함에 면담 일시를 기록한다.
⑤ 테이블 앞에 가지런히 놓는다.

38 다음 중 효과적인 반론을 위한 의견 전개 순서로 가장 적절한 것은?

> 가. 상대방의 주장 중 우선 동의할 수 있는 점과 공통점을 찾아내어, 긍정적인 분위기로 대화를 시작한다.
>
> 나. 상대방의 주장과 자신의 의견을 대비시켜 상대방의 주장보다 더 나은 점을 차근차근 설명하여 반대 이유를 분명히 한다.
>
> 다. 상대방 주장의 허점이나 모순점이라고 생각하는 것에 대한 반론 내용을 명확히 질문한다.
>
> 라. 협상을 하면서 자신이 반론을 제기해도 상대방이 감정적으로 반발하지 않을 만한 절호의 기회를 탐색한다.
>
> 마. 논증이 끝나면 다시 한 번 반론 내용을 요약해 간략히 말함으로써 호소력을 높일 수 있다.

① 라 – 나 – 마 – 다 – 가
② 라 – 가 – 다 – 나 – 마
③ 라 – 나 – 다 – 가 – 마
④ 다 – 가 – 마 – 라 – 나
⑤ 다 – 나 – 가 – 라 – 마

39 다음 사례는 컨벤션을 유치할 때 추진하는 활동이다. 컨벤션 유치 활동 중 무엇에 관한 설명인가?

> • 컨벤션 센터나 시설에 대한 시설 운영계획 정보를 미리 제공할 필요가 있다.
> • 유치 경쟁국에 대한 정보를 파악하고, 이전 개최지와의 유사성보다는 개최지로서의 독특함을 강조하는 것이 필요하다.
> • 전문가가 수행하여 지리, 역사, 문화는 물론, 개최 도시에 대한 광범위한 정보를 제공하고 질문에 응답한다.
> • 컨벤션 센터 직원, 컨벤션 뷰로 대표, 호텔 관계자, 기술자 등이 현장 답사에 동행하여 관련 사항에 대해 상세하게 설명한다.

① 실사단 현장 답사
② 컨벤션 유치 제안서 작성
③ 컨벤션 개최 의향서 제출
④ 컨벤션 유치 신청서 제출
⑤ 컨벤션 유치 프레젠테이션

40 다음은 어떤 회의 프로그램의 일부이다. 이 회의와 가장 유사한 종류의 회의는?

	Mar.24 (Thu)		Mar.25 (Fri)		Mar.26 (Sat)		Mar.27 (Sun)
09:00~10:00	Registration		Registration				
10:00~11:00					Keynote Speech B/C		Keynote Speech D/E
11:00~12:00							
12:00~13:00					Luncheon Session 1		Luncheon Session 2
13:00~14:00							
14:00~15:00	Satellite Session A	Satellite Session B	Opening Ceremony		Session Track A	Session Track B	Post Tour 1/2/3
15:00~16:00			Keynote Speech A				
16:00~17:00			Session Track A	Session Track B			
17:00~18:00							
18:00~19:00							
19:00~20:00					Welcome Party		
20:00~							

① 컨벤션(Convention)
② 포럼(Forum)
③ 워크숍(Workshop)
④ 강의(Lecture)
⑤ 패널토론(Panel Discussion)

41 호텔에 투숙한 고객이 한밤중에 프런트에 전화를 걸었다. 이에 대한 프런트 담당자의 응대로 가장 적절한 것은?

> 고객: "옆방 사람들이 너무 떠들어요. 지금이 몇 신데, 참나."
> 프런트 담당자: ( )

① "진정하세요, 흥분하지 마시고요. 곧 조용해 질 겁니다."
② "죄송합니다. 원하신다면 다른 방으로 옮겨 드리겠습니다."
③ "늦은 시간인데 불편하시겠어요, 제가 화가 다 납니다. 그 방으로 곧장 연락을 취해서 해결해 드리도록 하겠습니다."
④ "옆방이라면 몇 호실을 말씀하시는 거죠? 문제가 되는 방의 번호를 먼저 알려주셔야 저희가 바로 조치할 수 있습니다."
⑤ "아, 그 방은 유명한 정치인들이 묵고 있는 관계로 시끄러울 수 있습니다. 아마 행사가 늦게 끝난 것 같은데, 십 분 정도만 양해를 부탁드려도 될까요?"

42 다음은 OO회사의 직원 A가 고객인 '바이어(Buyer, 구매자)'와 대화하는 내용이다. 이를 설명한 것으로 가장 적절한 것은?

> 직원 A: "아, 이사님. 안녕하세요."
> 바이어: "수요일 11시까지 견적 주신다고 말하시지 않았나요?"
> 직원 A: "아차. 네, 맞습니다. 그런데 회의가 너무 길어져서 그만 1시간 늦었네요. 정말 죄송합니다. 바로 보내드리겠습니다."
> 바이어: "괜찮습니다. 저희가 너무 급한 상황이라 이미 다른 회사에 주문했으니까요."

① 일단 고객에게 발생한 문제를 알린 후에 해결책을 생각해야 한다.
② 까다로운 고객과는 어느 정도의 언쟁이 반드시 필요하기 마련이다.
③ 대화가 실패로 끝나는 경우의 대부분은 결과보다는 문제에 집중하기 때문에 발생한다.
④ 약속을 지키지 못할 때는 반드시 충분한 여유를 두고 미리 통보해서 양해를 구해야 하는데, 직원 A는 이를 간과했다.
⑤ 상대방이 자신의 실수나 잘못을 고백해오면, 왜 그렇게 했는지 원인을 철저하게 분석하는 것이 해결책을 찾는 것보다 우선이다.

43 여성 서비스 직원의 용모와 복장에 대한 설명 중 괄호 안에 들어갈 가장 적절한 내용은 무엇인가?

> 1. 복장은 일하기 편해야 하므로 체형에 맞는 스타일로 선택한다.
> 2. 지나치게 크고 화려한 액세서리는 삼가도록 한다.
> 3. 헤어는 (A)과 (B)을 기본으로 한다.
> 4. 메이크업은 밝고 건강하게 보이도록 자연스러운 메이크업을 한다.
> 5. 향수는 (C) 향을 소량 뿌리는 것이 좋다.

	(A)	(B)	(C)
①	청결함	단정함	은은한
②	화려함	청결함	개성있는
③	청결함	단정함	화려한
④	청결함	젊어보임	진한
⑤	화려함	단정함	은은한

44 다음은 고객과의 식사 약속을 하고 식사한 사례이다. 식사 예의나 매너로 적절하지 <u>않은</u> 행동은 무엇인가?

> • 식사 약속 시간을 정한 후 바로 예약하고 좌석 위치도 미리 상석을 확보해 달라고 부탁하였다.
> • 약속 시간 20분 전에 도착해서 상석을 확인한 후 전망 좋은 곳은 고객이 앉게 준비하고 고객을 맞이할 준비를 하였다.
> • 고객이 도착해서 반갑게 인사한 후 고객이 주문하도록 배려하였으나 주문 의사가 없어 직원에게 물어보고 추천하는 메뉴를 선택하였다.
> • 식사는 고객과 속도를 맞추고 식사 중에는 큰소리를 내거나 웃는 것을 가급적 삼갔다.
> • 식사 중에 개인적인 전화가 와서 양해를 구하고 나가서 통화하였다.

① 예약은 가급적 빨리하고 좋은 위치를 확보하는 것이 좋다.
② 약속 시간 20분 전에 도착해서 상석을 확인하고 맞이해야 한다.
③ 식사 중 개인적인 전화가 왔을 때, 양해를 구하고 밖에 나가 통화한다.
④ 식사는 고객과 속도를 맞추고 가급적 큰소리를 내거나 웃는 것은 삼간다.
⑤ 주문은 고객이 먼저 하도록 배려하고 주문 의사가 없으면 직원에게 추천받는 것이 좋다.

[45~46] 다음 표를 보고, 물음에 답하시오.

• 전시회 종류: 시장에 따른 분류(미국)

구분	Trade Show (B2B Show)	Consumer Show	Combined or Mixed Show
Exhibitor	제조업자, 유통업자, 서비스 전문가 등	(질문 1)	제조업자, 유통업자
Buyer	산업군 내의 End User	최종 소비자	산업군 내의 End user 구직자, 일반인
입장	(질문 2)	입장제한과 등록비가 필요없음 입장료는 지불	비즈니스 데이와 퍼블릭 데이로 시간을 구분하기도 함
참고	미국 개최 전시회의 51% 차지	미국 개최 전시회의 14% 차지 생산 제품이 시장 반응수단	미국 개최 전시회의 35% 차지

International Exposition (Trade Fair) – 수출 국가들의 주요한 마케팅 수단

참가자는 Trade Show와 유사. Buyer는 통상 그 산업 종사자
〈출처: The ART of the show, S. L. Morrow〉

45 (질문 1)의 빈칸에 해당하는 적절한 서술은 무엇인가?

① 도매업자
② 보험사업자
③ 운송사업자
④ 중간재 제조업자
⑤ 소매업자, 최종 소비자를 찾는 제조업자

46 (질문 2)의 Trade show의 입장 기준에 대한 설명으로 적합한 것은?

① 제한 없음
② 바이어, 초청장 소지자
③ 주최 측 및 부스 참가자
④ 등록비를 내고 등록한 일반 참가자
⑤ 기타

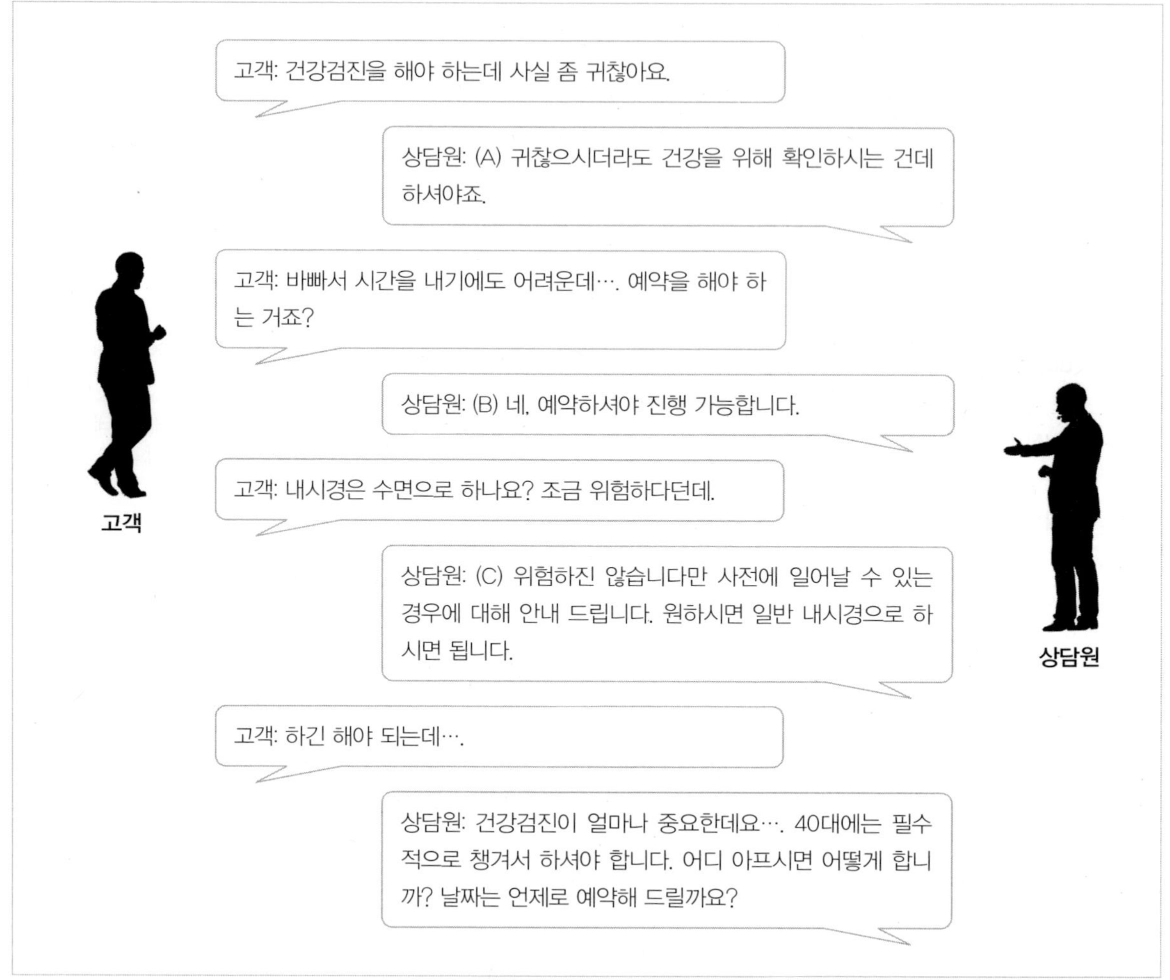

47 상담원의 대응을 공감적 커뮤니케이션의 측면에서 해석할 때 가장 적절한 것은?

① 핵심적인 메시지 전달에 집중하여 간결하고 정확한 커뮤니케이션이 가능하였다.

② 고객이 궁금한 사항에 대해 적절히 대답을 하지 못해 공감적 경청에 실패하였다.

③ 고객 건강 검진 예약이라는 상담의 목적을 달성하지 못했으므로, 커뮤니케이션에 실패한 것이다.

④ 고객의 상황에 대한 객관적이고 냉정한 반응으로 고객의 문제점을 밝혀냄으로써 커뮤니케이션의 목적을 달성하였다.

⑤ 고객의 염려나 장애 요소를 적극적으로 경청하지 못하였으며, 효과적인 질문도 활용하지 못해 공감적 커뮤니케이션에 실패하였다.

48 고객의 이야기에 대한 상담원의 응대를 다음과 같이 바꾸었을 때, 공감적 경청의 측면에서 가장 적절하지 <u>않</u>은 것은?

① A: 네. 사실 귀찮은 일이긴 하죠. 하지만 그래도 해야겠다고 생각하시는 이유가 있으시죠?

② B: 네. 바쁘시기 때문에 예약을 하시면 실행에 옮기시는 데에도 도움이 되실 겁니다. 예약을 하지 않으시면 바쁘셔서 자꾸 미루게 되시지 않을까요?

③ B: 네. 예약을 하셔야 합니다. 예약을 하셔야 바쁘시더라도 실행에 옮기실 수 있을 것이라고 생각하는데, 어떠신지요? 이번 기회에 꼭 검진을 받으셔야겠다고 생각하시면 예약을 하시는 편이 좋지 않을까요?

④ C: 한 번도 해보지 않으셔서 걱정하시는 겁니다. 걱정되시면 일반 내시경도 가능합니다.

⑤ C: 수면 내시경이 위험하다고 생각하셔서 염려되시는군요. 그 부분을 걱정하시는 다른 고객님도 계십니다. 내시경은 수면과 일반으로 결정하실 수 있습니다. 예약을 하시면 제가 상세히 안내해 드릴 것이니 잘 선택하시면 됩니다.

[49~50] 다음 고객을 방문해서 상담한 사례를 읽고 물음에 답하시오.

> - 약속 당일 미리 전화를 걸어 오늘 약속 시간에 방문할 것을 사전에 알리고 확인하였다.
> - 고객과의 약속 20분 전에 도착해 상담실을 찾아 입구에서 가장 먼 테이블의 좌석을 상석으로 확보하고 입구가 바라보이는 곳에 앉아 상담 준비를 마쳤다.
> - 고객을 서서 맞이하고 인사는 보통례 수준으로 30도 정도 숙여 인사한 후, 명함을 왼손으로 받치고 오른손으로 주면서 소속과 이름을 정확히 말하고 정중하게 인사를 하였다.
> - 고객으로부터 명함을 두 손으로 받고 상대방 직책과 이름을 호칭하고, 명함을 테이블 위에 가지런히 놓은 후 직위와 이름을 부르며 대화하였다.
> - 상담 중에는 주로 고객을 설득하기 위해 대화를 주도적으로 이끌었고, 샘플과 제안서를 활용해서 시연하였다.
> - 상담 과정에서 중요한 부분마다 메모하며 공감하고 칭찬하였다.
> - 상담 마무리 과정에서 고객의 니즈를 파악하고 차기 약속을 정하였다.
> - 상담 후 악수할 때, 고객의 손을 적당한 힘으로 잡고, 2~3번 위아래로 가볍게 흔들었다.
> - 상담 후 퇴근하기 전까지 고객의 메일에 방문 협조에 대한 감사의 글을 남겼다.

49 위의 사례를 보고 상담 원칙으로 적절하지 <u>않은</u> 내용은?

① 상담 후에는 고객의 메일로 감사의 글을 보내야 한다.

② 상담은 마무리가 중요하며 차기 약속을 얻어내야 한다.

③ 상담 시간 20분 전에 미리 방문한 후 준비를 철저히 해야 한다.

④ 상담 시 중요한 부분마다 간단하게 메모하며 공감과 칭찬을 아끼지 말아야 한다.

⑤ 상담 중에는 고객을 설득하기 위해 주로 경청하기보다는 대화를 주도적으로 이끌어야 한다.

50 위의 사례를 보고 매너나 에티켓으로 적절하지 <u>않은</u> 내용은?

① 고객의 명함은 두 손으로 받은 뒤 테이블 위에 올려놓고 대화해야 한다.

② 고객과 악수할 때는 무조건 강하게 잡기보다 적당한 힘으로 잡는다.

③ 고객과의 첫 만남에서는 정중례로 45도 각도로 숙여서 인사해야 한다.

④ 고객과의 만남 전에 반드시 전화로 방문 약속 시간을 확인한다.

⑤ 상석은 출입구에서 대각선 방향으로 가장 먼 테이블로, 전망이 좋은 곳이다.

정답 & 해설

실전 모의고사 01회

170p

01 ④	02 ③	03 ⑤	04 ②	05 ①
06 ⑤	07 ③	08 ⑤	09 ①	10 ②
11 ④	12 ③	13 ⑤	14 ③	15 ④
16 ⑤	17 ③	18 ①	19 ⑤	20 ⑤
21 ②	22 ⑤	23 ④	24 ⑤	25 ②
26 ②	27 ①	28 ②	29 ①	30 ①
31 ②	32 ③	33 ⑤	34 ④	35 ①
36 ③	37 ④	38 ②	39 ②	40 ⑤
41 ①	42 ⑤	43 ⑤	44 ②	45 ①
46 ②	47 ⑤	48 ⑤	49 ②	50 ③

일반형

01 ④

오답 피하기
- ① 지명인이 부재중이더라도, 부재중인 이유까지 알릴 필요는 없다.
- ② 회사까지 어떤 교통편을 이용할 것인지 먼저 물어본다.
- ③ 다시 전화할 것인지, 지명인이 전화할 것인지를 정하고 필요하다면 메모를 남기고, 전화 한 사람의 이름을 확인한다.
- ⑤ "뭐라고요?", "잘 안 들리는데요."와 같은 표현은 쓰지 않도록 하고, "좀 멀게 들립니다."와 같은 완곡한 표현을 사용한다.

02 ③

여성이 치마를 입었을 경우를 배려하는 것이다.

오답 피하기
- ① 앞에서 안내한다.
- ② 하급자가 먼저 타도록 한다.
- ④ 당겨서 여는 문일 경우에는 문을 당겨 열어서 고객이 먼저 통과하도록 한다.
- ⑤ 계단과 에스컬레이터 등 경사가 진 위치에서 올라갈 때는 뒤쪽에서 안내하고, 내려올 때는 앞쪽에서 안내한다.

03 ⑤

오답 피하기
밝은 표정의 효과는 다음과 같다.
- 건강 증진 효과: 웃는 근육을 많이 사용하게 되면 건강에 유익한 영향을 준다.
- 감정 이입 효과: 밝고 환한 웃는 표정을 보면 타인도 기분이 좋아진다.
- 마인드 컨트롤 효과: 밝고 환한 표정을 지으면 실제로 기분이 좋아진다.
- 신바람 효과: 웃는 모습으로 생활을 하면 기분 좋게 일을 할 수 있다.
- 실적 향상 효과: 즐겁게 일을 하다 보면 업무가 효율적으로 진행되어 능률이 오른다.
- 호감 형성 효과: 표정은 상대가 보고 느끼며 판단하는 것으로, 웃는 표정은 나에 대한 좋은 이미지를 형성한다.

04 ②

방향을 안내할 때는 상대의 눈을 보고 지시 방향을 본 뒤, 다시 상대의 눈을 보는데, 이것을 '삼점법'이라고 한다.

05 ①

외향형인 사람은 폭넓은 대인관계를 유지하며, 사교적이고 열정적이며 활동적인 성향을 보인다. 이러한 특성으로 인해 조용하고 신중하게 글로 표현하기보다는 말로 표현하는 것을 더 선호한다.

06 ⑤

해당 설명에 알맞은 고객은 단골고객이다.

07 ③

오답 피하기
- ① 사회적 환경
- ② 물리적 환경
- ④ 소비 상황
- ⑤ 구매 상황

08 ⑤

오답 피하기
- ① 시각에 호소하는 언어를 사용한다(이심전심).
- ② 상황에 맞는 전문가의 말을 인용한다(촌철살인).
- ③ 객관적 자료보다는 다양한 채널로 접근하여 감성을 자극한다(감성을 자극함).
- ④ 상대의 의도를 간파하는 한마디로 상대의 마음을 한순간 무너뜨릴 수 있다(촌철살인).

09 ①

오답 피하기
- ② 개인적 거리는 45cm ~ 80cm다.
- ③ 사회적 거리는 80cm ~ 1.2m다.
- ④ 대중적 거리는 1.2m ~ 3.7m다.
- ⑤ 진정한 관심이나 흥미 및 태도도 반영한다.

10 ②

CIQ 지역에서는 세관(Customs)검사, 출입국관리(Immigration), 검역(Quarantine)등이 이루어지며, 귀빈실을 사용하는 VIP에 대한 영접(Greeting)도 이곳에서 이루어진다.

11 ④

장시간의 강의 청취와 필기를 고려할 경우 교실식 배치를 가장 많이 사용한다.

12 ③

부부 동반의 경우 남편의 서열과 동급이 된다.

13 ⑤

의전은 의식과 의례를 갖춘 행사를 의미하지만, VIP고객의 사정과 전체 의식의 규칙을 잘 조율하며 균형을 이루어 진행하여야 한다.

14 ③

- ① 후광 효과: 상품 평가 시 일부 속성에 의해 형성된 전반적인 평가가 그 속성과는 직접적 관련이 없는 다른 속성의 평가에 영향을 미치는 효과
- ② 빈발 효과: 첫인상이 안 좋게 형성되었다고 할지라도 반복해서 제시되는 행동이나 태도가 첫인상과는 달리 진지하고 솔직하면 점차 좋은 인상으로 바뀌게 되는 현상
- ④ 프레이밍 효과: 대안들의 준거점에 따라 평가가 달라지는 효과
- ⑤ 유사성 효과: 새로운 상품 대안이 나타난 경우, 그와 유사한 성격의 기존 상품을 잠식할 확률이 다른 경쟁 상품을 잠식할 확률보다 높은 현상

15 ④

에티켓은 매너의 기본 단계로서 에티켓도 지키지 않는 사람에게 매너를 기대할 수는 없다.

16 ⑤

다른 사람의 이야기를 들으면서 자신과 비교하거나 판단을 내리면 상대의 말에 집중하지 못하므로 효과적인 경청 방법이 아니다.

17 ③

- ① 명함을 건넬 때는 선 자세로 왼손을 받쳐서 오른손으로 주는 것이 예의이다.
- ② 명함을 받을 때는 일어서서 두 손으로 받는다.
- ④ 명함을 받은 후 상대방 앞에서 명함에 메모하거나 낙서하는 행위는 매너에 어긋나는 행위이다.
- ⑤ 명함을 받은 후 대화가 이어질 경우 테이블 위에 올려놓고 직위와 이름을 기억하며 대화해야 한다.

18 ①

복장은 단정하면서 검정색처럼 어두운 색상의 옷을 착용한다.

- ② 조의금은 형편에 맞게 성의를 표하는 정도로 한다.
- ③ 유족에게는 너무 말을 많이 시키지 않는다.
- ④ 감색이나 회색의 양복도 무난하다.
- ⑤ 영정 앞에 일어서서 잠깐 묵념 후 두 번 절한다.

19 ⑤

강하게 힘을 주어 말해야 할 때와 작고 약하게 말해야 할 때를 구분하여 말하는 것이 더 전달력이 좋다.

20 ⑤

메이크업의 목적은 신체의 장점을 부각하고 단점은 수정 및 보완하는 미적 행위이며, 서비스 종사자는 자신의 개성을 연출하기보다는 기업의 이미지와 부합되도록 연출한다.

21 ②

지각적 방어란 개인의 가치체계에 따라 개인의 가치에 역행하는 자극을 막는 데 도움을 줄 때 발생하는 것으로, 지각의 선택성에 영향을 미친다.

22 ⑤

효과적으로 반론하는 방법은 '긍정적인 말로 시작한다. 반론 내용을 명확히 한다. 반대 이유를 설명한다. 반론을 요약해서 말한다.' 등이 있다.

23 ④

공식 운전기사가 있는 차량은 운전자의 대각선 방향이 상석이다. 다만 운전기사가 없고 차주가 직접 운전하는 경우에는 운전하는 차주의 바로 옆자리가 상석이다.

24 ⑤

존중과 인정에 대한 욕구가 많아지면서 고객들은 누구나 자신을 최고로 우대해 주기를 바란다.

OX형

25 ②

마이스(MICE) 산업은 기업 회의(Meeting), 포상 관광(Incentive Travel), 컨벤션(Convention), 전시(Exhibition)를 융합한 새로운 산업을 말한다.

26 ②

경청의 기법인 B.M.W에서 Mood는 상대의 말투나 음색, 말의 속도, 높낮이를 고려하여 듣는 방법이다.

27 ①

컨벤션은 국가 홍보의 극대화, 개최국의 국제적 지위 향상, 문화 및 해외 교류의 확대로 정치적인 파급효과가 있다.

28 ②

서비스 종사자의 유니폼은 근무 시 활동하는 복장인 동시에 회사와 개인의 이미지까지 표현하는 수단이 되므로 청결하고 잘 정돈된 유니폼을 착용하고, 개인의 개성을 살리는 것 보다 규정에 알맞게 착용해야 한다.

29 ①

고객의 기본적인 심리 중에서 고객은 직원보다 우월하다는 생각을 갖는 '우월 심리'가 있어 서비스 응대 직원은 고객을 존중하고 자신을 낮추는 겸손한 자세가 필요하다.

연결형

30 ①

서양에서 '팁 문화'는 레스토랑, 호텔, 택시 등을 이용할 때 당연시되는 관습으로 보통 전체 금액의 10~15% 정도를 지불한다.

31 ②

상호주의 원칙이란 국력과 관계없이 모든 국가가 일대일의 동등한 대우를 받아야 하며, 내가 배려한 만큼 상대로부터 배려를 기대하는 것이다.

32 ③

체리피커는 잠시 사용할 목적으로 상품을 구매한 후 반품하는 등의 행동을 한다.

33 ⑤

악수는 사람들 간에 친근한 정을 표현하는 것으로 사회생활에서 관계 형성을 시작하는 첫 행위이다. 또한 서양에서 악수를 사양하는 것은 결례로 여기므로 호의적인 자세로 하는 것이 중요하다.

34 ④

공수란 두 손을 어긋매껴 마주 잡는 것으로 옛 문헌에는 '깍지 낄 차'와 '손 수'를 써서 차수(叉手)라고도 하며, 어른 앞에서 하는 공경의 뜻을 나타낸다. 공수는 절의 기본 동작으로 모든 행동의 시작을 의미한다.

35 ①

회사명 혹은 소속, 이름 등을 밝히며 전화를 받는 것이 비즈니스 전화 응대의 기본이다.

36 ③

계단을 오를 때는 고객보다 한두 계단 뒤에서 올라가고 내려올 때는 고객보다 한두 계단 앞서 안내하며 내려온다. 남녀가 계단을 올라갈 때는 남자가 먼저 올라가고 내려올 때는 여자가 앞서 내려간다.

37 ④

D 대리의 경우, 점심식사를 잘 기획하여 제공하더라도, 주최측이 참가자의 식사 비용을 부담하는 것이므로 식음료 비용은 제공하지 않는 경우에 비해 증가하게 된다.

38 ②

상대방의 감정과 입장을 이해하려 하고, 진정성있는 태도로 소통하는 모습은 이심전심에 해당한다.

39 ②

전화 상태가 좋지 않음을 알리고, 다시 통화할 수 있도록 한다. "뭐라고요?", "잘 안 들리는데요."와 같은 표현은 쓰지 않도록 하고, "좀 멀게 들립니다.", "전화 회선이 고르지 않은 것 같습니다."처럼 고객을 탓하지 않는 완곡한 표현을 사용한다.

40 ⑤

⑤번은 정보 탐색 후 여러 평가 요인을 가지고 어느 하나를 선택하려는 '대안의 평가 단계'에 있는 대화 내용이다. 계약 이전의 상황이니 '구매의 단계'로는 볼 수 없다.

41 ①

신체 언어에는 표정, 눈의 접촉, 고개 끄덕이기, 몸의 움직임, 자세 등이 포함되고, 의사언어에는 말투, 음조의 변화, 음고, 음량의 정도, 말의 속도, 발음 등이 있다.

42 ⑤

오답 피하기

- ① 재고가 없더라도 완곡한 표현을 사용할 수 있어야 한다.
- ② 나중에는 구매가 불가능할지도 모른다는 것을 고객이 느끼게 해야 한다.
- ③ 고객의 구매 욕구를 일으켰을 것이다.
- ④ '지금이 적기(適期)'임을 알려야 한다.

43 ⑤

고객이나 내방객이 5분 이상 대기하는 일이 없도록 해야 하지만, 부득이한 경우에는 음료를 대접하거나 무료하게 시간을 보내지 않도록 신문, 잡지 등 볼거리를 제공하는 것이 좋다.

44 ②

상담 원칙에서 고객의 말을 끝까지 잘 듣고 고객이 원하는 것이 무엇인지 파악하는 것이 제일 중요하다. 위의 사례는 고객의 말을 중간에 끊고 주관적인 판단으로 일방적으로 의사소통하려는 잘못된 상담 사례로 경청이 이루어지지 않았다.

45 ①

기본적인 인사이면서 좋은 분위기를 형성하고 고객을 편안하게 해 주는 목적이 있다. 첫 대면 구성으로 인사, 밝은 분위기 조성, 회사 소개, 자기소개, 상담·판매의 철학, 상담의 목적 등이 좋다.

46 ②

고객을 맞이하기 전에 바로 판매 상담으로 진입하게 되면 고객은 구매에 대한 압박을 느껴 부담을 가진다.

47 ⑤

가망고객이며 설명 내용은 의견선도고객을 의미한다. 충성고객은 상품을 반복적으로 구매하여 기업과 강한 유대를 형성하는 고객이다.

48 ⑤

잠재고객인 신혼부부에게 ○○여행사의 상품을 적극적으로 홍보하여 구매에 영향을 미칠 수 있으므로 마케팅 측면에서는 구매 영향자 고객 범주로 해석할 수 있다. 예비부부는 웨딩플래너 박 팀장의 신규고객이며 ○○여행사에게는 현재까지는 잠재고객이다. 웨딩플래너 박 팀장은 ○○여행사와 유대가 있다해도 충성고객으로 해석될 수는 없다. 충성고객은 실제 상품, 서비스를 반복적으로 구매하는 고객이다.

49 ②

교류분석에서 대화하는 사람들의 심리 상태는 부모 자아 또는 어버이 자아(Parent Self), 성인 자아(Adult Self), 어린이 자아(Child Self)로 구분된다. 부모 자아는 상대에게 규범을 제시하는 유형으로, 본 사례에서 A 대리는 부모 자아의 상태이고, B 사원은 어린이 자아 상태이다.

50 ③

반응적 피드백의 부족은 고개 끄덕임, 맞장구 등이 부족한 것을 말하며, 준거의 틀 차이는 동일한 개념이나 표현에 대하여 발신자와 수신자가 서로 다르게 이해하는 것을 말한다. 본 사례에서 B 사원이 습관적으로 시계를 보는 것은 비언어적 메시지의 오용에 의한 커뮤니케이션 장애라고 할 수 있다.

실전 모의고사 02회   188p

01 ③	02 ③	03 ①	04 ⑤	05 ①
06 ①	07 ③	08 ④	09 ①	10 ⑤
11 ③	12 ④	13 ③	14 ⑤	15 ②
16 ②	17 ①	18 ⑤	19 ③	20 ⑤
21 ⑤	22 ③	23 ②	24 ③	25 ②
26 ①	27 ①	28 ②	29 ①	30 ①
31 ②	32 ③	33 ④	34 ⑤	35 ①
36 ②	37 ⑤	38 ②	39 ③	40 ④
41 ③	42 ①	43 ①	44 ②	45 ①
46 ④	47 ③	48 ④	49 ④	50 ④

일반형

01 ③

'Sir'은 나이나 지위가 비슷한 사람끼리 또는 여성에게는 사용하지 않는다.

02 ③

공중화장실과 같은 공공장소를 깨끗하게 이용해야 하는 것은 타인과 생활하며 지켜야 하는 바람직한 사회적 약속이므로 '에티켓'에 해당한다. '매너'는 이러한 에티켓을 외적으로 표현한 것이다.

03 ①

주먹을 쥔 채 엄지손가락을 위로 올리는 제스처는 미국에서는 '매우 좋다'는 뜻이며, 호주에서는 무례한 행동으로 여겨진다. 한국에서는 '네가 최고야', '잘했어'라는 긍정적인 의미, 그리스에서는 입을 다물라는 부정적인 의미를 가진다. 러시아에서는 동성애자라는 의미로 사용한다.

04 ⑤

내부고객은 직원으로 외부고객을 응대하며 중요한 일을 담당한다.

오답 피하기

- ① 외부고객에게 직접 서비스를 제공하는 주체인 내부고객(직원)이 가장 먼저 고려해야 할 고객이다.
- ② 외부고객이 상품과 서비스를 직접 구매하고 이용한다.
- ③ 내부고객(직원)은 서비스를 제공하는 대가로 임금을 지급받는다.
- ④ 내부고객을 우선 만족시켜야 외부고객을 만족시킬 수 있다.

05 ①

의전의 5R이란, 상대에 대한 존중(Respect), 상호주의 원칙(Reciprocity), 문화의 반영(Reflecting), 서열(Rank), 오른쪽 상석(Right)을 말한다.

06 ①

오답 피하기

- ② 명함은 두 손으로 건넨다.
- ③ 명함을 동시에 주고받을 때에는 오른손으로 주고 왼손으로 받는다.
- ④ 앉아서 대화를 나누다가 명함을 교환할 때도 일어서서 건네는 것이 원칙이다.
- ⑤ 앉아서 대화를 나누는 동안 받은 명함을 테이블 위에 놓고 이야기하는 것은 상대방을 정확히 인지하는 데 도움이 된다.

07 ③

오답 피하기

- ① 조의금은 문상을 마친 후 호상소에 접수하거나 부의함에 직접 넣는 것이 예의이다.
- ② 향을 꽂은 후 영정 앞에 일어서서 잠깐 묵념 후 두 번 절 한다.
- ④ 정신적으로 힘든 유족에게 너무 말을 많이 시키지 않는다.
- ⑤ 영정 앞에 절할 때 남자는 오른손이 위로, 여자는 왼손이 위로 가야 한다.

08 ④

오답 피하기

- ① 고객을 배웅할 때는 엘리베이터 앞에서 배웅하거나 현관 입구까지 내려 배웅하는 것이 예의이다.
- ② 안내할 때는 고객보다 2~3보 가량 비스듬히 앞서서 안내한다.
- ③ 복도에서는 고객보다 앞에서 길을 안내한다.
- ⑤ 당겨서 여는 문일 경우에는 당겨서 문을 열고 고객이 먼저 통과하도록 안내한다.

09 ①

이미지는 그 대상이 지닌 다양한 속성 중 부분적인 특징만을 드러내므로 전체를 표현하기에는 한계가 있다.

10 ⑤

유니폼을 입을 경우 지정된 색상에서 벗어나지 않는 것이 전체 이미지에 좋은 영향을 주며, 같은 유니폼을 입은 직원들과의 통일성을 고객에게 제공하는 것이 무엇보다 중요하므로 개인의 개성을 드러내는 화장, 액세서리, 다른 도구의 연출은 자제한다.

11 ③

하강구매가 아니라 상승구매가 적합하다.

오답 피하기

- ① 관대함: 기업/브랜드에 대한 애착심으로 가격의 상승까지도 수용
- ② 교차구매: 현재 사용하고 있는 상품을 생산하는 기업의 다른 상품 구매
- ③ 상승구매: 동일한 기업의 상위 제품을 구매
- ④ 구전활동: 고객 스스로 지인을 통해 소개하는 활동
- ⑤ 반복구매: 반복적인 구매 행동

12 ④

- ① 나–전달법은 언어를 통한 커뮤니케이션 방법이다.
- ② 자기노출과 피드백으로 구성된 것은 '조하리의 창'이다.
- ③ 자신의 입장을 충분히 전달함으로써 상대방의 동의를 얻어내는 방법이다.
- ⑤ 상대를 비난한다면 메시지가 전달되는 것이 아니라 비난이 전달된다.

13 ③

커뮤니케이션의 기능에 대한 설명에 해당하지 않는다.

커뮤니케이션의 기능은 다음과 같다.
- 구성원의 행동 통제
- 의사결정에 필요한 정보 제공
- 무엇을 해야 하는가를 명확하게 하여 구성원의 동기부여 강화
- 감정 표현과 사회적 욕구 충족을 위한 표출구 제공

14 ⑤

자기 동기화에 대한 설명이다.

15 ②

첫인상은 신속성, 일회성, 일방성, 연관성의 특징을 갖는다.

16 ②

- ① 호흡은 복식호흡을 반복 연습한다.
- ③ 발음은 정확하게 하되 너무 정확하게 끊어 말하면 오히려 딱딱해 보일 수 있다.
- ④ 작은 목소리는 소극적인 인상을 주어 부정적인 이미지로 보일 수 있다.
- ⑤ 딱딱한 목소리는 감정 표현이 서툴러 보여 차가운 인상을 줄 수 있다.

17 ①

②, ③, ④, ⑤번 모두 고관여 소비자 의사결정에 관련된 사항들이다.

18 ⑤

- ① 개방적인 표현: '네, 아니요'의 대답만 할 수 있는 폐쇄적인 질문은 가급적 지양하고 개방적인 질문을 한다.
- ② I 메시지 사용: 대화의 주체가 '너'가 아닌 '내'가 되어 전달하고자 하는 표현법이다.
- ③ 청유형의 표현: 상대방이 내 부탁을 듣고 스스로 결정해서 따라올 수 있도록 상대방의 의견을 구하는 표현법이다.
- ④ 긍정적인 표현: 긍정적인 부분을 중심으로 표현한다.

19 ③

경청은 효과적인 커뮤니케이션을 하기 위해서 반드시 필요한 것임에도 불구하고 하기 힘든 것이 현실이다. 왜냐하면 사람들은 위의 지문 ①, ②, ④, ⑤번과 같은 경청을 방해하는 행동을 의외로 많이 하기 때문이다. 경청을 잘하면 공감적 관계가 형성되어 커뮤니케이션의 성과도 좋아진다.

20 ⑤

개최지 선정 시 접근성, 물가 수준, 장소 적합성, 숙박시설 적합성 등을 주로 고려하나 참가자들의 '시차 적응' 문제는 고려하지 않는다.

21 ⑤

- ① 행사 일시 : 제안에 참여하는 조직이 사전에 반드시 알아야 하는 정보
- ② 행사의 개요 : 행사의 성격, 개최 목적, 참가자 등을 명시함
- ③ 주최/주관기관 : 행사의 구분이나 성격 등을 파악하기 위하여 명시함
- ④ 제안서 평가 방법 : 배점의 기준을 미리 정해야 함

22 ③

MICE 산업은 계절에 영향을 받지 않고 개최가 가능하므로 관광 비수기 타개책으로 활용 가능하다.

23 ②

워크숍은 각 전문 분야의 주제에 대한 아이디어, 지식, 기술 등을 서로 교환하여 새로운 지식을 창출하고 개발하는 것을 목적으로 한다.

24 ③

대비 효과란 동일한 자극이 주변 자극이 어떤 것이냐에 따라 다르게 지각되는 현상으로 비교 대상에 따라 다른 느낌을 받게 되는 것을 말한다.

- ① 초두 효과: 처음에 주어진 정보가 나중에 제시된 정보보다 더 기억에 잘 남는 효과이다.
- ② 최근 효과: 초두 효과와는 반대의 개념으로 가장 나중에 제시된 정보가 먼저 들어온 정보보다 기억에 더 남는 현상을 말한다.
- ④ 맥락 효과: 처음 인지된 정보가 이후 형성되는 이미지의 판단 기준이 되고 전반적인 상황적 맥락을 제공하여 인상 형성에 영향을 주는 효과이다.
- ⑤ 부정성 효과: 부정적 특징이 긍정적 특징보다 인상 형성에 더 강력하게 작용하는 것이다.

OX형

25 ②

악수 예절에 있어서 악수는 반드시 일어서서 하도록 하며 한 손으로 잡고 반가운 마음을 표현하기 위해 두세 번 힘차게 흔들어 인사한다.

26 ①

협상에 있어서 바트나(BATNA)는 협상자가 합의에 도달하지 못할 경우 택할 수 있는 다른 좋은 대안이나 차선책을 의미한다.

27 ①

경청 1, 2, 3 기법은 서비스 직원은 1번 말하고, 고객의 말을 2번 경청하고, 대화 중에 3번 맞장구를 치는 것이 효과적인 커뮤니케이션을 이끌어 낸다는 것이다.

28 ②

마이스(MICE) 산업은 기업회의(Meeting), 포상관광(Incentive Travel), 컨벤션(Convention), 전시(Exhibition)를 융합한 새로운 산업을 말한다.

29 ①

고객의 구매 행동에 있어 대안 평가는 수집된 정보를 바탕으로 고객이 가지고 있는 지식이나 믿음, 상황과 조건, 그리고 선호도 등의 기준으로 평가한다.

연결형

30 ①

겸양어란 자신을 낮추어 상대방을 높이는 말로 윗사람이나 존경하는 사람 앞에서 자신의 행동을 겸손하게 표현할 때 사용한다.

31 ②

에티켓에는 다양한 의미가 있는데 서양 남성들 사이에서 여성을 존중하고 우선으로 하는 일반적인 에티켓의 의미로 '기사도 정신'이라고 한다.

32 ③

공수란 두 손을 어긋매껴 마주 잡는 것으로 평상시에는 여자는 오른손이 위, 남자는 왼손이 위이며, 초상집, 영결식 등의 흉사 시에는 반대로 손을 포개어 잡는 것이 예의이다.

33 ④

TPO란 시간(Time), 장소(Place), 경우(Occasion)에 맞게 연출하는 것이다.

34 ⑤

의전의 기본정신인 5R 중 상대에 대한 존중에 대한 설명으로 문화적 차이를 인정하고 효율적으로 조율해야 좋은 결과를 얻을 수 있다.

사례형

35 ①

컨벤션 유치 활동 중 현장답사(Site Inspection)에 대한 설명이다.

36 ②

상담실 입구에서 대각선으로 가장 먼 곳이 적당하다. 이는 소음이 적고 심리적인 안정감을 줄 수 있어서 상담이 효과적으로 이루어지기 때문이다.

37 ⑤

구매 영향력자(Influencer): 조직 구매의 경우 구매의사결정 과정에서 제품의 품질이나 기술 측면에서 구매의 영향을 주는 영향력자로 주로 기술 개발 부서, 설계 부서, 연구소 등이 해당된다.

38 ②

고객과의 방문 약속은 고객의 입장에서 접근하기보다는 세일즈맨의 입장에서 주도권을 가지고 시간 약속을 정해야 한다. 자신의 시간 계획에 맞게 방문 시간을 조율하는 능력이 필요하다.

39 ③

식사 시의 모든 행동은 손님을 초대한 사람을 중심으로 이루어진다. 주문은 고객이나 여성이 먼저 하도록 하고 편안히 식사할 수 있도록 배려한다.

40 ④

비즈니스 여행자들이 하는 실수 중에 빈번한 경우로, 상대방 파트너가 전문기사가 있는 승용차를 배정해 주었다면 운전자 뒷좌석에 앉는 것이 맞지만, 비즈니스 파트너의 호의에 의한 영접 시 운전자 옆 보조석에 앉는 것이 의전 원칙상 맞다.

41 ③

매슬로우의 욕구 5단계 중에서 1단계에 해당하는 생리적 욕구에 해당하는 말은 백화점 매장 같은 곳에서는 자칫 고객의 기분을 상하게 할 수 있으므로 잘 사용하지 않는다.

42 ①

헤어스타일은 청결하고 단정해야 하며, 향수는 너무 향이 진하지 않고 은은한 것이 좋다.

43 ①

신체 언어에는 표정, 시선, 고개 끄덕이기, 몸의 움직임, 자세 등이 포함되고, 의사언어에는 말투, 음조의 변화, 음고, 음량의 정도, 말의 속도, 발음 등이 있다.

44 ②

MICE는 회의(Meeting), 포상관광(Incentive Travel), 컨벤션(Convention) 및 전시와 이벤트(Exhibition&Event)을 아우르는 조어로 주로 동남아 지역에서 사용되고, 미주지역에서는 'Events', 유럽에서는 'Conference'라는 용어가 더 광범위하게 통용되고 있다.

통합형

45 ①

구매 견적을 요청한 상태는 현재 니즈(경우에 따라 보유 니즈일 수도 있음)이다.

46 ④

현재 니즈 상태에서는 고객의 의사결정과 실행을 적극적으로 도움을 주어야 한다.

47 ③

경청은 효과적인 질문을 통해 더욱 강화된다. 판매원 2의 질문은 고객의 이야기를 더 듣고자 하는 적극적 경청의 일환이다.

48 ④

고객이 구매에 따른 장점을 스스로 확인하여 의사결정에 긍정적인 만족감을 가질 수 있게 된다.

49 ④

무조건 성대하게 최고의 음식을 대접하기보다는 상대방의 특성이나 문화 등을 고려하고 귀빈의 기호를 반영하여 의전을 진행한다.

50 ④

귀빈(기조연설자 포함)은 행사장에 도착하면, 우선 VIP룸에서 다른 귀빈과 함께 대기하고 있다가, 참가자가 대부분 착석을 완료한 뒤에 행사가 막 시작할 즈음 다른 귀빈들과 함께 맨 나중에 입장한다.

실전 모의고사 03회　　　205p

01 ④	02 ⑤	03 ④	04 ③	05 ④
06 ③	07 ⑤	08 ②	09 ①	10 ⑤
11 ⑤	12 ①	13 ④	14 ①	15 ④
16 ①	17 ②	18 ③	19 ①	20 ⑤
21 ①	22 ⑤	23 ④	24 ②	25 ①
26 ①	27 ②	28 ①	29 ②	30 ④
31 ①	32 ⑤	33 ②	34 ③	35 ①
36 ④	37 ④	38 ②	39 ①	40 ①
41 ③	42 ④	43 ①	44 ③	45 ⑤
46 ②	47 ⑤	48 ④	49 ⑤	50 ③

일반형

01 ④

에티켓은 매너의 기본 단계로서 에티켓도 지키지 않는 사람에게 매너를 기대할 수 없다.

02 ⑤

작은 물건을 주고받을 때 한 손을 다른 한 손으로 받쳐서 공손히 건네도록 한다.

03 ④

고개를 한 쪽으로 기울이지 않도록 한다.

04 ③

오답 피하기
- ① 절약형 고객
- ②, ④ 윤리적 고객
- ⑤ 편리성 추구 고객

05 ④

반응적 피드백은 수신자가 발신자의 전달에 반응하는 것으로 상대의 말에 고개를 끄덕이는 것이 적절하다.

오답 피하기
- ①, ②, ③, ⑤ 커뮤니케이션 발신자의 행동
- ④ 커뮤니케이션 수신자의 행동

06 ③

패널 토론이란 청중이 모인 가운데 2~8명의 전문가가 사회자의 주도하에 서로 다른 분야의 전문가적 견해를 발표하는 공개 토론회이다. ③번은 워크숍(Workshop)에 해당하는 내용이다.

07 ⑤

컨벤션 산업은 무형의 홍보 효과 및 관광 산업과의 결합 등 유형적 가치보다 부수적으로 유입되는 무형의 가치가 더 큰 산업이다.

08 ②

오답 피하기
- ① 일반적으로 MICE 방문객들이 더 많은 금액을 소비한다.
- ③ 관광 산업은 B2C, MICE 산업은 기업을 대상으로 하여 B2B로 일어난다.
- ④ 비정부 기구의 활동 증대는 MICE 산업을 확산시키는 요인으로 작용한다.
- ⑤ 해당 설명은 전시 & 이벤트에 해당한다.

09 ①

프로그램별 연사는 해당 주제에 적합한가라는 측면에서 선정되어야 하며, 학력, 발표 논문 실적 등을 언급할 필요는 없다.

10 ⑤

오답 피하기
- ① 손님이나 상사를 만나거나 헤어지는 경우 보통례를 하는 것이 보통이다.
- ② 목례는 양손에 무거운 짐을 들고 있거나 모르는 사람을 마주칠 때 한다.
- ③ 정중례는 가장 정중한 인사로 감사의 뜻을 전할 때나 VIP 고객 등에게 하는 인사로 보통 허리를 45도 숙여서 인사한다.
- ④ 목례는 상체를 숙이지 않고 가볍게 머리만 숙여서 하는 인사이다.

11 ⑤

오답 피하기
- ① 매너는 에티켓을 외적으로 표현하는 행위이다.
- ② 매너는 상대방을 존중하는 태도가 기본적인 태도이다.
- ③ 매너는 사람의 행동이나 습관을 구체적으로 표현하는 방식이다.
- ④ 매너는 상대방을 배려하는 태도와 행동을 판단하는 주관적인 방식이다.

12 ①

오답 피하기
- ② B. 특별한 반응 없이 무표정하다. → d. 거부, 귀찮음
- ③ C. 눈을 마주 보지 않는다. → a. 무관심, 거부, 부담감
- ④ D. 위아래로 훑어본다. → b. 불신, 경멸
- ⑤ E. 환하게 미소 짓는다. → e. 반가움, 호감

13 ④

서비스 종사자의 헤어스타일은 항상 청결하고 단정해야 한다. 특히 일의 능률과도 관련이 있으므로 업무 특성에 맞는 헤어스타일을 유지하는 것이 중요하다.

14 ①

나머지 문항들은 저관여 구매 행동과 관련된 사항들이다.

15 ④

감성지능의 구성 요소는 자기인식, 자기조절, 자기 동기화, 감정이입, 대인관계기술이다.

16 ①

개방적인 질문은 상대방의 이야기를 많이 듣기 위한 표현으로 '네, 아니오'의 대답만이 가능한 폐쇄적 질문은 지양해야 한다.

17 ②

Majesty는 왕족에게 붙이는 경칭이며, 귀족이나 주요 공직에는 'The Honorable'라고 호칭한다.

18 ③

음성의 분위기는 지속적인 훈련을 통해 변화시킬 수 있다.

19 ①

매슬로우는 인간의 동기가 작용하는 양상을 설명하기 위해 욕구를 5단계로 구분했다. 1단계 생리적 욕구, 2단계 안전의 욕구, 3단계 사회적 욕구, 4단계 존경의 욕구, 5단계 자아실현의 욕구로 설명하고 있는데, 이때 하위 욕구가 충족되어야만 상위 욕구가 나타나게 된다.

20 ⑤

이질성은 서비스의 특성에 해당한다.

21 ①

고객은 의사결정을 할 때 다음과 같은 과정을 따른다.
- 1단계(문제인식): 고객의 현재 상황과 이상적인 상황의 차이에서 발생하는 문제를 해결하고자 한다.
- 2단계(정보탐색): 구매와 관련된 다양한 경로를 통해 정보를 탐색한다.
- 3단계(대안 평가): 평가 기준을 가지고 부적절한 대안은 제거하고 대안을 검토하여 평가한다.
- 4단계(구매결정): 구매를 결정한다.
- 5단계(구매 후 행동): 고객이 지각하는 관심도를 관여도라 하며, 기대치에 따라 구매 후의 행동이 달라진다.

22 ⑤

오답 피하기
- ① 외부고객에게 직접 서비스를 제공하는 주체인 내부 고객이 가장 먼저 고려해야 할 고객이다.
- ② 외부고객이 상품과 서비스를 직접 구매하고 이용한다.
- ③ 내부고객은 서비스를 제공하는 대가로 임금을 지급받는다.
- ④ 내부고객을 먼저 만족시켜야 외부고객을 만족시킬 수 있다.

23 ④

AREA 법칙이란 효과적인 주장을 위해 '주장 – 이유 – 증거 – 주장' 순으로 말하는 것을 말한다.

24 ④

회의실을 활용한 전례는 회의실 선정 시 고려할 필요가 없다.

25 ①

의전의 기본 정신 5R은 상대에 대한 존중(Respect), 문화의 반영(Reflecting), 상호주의 원칙 (Reciprocity), 서열(Rank), 오른쪽 상석(Right)이다.

26 ①

'Communicaction'의 어원은 라틴어로 '나누다'를 의미하는 'communicare'이다. 어떤 사실을 타인에게 전하고 알리는 것을 의미한다.

27 ②

이미지 관리과정은 '이미지 점검하기 → 이미지 콘셉트 정하기 → 좋은 이미지 만들기 → 이미지 내면화하기'의 순서로 이루어진다. '이미지 내면화하기'란 외적으로 표현하는 일시적인 행위가 아니라 내면에서부터 우러나오는 진정성있는 이미지가 되도록 노력하는 것을 말한다.

28 ①

TA란 'Transational Analysis'의 약어로 사람들이 어떻게 소통하고, 관계를 맺으며, 행동하는지를 분석하는 심리학 이론이다. 특히 대화 방식과 인간관계를 분석하여 긍정적인 소통을 유도하는 데 초점을 맞추고 있다.

29 ②

'Lady on the Right'라고도 하며, 최고 귀빈의 오른쪽에 앉는다.

30 ④

가든 파티는 야외에서 진행하는 파티인 만큼 날씨를 고려하여 계획하는 것이 중요하다.

31 ①

단골고객은 지속적으로 특정 상품과 서비스를 이용한다는 면에서는 충성고객과 동일하나 단골고객은 타인에게 추천할 정도로 적극적이지는 않다.

32 ⑤

서비스 매너란 고객과 만나는 모든 접점에서 고객의 니즈에 맞는 맞춤형 서비스를 제공하는 것이다.

33 ②

복장은 신체적으로 드러낼 수 있는 비언어적 커뮤니케이션으로 단정한 복장은 신뢰감을 전달할 수 있고, 통일된 복장인 '유니폼'으로 조직구성원의 일체감을 높일 수 있다.

34 ③

현재 우리나라를 비롯한 동양권에서는 자신을 알리는 수단으로 명함을 활용하는 경우가 많다.

35 ①

복장, 화장 등은 패션 이미지에 해당한다.

36 ④

후광 효과(Hallo Effect)란 상품 평가 시 일부 속성에 의해 형성된 전반적인 평가가 그 속성과는 직접적인 관련이 없는 다른 속성의 평가에 영향을 주는 효과이다.

37 ④

받은 명함에 상대가 보는 앞에서 명함에 메모하거나 훼손하는 행위는 절대로 하지 말아야 한다.

38 ②

협상에서 반론의 제기는 상당한 기술이 요구된다. 협상이 잘 진행되다가도 반론 제기를 잘못해서 일을 그르치게 되는 경우가 의외로 많다. 효과적으로 반론을 하기 위해서는 반론 기회 탐색, 긍정적인 말로 시작하기, 반론내용 질문, 반대 이유 설명, 반론 내용 요약해서 말하기 등의 순서로 하는 것이 좋다.

39 ①

컨벤션 유치 활동 중 현장 답사에 대한 설명이다.

40 ①

컨벤션은 회의 구성상 전체 회의, 분과 회의 등을 포함하며, 등록, 사전/사후 관광과 같은 활동을 동반하는 가장 일반적인 형태이다.

41 ③

사실보다 고객의 감정에 먼저 반응하는 것이 고객 커뮤니케이션의 기본이다.

42 ④

오답 피하기

- ① 고객에게 문제를 말하기 전에 해결책을 먼저 생각해야 한다.
- ② 까다로운 사람에게는 절대 언쟁의 빌미를 제공하면 안 된다.
- ③ 대화가 실패로 끝나는 대부분의 경우는 문제와 실망감, 실수 등에 초점을 맞추기 때문이다.
- ⑤ 원인 분석 대신 일단 해결책부터 머리를 맞대고 찾는 모습이 필요하다.

43 ①

헤어스타일은 화려하지 않고 단정하고 청결한 것이 좋으며, 메이크업을 하지 않는 것은 결례이므로 자연스러운 메이크업을 해야 한다.

44 ③

식사 중에 전화가 올 때는 가급적 받지 않는 것이 좋다. 식사 전에 무음이나 진동으로 해두고 식사에 집중하는 것이 예의이다. 식사 중에는 화장실에 가는 것도 실례이다.

45 ⑤

Consumer show의 전시 참가업체는 주로 소매업자나 최종 소비자를 찾는 제조업자인 경우가 대부분이다.

46 ②

트레이드쇼의 입장객은 사전에 정해지며, 바이어임을 입증할 만한 증명서를 소지한 바이어 및 초청장 소지자만이 입장할 수 있다.

47 ⑤

오답 피하기

- ① 공감적 커뮤니케이션에 실패하였다. 공감적 커뮤니케이션은 간결함이 목적이 아니다.
- ② 공감적 경청은 고객의 이야기에 적절한 응대와 호응, 정리 및 효과적 질문 등으로 이루어진다.
- ③ 상담의 목적은 공감적 커뮤니케이션의 목적과 다르다.
- ④ 냉정한 반응으로는 공감대를 형성할 수 없고 커뮤니케이션의 목적에 부합하지 않는다.

48 ④

공감적 경청이란 고객의 이야기에 적절한 응대와 호응, 정리 및 효과적 질문 등으로 이루어지는 것으로 ④번은 고객이 말한 '조금 위험하다던데'에 공감하며 호응하기보다는 반대하여 말하는 것에 가까우므로 거리가 멀다.

49 ⑤

상담 중에는 고객의 말을 끝까지 듣고 경청해야 한다.

50 ③

우수 고객(VIP)이 아닌 일반 고객과의 첫 만남에서는 보통례로 상체를 30도 각도로 숙여서 인사해야 한다.